MANUAL PRÁTICO
DE MORAL

KEVIN J. O'NEIL, C.Ss.R.
PETER BLACK, C.Ss.R.

MANUAL PRÁTICO DE MORAL

Guia para a vida do católico

EDITORA SANTUÁRIO
Aparecida-SP

DIRETORES EDITORIAIS:
Carlos da Silva
Marcelo C. Araújo

EDITORES:
Avelino Grassi
Márcio F. dos Anjos
Roberto Girola

COORDENAÇÃO EDITORIAL:
Denílson Luís dos Santos Moreira

TRADUÇÃO:
Maria Sílvia Mourão Netto

COPIDESQUE:
Mônica Reis

REVISÃO:
Leila Cristina Dinis Fernandes

DIAGRAMAÇÃO:
Alex Luis Siqueira Santos

CAPA:
Marco Antônio Santos Reis

Título original: *The Essential Moral Handbook – A guide to catholic living*
Copyright 2003 by Kevin O'Neil, C.Ss.R., and Peter Black, C.Ss.R.
Printed in the United States of America, First Edition

ISBN 0-7648-0922-9

Dados Internacionais de Catalogação na Publicação (CIP)
(Câmara Brasileira do Livro, SP, Brasil)

O'Neil, Kevin J.
  Manual prático de moral: guia para a vida do católico / Kevin J. O'Neil, Peter Black; [tradução Maria Sílvia Mourão Netto]. – Aparecida, SP: Editora Santuário, 2007.

  Título original: The essential moral handbook : a guide to catholic living
  ISBN 978-85-369-0117-6

  1. Atitudes – Aspectos religiosos 2. Ética cristã – Autores católicos 3. Igreja Católica – Doutrinas 4. Teologia moral I. Black, Peter. II. Título.

07-7921   CDD-241.042

Índices para catálogo sistemático:

1. Virtudes: Ética cristã: Teologia moral
241.042

Todos os direitos em língua portuguesa reservados
à **EDITORA SANTUÁRIO** — 2007

 Composição, em sistema CTcP, impressão e acabamento:
EDITORA SANTUÁRIO - Rua Padre Claro Monteiro, 342
Fone: (0xx12) 3104-2000 — 12570-000 — Aparecida-SP.

Ano: 2010   2009   2008   2007
Edição: **8**   7   6   5   4   3   2   1

Sumário

Introdução – 13

Seção um
Os fundamentos de uma vida moral – 19
Capítulo um: Criado pelo amor para o amor – 21
    1. Trindade: uma comunhão de amor – 22
    2. As implicações de um Deus Triuno para a humanidade – 24
    3. A face humana de Deus – 25
        O Deus da parábola do Filho Pródigo – 26
        O amor de Deus nunca falha – 29
        Implicações para a vida moral – 30
    4. Imagens falsas e incompletas de Deus – 31
        Deus fica distante dos problemas do mundo: separando espiritualidade
        e moralidade – 31
        Deus como legislador – 33
        Deus como juiz – 35
    5. Conclusão – 37

Capítulo dois: Respondendo ao amor com amor – 39
    1. O ato humano – 40
        Conhecimento humano – 41
        Liberdade humana – 43
    2. A vida virtuosa: dádiva de Deus e fruto da liberdade por excelência – 47
        Contexto para o exercício da liberdade: sentimentos, pensamentos e
        vontade/escolhas corretamente ordenados – 48
        Virtudes particulares que tendem ao bem: virtudes humanas (morais)
        e virtudes teológicas – 54
        Tendendo ao bem em cada ato moral – 65
    3. Conclusão – 67

Capítulo três: Consciência: nosso santuário e centro mais secreto – 69

    1. Consciência: o que é? – 70

    2. Quatro "momentos" da consciência – 71

        Primeiro momento: a consciência como desejo e conhecimento do bem – 73

        Segundo momento: a consciência como discernimento do bem particular – 77

        Terceiro momento: a consciência como julgamento da ação correta – 87

        Quarto momento: a consciência como auto-avaliação – 92

    3. Conclusão: a consciência como coração – 93

Capítulo quatro: Pecado: a traição da liberdade – 95

    1. Uma palavra sobre o pecado – 97

        No princípio – 97

        O filho pródigo – 99

        O pecado original – 100

    2. A Tradição Católica e o pecado – 101

        Pecado mortal e pecado venial – 102

        Pecados formais e materiais – 104

        Pecados de comissão e omissão – 105

        Atitudes e pensamentos pecaminosos – 106

        Pecado social – 106

    3. Nele há abundante redenção – 108

    4. Conversão: do pecado a Deus, pela graça do Espírito Santo – 109

    5. Conclusão – 111

Seção dois
Caminhos até a verdade moral – 113
Introdução – 115
Capítulo cinco: A Tradição Católica Romana – 119

    1. O que é Tradição? – 119

    2. A Tradição Cristã segundo o ensinamento católico – 120

    3. A "grande" Tradição e as "pequenas" tradições – 120

    4. A Tradição moral católica – 121

    5. A Tradição moral viva – 124

        Tradicionalismo e entusiasmo – 125

        Imagens da Tradição – 125

    6. Conclusão: Tradição, a busca da sabedoria – 126

Sumário

Capítulo seis: As Sagradas Escrituras: a alma da teologia moral – 129
1. As Escrituras nos convocam para coisas maiores – 129
2. As Escrituras: base do amor respondendo ao amor – 130
3. As Escrituras: catequese do duplo mandamento – 131
4. As Escrituras: catequese das beatitudes – 134
5. As Escrituras: catequese das virtudes humanas (morais) – 136
6. As Escrituras: história à qual pertencemos – 137
7. Os Dez Mandamentos das Sagradas Escrituras – 139
   Primeiro mandamento – 140
   Segundo mandamento – 140
   Terceiro mandamento – 141
   Quarto mandamento – 142
   Quinto mandamento – 142
   Sexto mandamento – 143
   Sétimo mandamento – 144
   Oitavo mandamento – 145
   Nono mandamento – 146
   Décimo mandamento – 146
8. As Escrituras como lente e fonte de motivação – 147
9. As Escrituras: fonte de normas formais e materiais – 148
10. As Escrituras e o fundamentalismo – 150
11. Para uma interpretação e aplicação equilibradas das Escrituras – 151
12. Conclusão: a nova lei da graça do Espírito Santo – 152

Capítulo sete: A lei natural – 153
1. Definição de lei natural – 154
2. O princípio primário da lei natural – 155
3. Quatro inclinações do coração e da mente humana – 157
   Preservar a vida – 157
   Casar-se e gerar, preservar e educar os descendentes – 158
   Buscar a verdade – 159
   Viver em sociedade – 159
4. Reduzindo a lei natural ao físico – 160

MANUAL PRÁTICO DE MORAL

5. O conteúdo da lei natural: princípios primários e secundários – 162
   Princípios primários – 162
   Princípios secundários – 162
6. Uma visão contemporânea da lei natural – 164
7. Ensinamentos da Igreja e a lei natural – 165
8. As duas asas para o espírito humano – 166
9. A lei natural e a educação moral – 167
10. Conclusão – 167

Capítulo oito: O *Magisterium* como ensino oficial – 169
1. O que é o *Magisterium*? – 170
2. Variedades da expressão do *Magisterium* – 171
   O *Magisterium* extraordinário – 171
   O *Magisterium* ordinário – 172
3. Ensinando com autoridade – 172
   Modelos de ensino – 173
4. A natureza do ensinamento da Igreja e a obediência exigida dos fiéis – 175
   Dogma definitivo – 176
   Doutrina definitiva – 179
   Doutrina oficial não-definitiva – 180
5. Conclusão: Uma tarefa comum – tendendo ao bem para a plenitude da vida – 181

Seção três
Teologia moral especializada – 183
Introdução – 185
   Divisões da teologia – 185
   Teologia moral e suas subdivisões – 186
   Tendendo ao bem / a Deus – 186
**Capítulo nove: Bioética: salvaguardando a vida humana, a dignidade
   humana e a saúde – 191**
1. Introdução – 191
2. Revisão histórica – 192
3. Tendendo ao bem na bioética – 193
   Respeito pela vida humana – 193
   Dignidade humana: o equilíbrio entre autonomia e sociabilidade – 196
   Unidade de corpo e alma – 198
   Saúde – 198
   Cuidados compassivos pelos que sofrem – 199

Sumário

4. Sofrimento: ausência desses bens em graus variados – 199
   Resposta ao sofrimento – 200
5. Princípios: auxílio ao raciocínio moral na bioética – 202
   O princípio do duplo efeito – 202
   O princípio da cooperação – 204
   O princípio da totalidade – 205
6. Questões da bioética: a moralidade de certas respostas ao sofrimento – 206
   Questões do início da vida – 206
   Questões do fim da vida – 211
7. Parâmetros para a consideração de questões bioéticas – 216
8. Conclusão – 217
9. Bibliografia recomendada sobre os ensinamentos da Igreja acerca
   de bioética – 218

**Capítulo dez: Homem e mulher, Deus os criou: A Tradição Católica e
a sexualidade humana** – 219
1. A dádiva e o poder da sexualidade – 220
2. Chamo vocês de amigos – 211
3. Sexualidade e sexo – 222
4. Sexualidade e prazer – 223
5. A virtude sexual – 224
6. A virtude cristã – 226
7. Os sexos: macho e fêmea – 227
8. A igualdade das mulheres – 227
   Papéis sexuais – 228
9. Amor e vida conjugal – 229
10. Unidade conjugal – 230
11. A fecundidade do casamento – 231
12. Lutas diárias – 232
13. Relação sexual fora do amor conjugal – 233
14. Orientação sexual e comportamento sexual – 233
15. A família cristã – 234
16. Algumas questões específicas da moralidade sexual – 235
    Métodos artificiais de contracepção – 235
    Coabitação e sexo pré-marital – 238

Abuso sexual – 239
Pessoas de orientação homossexual – 240
17. Conclusão: a necessidade e a obrigação do atendimento pastoral – 242
18. Diretrizes para a consideração de questões de ética sexual – 243
19. Bibliografia recomendada sobre os ensinamentos da Igreja sobre ética sexual – 244

Capítulo onze: Ética social – 245
1. Introdução – 245
2. Revisão histórica – 246
3. Em busca da justiça – 246
4. Tipos de justiça: legal, comutativa, distributiva – 246
5. Tendendo ao bem social – 247
   A solidariedade entre todos os povos – 247
   O bem comum – 248
   A opção preferencial pelos pobres – 250
   O bem do indivíduo garantido pelos direitos humanos – 251
6. Dimensão pública/política da vida – 254
   Família: a célula original da vida social – 254
   O Estado: mantenedor do bem comum – 255
7. Dimensão econômica da vida – 259
   Direitos associados com o trabalho – 260
8. Dimensão social da vida – 261
9. Questões específicas da ética social – 262
   Vida pública/política: proteção legítima contra agressores – Pena capital e guerra justa – 263
   Vida econômica: propriedade privada – 265
   Vida social: resistência ao estrangeiro: racismo / migração – 266
   Parâmetros para as questões da ética social – 269
10. Conclusão – 270
11. Bibliografia recomendada sobre os ensinamentos da Igreja sobre ética social – 271

Sumário

Capítulo doze: Uma abordagem católica ao meio ambiente – 273
1. Introdução – 273
2. O que é essa crise? – 274
3. Qual é a causa dessa crise? – 274
4. A ruptura dos relacionamentos – 275
5. Contemplai os lírios do campo – 276
6. Irmão Sol e Irmã Lua – 277
7. A crise ecológica e a ecologia humana: um problema moral – 278
8. Alguns fatos esclarecedores – 279
9. Então, o que se pode fazer? – 280
   Uma nova solidariedade entre as nações – 280
   Opção pelos pobres – 281
   Desenvolvimento sustentável? – 282
   O fim da guerra – 282
   Mudança de atitude e estilo de vida – 283
   Educação – 283
   Influenciando políticas – 284
10. Sinais promissores de renovação na Terra – 284
11. Que a Terra inteira louve o Senhor: diretrizes a considerar – 285
12. Bibliografia recomendada sobre os ensinamentos da Igreja
    acerca do meio ambiente – 287

Posfácio – 289
Glossário – 291
Índice remissivo – 299

INTRODUÇÃO

Em nossa experiência como padres e professores de teologia moral, comprovamos que as pessoas, em geral, têm uma visão incompleta da teologia moral, que não capta sua plenitude e nem a plenitude da vida moral. Muitos consideram a teologia moral, basicamente, como uma área da teologia que diz às pessoas o que é certo e o que é errado, além de lhes oferecer orientação sobre certas questões morais específicas. Diante de todos os avanços tecnológicos que vimos presenciando, em especial em biomedicina, as pessoas são diariamente lembradas de quanto é importante refletir sobre o certo e o errado nas atitudes. Talvez em conseqüência disso tenham tomado mais consciência dos campos da ética e da teologia moral. Embora seja verdade que a dimensão moral da vida tem a ver com agir de modo certo ou errado, ela é muito maior que isso. Os próprios termos que empregamos — a saber, "teologia", "moral" e "ética" — podem ajudar-nos a compreender mais profundamente a teologia moral.

Santo Anselmo descreveu a teologia como "fé em busca de entender". Embora seja possível ao descrente estudar as várias disciplinas da teologia, seu propósito final é levar as pessoas a um nível mais profundo de sua fé, na tentativa de compreendê-la mais plenamente e anotar, de modo sistemático, o que tiverem aprendido. Por exemplo, nós acreditamos que Jesus é tanto divino como humano. Ao longo dos séculos, esse preceito da nossa fé tem sido objeto de reflexões de teólogos que discutem a divindade e a humanidade de Jesus. Usando termos extraídos da filosofia, os teólogos vêm tentando expressar com um pouco mais de clareza, por escrito, aquilo em que acreditamos e assim podem transmitir seus pensamentos às gerações seguintes. Nossa tradição teológica evolui conforme os teólogos vão expandindo e recorrendo ao pensamento dos crentes e pensadores que os antecederam. Assim, a tarefa da teologia nunca chega ao fim, porque jamais entenderemos Deus completamente, nem, por conseguinte, a nossa fé. Ainda assim, o estudo da teologia é um esforço que visa considerar mais a fundo o mistério de Deus e os mistérios da nossa fé, transmitindo o que vier a ser percebido a toda a comunidade de fiéis, presentes e futuros.

Quando falamos de teologia *moral*, então, delimitamos um território mais específico sobre o que estamos tentando compreender — nesse caso, a fé busca entender questões de teor moral. De ordinário, o termo "moral" se refere a condutas, de sorte que, em seu senso mais estrito, a teologia moral é a fé tentando entender as condutas que são consistentes com as nossas crenças. Essa definição representa uma interpretação mais restrita da teologia moral. Indo mais adiante, uma rápida análise do termo "ética" servirá para preencher as nossas lacunas no entendimento do que, afinal, trata a teologia moral.

Em grego, *ethos* vem a ser a raiz da palavra "ética". Mas, em grego, há diferentes grafias para esse termo e, portanto, significados diferentes. Um dos significados de *ethos* está relacionado à idéia de "costumes"; assim, o termo *ethos* pode referir-se a um determinado costume ou jeito de fazer coisas. Um outro sentido de *ethos*, entretanto, refere-se ao caráter da pessoa. Chamamos alguém de "honesto" se essa pessoa fala a verdade consistentemente. Nesse exemplo, *ethos* ou ética inclui tanto a ação correta de contar a verdade como o caráter confiável da pessoa. Dessa maneira, quando examinamos a palavra grega *ethos*, podemos assimilar mais plenamente do que trata a teologia moral.

Antes de concluirmos esta breve discussão das palavras em si, podemos analisar um significado mais obscuro do termo *ethos*, para podermos compreender a teologia moral. *Ethos* também quer dizer "uma residência" ou "um lar". À primeira vista, esta definição pode parecer inteiramente desvinculada da teologia moral ou da vida moral. O que uma residência ou um lar tem a ver com uma ação ou um caráter moral? Embora todos nós tenhamos uma noção particular do que seja a vida doméstica, normalmente consideramos "lar" como aquele lugar a que pertencemos, onde somos naturalmente nós mesmos.

Talvez possamos pensar que a vida moral é uma viagem que nos leva a encontrar nosso caminho para casa, que nos leva para onde é o nosso *lugar*. Seguramente nenhum de nós chegou a esse lugar, nenhum de nós tem uma vida moral totalmente consistente. Sem dúvida, as palavras de São Paulo em sua epístola aos romanos também poderiam ser nossas: "[...] pois não pratico o que quero, mas faço o que

Introdução

detesto" (Rm 7,15)*: Vislumbramos onde gostaríamos de estar ou deveríamos estar, cientes de ainda não estarmos lá. Portanto, uma imagem gráfica da vida moral é a da viagem rumo ao lar a que pertencemos. A história do filho pródigo (Lc 15,11-32) se encaixa bem nessa imagem. A vida moral e a teologia moral dizem respeito a achar o caminho de volta para casa, de volta a quem realmente somos.

Esperamos que, com todo esse exame das palavras, possamos entender por que dizemos que a teologia moral é a fé que busca entender o tipo de pessoa que nos tornamos (o nosso caráter moral) e que tipo de ações é consistente com tal identidade. Em outras palavras, a teologia moral trata de encontrar o caminho para casa, para a nossa verdadeira identidade como fiéis, que acreditam no Deus que se nos revelou em Jesus Cristo. Como veremos, "estar em casa" é o sentimento de estar numa correta relação com Deus, com os outros, conosco mesmos e com a toda a Criação. Este livro apresentará em minuciosos detalhes a Tradição Católica Romana da teologia moral que decorre dessa visão da teologia moral e da vida moral.

A seção um se dedica aos fundamentos da vida moral. Nossa fé nos fala de um Deus que nos criou à sua imagem e semelhança, um Deus Triuno. O primeiro capítulo examina o significado da imagem de Deus, que está viva na teologia moral, e sua implicação para o modo como entendemos quem somos convocados a ser e o que é, afinal, a vida moral. Nosso Deus Triuno, que é a comunidade, convida-nos a nos relacionar com ele e entre nós, uns com os outros.

No segundo capítulo examinamos nossa resposta a Deus na vida moral por meio do uso responsável da nossa liberdade, de uma vida virtuosa e de amores equilibrados. Nossa resposta ao Deus Triuno convoca-nos a prestar atenção em nossos relacionamentos. Quando pensamos na pessoa humana dentro da teologia moral, devemos lembrar de nossas quatro relações essenciais: com Deus, com os outros, conosco mesmos e com toda a Criação. O uso responsável da liberdade alimenta "relacionamentos corretos" em todas essas áreas. O capítulo três analisa a formação e o exercício da consciência, fazendo julgamentos morais que promovem os relacionamentos corretos. As falhas em nossas respostas destroem os relacionamentos. O capítulo quatro apresenta a visão bíblica do pecado dentro do contexto do relacionamento. A seção um se encerra com o tema da conversão, foco da viagem para casa.

Na seção dois passamos para uma perspectiva mais teórica da teologia moral,

---

*N.T.: As citações das Sagradas Escrituras em português serão feitas conforme *A Bíblia de Jerusalém*, Edições Paulinas, SP, 1993.

área que, porém, tem implicações muito práticas para quem somos e o que fazemos. Intitulada "Caminhos para a verdade moral", essa seção investiga alguns dos recursos que a Tradição Católica Romana emprega a fim de descobrir a verdade sobre nós mesmos e as atitudes certas ou erradas. O capítulo seis aborda as Sagradas Escrituras, a "alma de toda a teologia", de acordo com o Concílio Vaticano II. Focalizando especialmente as beatitudes e os mandamentos, examinamos como as Escrituras influem tanto em nosso comportamento moral como na pessoa que somos convocadas a ser. A seguir, estudamos a tradição da lei natural, que tem servido de fonte importantíssima de sabedoria moral para o catolicismo romano. No capítulo oito, consideramos o papel dos ensinamentos da Igreja como fonte de sabedoria moral. O ofício pedagógico da Igreja pertence à Tradição Católica Romana e usa recursos que estudaremos em seguida, como avenidas para a verdade moral, e nos quais se fundamenta para oferecer sólidos ensinamentos à fé comunitária.

A seção três deste livro oferece um rápido apanhado das várias subdivisões da teologia moral. Nesses capítulos, esboçado em pinceladas gerais, o leitor encontrará o ensinamento da Igreja compilado a partir das fontes estudadas na seção dois deste livro e aplicado a áreas específicas da moralidade. A Seção também inclui o ensinamento católico romano sobre ética social, ética sexual, bioética e ética ambiental.

O Evangelho de João termina com a afirmação de que todos os livros do mundo não conseguiriam conter tudo o que fosse possível se dizer sobre Jesus e seu ministério. Sem termos a menor intenção de comparar, quanto ao significado, a vida e o ministério de Jesus com a Tradição Católica Romana da teologia moral, poderíamos dizer o mesmo sobre a disciplina da teologia moral. Entretanto, acreditamos que este livro poderá proporcionar aos leitores os elementos essenciais a um entendimento da Tradição Católica Romana sobre a teologia moral, aplicando-os em sua vida pessoal. Santo Irineu disse que a glória de Deus é a pessoa humana plenamente viva. Nossa esperança é que este trabalho contribua para uma melhor compreensão da plenitude da vida e traga frutos para a vida dos leitores, para a maior glória de Deus.

Somos gratos a muitas pessoas pelo apoio enquanto trabalhávamos no texto. Algumas nos ofereceram sua generosa hospitalidade e um local onde trabalhar. Nesse sentido, temos a mais profunda gratidão pelos redentoristas do Sagrado Colégio do Redentor em Washington, D.C., assim como pelo Monsenhor Don Zimmerman e a família Secchia, os oblatos da Escola Oblata de Teologia de San Antonio, e os redentoristas e equipe do Retiro San Alfonso, em West End,

INTRODUÇÃO

Nova Jersey. Agradecemos aos nossos guias na Liguori Publications: Judy Bauer, gerente editorial, e Cecelia Portlock, gerente de produção.

Recebemos também, de amigos e colegas, valiosos comentários sobre os rascunhos dos capítulos. Queremos agradecer aos seguintes: Rev. James Dowds, C.Ss.R.; Dr. Richard Gaillardetz; Rev. Kenneth Himes, OFM; Monsenhor Jeremiah McCarthy; Rev. Francis Moloney, SDB;Michael e Susan O'Neil; e a Irmã Katarina Schuth, OSF.

Nossa gratidão é ainda maior por aqueles que nos educaram na fé e nos abençoaram com suas vidas. Queremos citar expressamente nossos pais e dedicar este trabalho a eles: Margaret O'Neil e o falecido Bernard O'Neil, e Ernest e Íris Black.

SEÇÃO UM

OS FUNDAMENTOS DE UMA VIDA MORAL

CAPÍTULO UM

CRIADO PELO AMOR PARA O AMOR

Por que começar um trabalho sobre os elementos essenciais da moralidade católica romana com um capítulo sobre Deus? Alguns poderiam julgar mais acertado começar com a humanidade e a liberdade humana, já que a moralidade diz respeito a nossas escolhas de caráter moral, a respeito das boas ou más atitudes. No entanto, o Papa João Paulo II descrevia a vida moral como uma resposta "decorrente das muitas iniciativas gratuitas de Deus, agindo por amor" a nós (*Veritatis Splendor*, § 10). Essa descrição da vida moral parece mais exata por dois motivos. O primeiro deles é que Deus sempre age antes e, assim, a vida moral começa com a graça de Deus. O segundo é que, na vida moral, respondemos em liberdade a algo que nos acontece. Pode ser uma palavra indelicada, um ato de violência, um sorriso, um elogio. Todas essas atitudes acontecem e nós respondemos a elas de alguma maneira. Como veremos a seguir, a maneira como interpretamos as coisas que acontecem em nossa vida, a maneira como julgamos o bem e o mal, precede os nossos atos, praticados em liberdade. Essa dinâmica caracteriza a vida moral.

Da perspectiva da fé, a vida moral não começa conosco, mas sim em Deus. Pascal escreveu certa vez que "nós não iríamos em vossa busca, Senhor, se vós não nos houvésseis encontrado antes". Deus age primeiro em nossas vidas. Em conseqüência, uma imagem de Deus autêntica é crucial à teologia moral, por duas razões principais. A primeira é que devemos conhecer aquele a quem estamos respondendo, e conhecer também qual deve ser a natureza da nossa resposta. A segunda é que, focalizando nossa atenção sobre imagens autênticas de Deus, podemos chegar a um entendimento mais claro de quem somos e de qual é o nosso propósito na vida. A nossa história da Criação e a nossa teologia nos dizem que fomos feitos à imagem e semelhança de Deus (Gn 1,27). Nenhuma outra criatura pode afirmar o mesmo. Sendo assim, imagens autênticas de Deus proporcionarão respostas mais verídicas e estas, por sua vez, irão moldar-nos de maneira mais fiel à imagem e semelhança de Deus.

Apesar disso, somos imediatamente confrontados com uma dificuldade quando falamos de Deus. Como Deus é mistério, é impossível compreendê-lo inteiramente (CIC, § 39-43). A nossa única via para tentarmos entendê-lo é a analogia, refletindo sobre nossas experiências humanas particulares. É isso que os teólogos vêm fazendo há séculos. A nossa abordagem não será diferente.

Nossa fé reconhece um Deus que é Trindade e que se revelou na história da salvação. O mistério da Santíssima Trindade é o mais profundo e fundamental mistério da nossa fé cristã (CIC, § 234). Faremos uma breve reflexão sobre Deus como Trindade e sobre determinada imagem de Deus, apresentada por Jesus no Evangelho segundo São Lucas. Esclareceremos também as implicações da imagem de Deus para a vida moral.

1. Trindade: uma comunhão de amor

Um dos ícones mais reverenciados por ocidentais e orientais é o célebre trabalho do pintor russo Andrei Rublev (1360-1430), intitulado *A Trindade do Antigo Testamento* ou simplesmente *A Trindade*. Uma reprodução desse quadro é o frontispício deste livro (p. 20). A imagem se baseia na história do Gênesis, em que três visitantes aparecem em Mambré. São três anjos que surpreendem Abraão e Sara, fazendo-lhes uma visita (Gn 18,1-8). Esta cena das Escrituras serve há séculos de inspiração para reflexões artísticas sobre a Trindade.

A *Trindade* de Rublev apresenta três anjos, com seus halos, sentados em torno de uma pequena mesa, tendo um cálice ao centro. Fiel ao propósito de um ícone, a *Trindade* remete o espectador à sua própria interioridade em pelo menos dois aspectos. O primeiro é que somos capturados por um sutil movimento circular, no interior do ícone. A postura de cada um dos anjos chama a nossa atenção para a do outro. O anjo da direita parece estar inclinado na direção do anjo ao centro que, por sua vez, olha para o anjo da esquerda. Este inclina sua cabeça em direção do anjo da direita e, assim, leva-nos de volta ao começo. Dessa forma, o espectador se percebe conduzido pela dança dos olhares dos anjos, de um para o outro. A pintura também nos atrai para um espaço aberto em sua base, o espectador poderia colocar-se em pé. É como se estivéssemos sendo convidados a ocupar um lugar à mesa, com os três anjos.

A imagem de Rublev fornece-nos um maravilhoso acesso ao mistério da Trindade, uma aproximação ao Deus que nos criou, redimiu e santificou, ao mesmo tempo em que nos convida, cada um de nós, a uma resposta reflexiva.

Primeiramente, o ícone sugere como compreendemos o relacionamento entre as pessoas da Trindade. São co-iguais. Na imagem de Rublev, não fica claro qual anjo representa que pessoa da Trindade. Fazemos essa observação mais para indicar a igualdade das pessoas da Trindade do que para sugerir que são uma só. Na realidade, cada anjo é distinto dos outros dois: Pai (Criador), Filho (Revelador e Redentor) e Espírito Santo (Santificador). A vida da Trindade, transmitida pela imagem, é uma união de amor: o Pai amando o Filho, recebendo o amor do Filho, o Espírito como a personificação desse amor.

A primeira coisa que se pode dizer da Trindade, então, é que é uma comunhão de amor, um eterno dar, receber e partilhar amor entre as inseparáveis pessoas da Trindade — Pai, Filho e Espírito Santo (CIC, § 221). Essa é a vida interior de nosso Deus Triuno, a maneira como as pessoas se relacionam entre si. Há sugestões de que a posição dos anjos laterais no ícone de Rublev forma um tipo de cálice, simbolizando a vida interior da Trindade como um cálice de amor.

Entretanto, acreditamos que Deus não mantém seu amor contido apenas dentro dos limites da Trindade. É o desejo de Deus partilhar o amor não só entre as pessoas da Trindade, mas expandir-se e ultrapassar o círculo dessa comunhão. Essa qualidade está presente no ícone, no ponto em que o cálice de amor, representando a vida interior da Trindade, é oferecido por meio do espaço aberto na base da imagem. Um cálice real é oferecido ao espectador, que assumiu o "posto" de observador à mesa.

A Criação do mundo, e da humanidade em particular, é uma expressão, uma manifestação do amor de Deus e de sua extensão, abrangendo toda a humanidade. É o testamento original e universal do amor todo-envolvente de Deus (CIC, § 288). Santo Tomás de Aquino expressou-se lindamente ao dizer: "As criaturas passaram a existir quando a chave do amor abriu a mão Dele" (ver CIC, § 293). Em toda a história da salvação, Deus continuamente estendeu sua mão para a humanidade. As histórias de nossa salvação reeditam esses eventos, especialmente por intermédio dos profetas (CIC, § 54-64). A plenitude da revelação de Deus, entretanto, acontece por meio da face humana de Jesus de

Nazaré. "Muitas vezes e de modos diversos Deus falou, outrora Pai, pelos profetas; agora, nestes dias que são os últimos, falou-nos por meio do Filho [...]" (Hb 1,1-2). Jesus é a expressão concreta do amor de Deus por nós. João (3,16) diz que "Deus amou tanto o mundo que entregou o seu Filho único". O Espírito, outra de suas dádivas para nós, leva-nos a conhecer, a amar Jesus e a buscar a união com o Pai, por seu intermédio.

2. As implicações de um Deus Triuno para a humanidade

Quais são as implicações do Deus trinitário para a humanidade, feita à sua imagem e semelhança? Criada à imagem de Deus, a humanidade está destinada a uma vida de amor com a Trindade. Da mesma maneira como a Trindade é caracterizada por dar e receber amor também nós somos um povo do amor, oferecendo-o e recebendo-o em nossas vidas. É fundamental esse entendimento de quem somos e do que somos, enquanto criaturas de Deus. Em sua encíclica *Evangelium Vitae*, o Papa João Paulo II escreveu: "O sentido da vida é encontrado em dar e receber amor" (§ 81, *Origens*, 24/42 [6 de abril de 1995]). Essa afirmação se baseia em nosso entendimento da Trindade como uma comunhão de amor. Criados pelo amor estamos destinados a viver em comunidade, em relacionamentos de amor.

Sendo criaturas feitas à imagem e semelhança de Deus, podemos assemelharnos às pessoas da Trindade, também em suas peculiaridades. O Pai é a fonte e a plenitude do amor e da verdade; fomos criados à sua imagem, feitos para desejar Deus, para ansiar por amor, pela verdade, pela bondade, pela beleza. Assim, Deus, o Criador, imprimiu-se dessa forma em nosso ser. O ideal perene de nossa existência é nos tornarmos quem somos de fato, ou seja, seres feitos à imagem e semelhança de Deus. A profunda compreensão de quem é Deus nos foi proporcionada, principalmente, por seu Filho, Jesus. O amor e a verdade do Pai manifestam-se em Jesus e são inspirados pelo Espírito Santo. Jesus revela à humanidade, da maneira mais clara possível, quem somos convocados a ser, pois ele é a mais plena revelação de Deus. "Na realidade, somente no mistério da Palavra tornado carne é que o mistério da humanidade é verdadeiramente esclarecido" (*Constituição Pastoral Gaudium et Spes sobre a Igreja no mundo de hoje*, § 22; CIC, § 359).

Ao refletir sobre a pessoa de Jesus e agir em conformidade a ela, aproximamo-nos de nossa verdadeira natureza. Em Cristo, atingimos a perfeição e a nossa real estatura. Ao mesmo tempo, como Jesus, tornamo-nos a face humana de Deus no mundo, manifestações do amor de Deus no mundo.

O amor entre Pai e Filho é personificado no Espírito, a terceira pessoa da Trindade. O Espírito, que nos é dado no batismo, atua primeiro em nossas vidas, despertando em nós o desejo de Deus e levando-nos a acreditar em Jesus e a aceitá-lo (CIC, § 683-684). Agimos em conformidade com o Espírito por intermédio de vidas de amor que dão testemunho de Jesus e levam outras pessoas a crer nele e a unir-se com Deus, o Pai. Outorgamos uma imagem ao Espírito também, que é o amor personificado da Trindade, nos relacionamentos amorosos dos quais participamos.

Por fim, a vida trinitária caracteriza nossa vida moral pela comunhão de amor em todos os nossos relacionamentos, quer dizer, nosso relacionamento com Deus, conosco mesmos, com os outros e com toda a Criação. O sentido da vida é dar e receber amor. A vida trinitária é o modelo para compartilhar esse amor, e é a mesma Trindade que nos permite a graça de vivê-la.

3. A face humana de Deus

Dissemos que Jesus é a plenitude da revelação de Deus. Toda a vida e o ministério de Jesus nos mostram o Pai. Raramente Jesus apenas explicou quem era seu Pai. Em vez disso, usou imagens e histórias para estimular a imaginação dos seus ouvintes. Suas parábolas e atitudes, ao longo de todo o seu ministério público, incentivavam o tempo todo as pessoas a pensar em termos mais amplos do que até então. A parábola do Bom Samaritano, por exemplo, encorajava os ouvintes a estender seus cuidados aos vizinhos, mesmo os inimigos. Quando uma mulher adúltera foi levada perante Jesus por um grupo de homens certos de que ela seria apedrejada até morrer por seus pecados, Jesus fez um único comentário, após alguns instantes de reflexão: "Que atire a primeira pedra aquele que não tiver pecado". Todos os homens se afastaram. Ele os havia convidado a ir um passo além da soberba e da arrogância, fazendo um exame de consciência de seus próprios pecados. Ainda hoje achamos estimulantes essas histórias e atitudes de Jesus porque, apesar do testemunho de inúmeros santos por séculos, continuamos vivendo em mundinhos pequenos e, em geral, absorvidos em nós mesmos. Essas histórias remetem-nos ao conflito de compreender Jesus e nós, de maneira mais abrangente, seguindo-o com integridade. Suas palavras e atos nos desafiam a ser mais, a ser — na realidade — mais realmente nós mesmos.

As parábolas de Jesus mobilizaram as pessoas de seu tempo e surtem o mesmo efeito ainda hoje, no sentido de convidá-las a se perceber de jeito diferente, com mais veracidade. As palavras e parábolas de Jesus, para revelar Deus, também nos desafiam a vê-lo mais fielmente, abandonando as imagens pequenas e distorcidas de sua divindade. Um rápido exame dos Evangelhos oferece, entre muitas outras, imagens de Deus como pastor, pescador puxando a rede, legislador, galinha protegendo seus pintinhos, juiz justo, uma mulher feliz por haver encontrado uma moeda.

O Deus da parábola do Filho Pródigo

Uma das imagens mais cativantes de Deus que a Bíblia nos apresenta é o personagem do pai, na história muito conhecida e geralmente chamada de *O Filho Pródigo* (Lc 15,11-32). Lucas é o único evangelista a narrar a história que se tornou tema de várias obras de arte, como quadros, esculturas, músicas, balés e uma quantidade incontável de sermões e homilias, ao longo dos séculos de existência do cristianismo. Seu apelo advém, essencialmente, de nossa identificação com os filhos dessa história, mas também nos sentimos atraídos pelo pai, com sua bondade e capacidade de perdoar.

Disse ainda: "Um homem tinha dois filhos. O mais jovem disse ao pai: 'Pai, dá-me a parte da herança que me cabe'. E o pai dividiu os bens entre eles. Poucos dias depois, ajuntando todos os seus haveres, o filho mais jovem partiu para uma região longínqua e ali dissipou sua herança numa vida devassa. E gastou tudo.

Sobreveio àquela região uma grande fome e ele começou a passar privações. Foi, então, empregar-se com um dos homens daquela região, que o mandou para seus campos cuidar dos porcos. Ele queria matar a fome com as bolotas que os porcos comiam, mas ninguém lhas dava. E caindo em si, disse: 'Quantos empregados de meu pai têm pão com fartura, e eu aqui, morrendo de fome! Vou-me embora, procurar o meu pai e dizer-lhe: 'Pai, pequei conta o Céu e contra ti; já não sou digno de ser chamado teu filho. Trata-me como um dos teus empregados'. Partiu, então, e foi ao encontro de seu pai.

CRIADO PELO AMOR PARA O AMOR

Ele estava ainda ao longe, quando seu pai viu-o, encheu-se de compaixão, correu e lançou-se-lhe ao pescoço, cobrindo-o de beijos. O filho, então, disse-lhe: 'Pai, pequei conta o Céu e contra ti; já não sou digno de ser chamado teu filho'. Mas o pai disse aos seus servos: 'Ide depressa, trazei a melhor túnica e revesti-o com ela, ponde-lhe um anel no dedo e sandálias nos pés. Trazei o novilho cevado e matai-o; comamos e festejemos, pois este meu filho estava morto e tornou a viver; estava perdido e foi reencontrado!'. E começaram a festejar.

Seu filho mais velho estava no campo. Quando voltava, já perto de casa ouviu músicas e danças. Chamando um servo, perguntou-lhe o que estava acontecendo. Este lhe disse: 'É teu irmão que voltou e teu pai matou o novilho cevado, porque o recuperou com saúde'. Então ele ficou com muita raiva e não queria entrar. Seu pai saiu para suplicar-lhe. Ele, porém, respondeu a seu pai: 'Há tantos anos que eu te sirvo, e jamais transgredi um só dos teus mandamentos, e nunca me deste um cabrito para festejar com meus amigos. Contudo, veio esse teu filho, que devorou teus bens com prostitutas, e para ele matas o novilho cevado!'.

Mas o pai lhe disse: 'Filho, tu estás sempre comigo, e tudo o que é meu é teu. Mas era preciso que festejássemos e nos alegrássemos, pois esse teu irmão estava morto e tornou a viver; ele estava perdido e foi reencontrado'".

O que essa história nos diz sobre Deus, sabendo-se que ele sempre é mais misterioso do que compreensível? Talvez seja importante saber que essa história vem depois de duas outras breves parábolas, com o mesmo tema do "perdido e encontrado". Na primeira dessas, um pastor perde uma ovelha e deixa sozinhas as outras 99 para procurar pela extraviada. Lemos que "haverá mais alegria no Céu por um só pecador que se arrependa, do que por 99 justos que não precisam de arrependimento" (Lc 15,7). Na segunda parábola (Lc 15,8-10), uma mulher perde uma moeda e revira sua casa de cima a baixo buscando por ela. Quando encontra a moeda, que até mesmo para os ouvintes de Lucas seria insignificante, pois é equivalente a um centavo, a mulher dá uma festa e chama os amigos a fim de celebrar o fato. As duas histórias terminam com a felicidade de seus protagonistas, por terem encontrado o que julgavam perdido. As duas apresentam imagens de Deus.

O Filho Pródigo também é, em certa medida, uma narrativa de alguém perdido e depois encontrado, mas é mais explicitamente uma história de amor. Nossa atenção poderia dirigir-se imediatamente para os filhos, mas, assim como nas parábolas anteriores, o foco recai de fato sobre o personagem que perdeu alguma coisa, que é o pai. O que podemos dizer sobre o pai? Ele ama ambos os filhos. Seu amor é incondicional. Isso não quer dizer que o pai não se importa com o que seus filhos fazem ou que não se preocupa com eles, mas seu amor por ambos não depende do que eles fazem, não é um amor em resposta aos seus bons comportamentos. É uma dádiva gratuita do pai a seus filhos.

Nenhum deles parece compreender o amor do pai. O mais novo acha que é indigno de ser acolhido de volta na casa paterna porque abusou da generosidade do pai. "Não sou mais digno de ser chamado teu filho." Poderíamos estender-nos mais sobre o filho caçula, a fim de entender o significado de seus atos no contexto cultural de seu tempo. Assim como hoje, geralmente alguém recebe uma herança após a morte de um benfeitor. Basta dizer que a solicitação do filho pela herança, antes da morte do pai, era equivalente a desejar a morte do pai. Quem lê essa parábola tem uma surpresa após outra, ao constatar que o pai entrega ao filho sua parte da herança e, mais tarde, recebe-o de volta em casa, de braços e coração abertos, cobrindo-o de presentes, depois que o filho "esbanjou toda a herança". O caçula estava enganado quando pensou que tinha perdido a casa por causa de seu comportamento.

O filho mais velho, entretanto, também não consegue compreender seu pai. Ele parece pensar que o amor do pai por ele é uma resposta a sua fidelidade no trabalho, à constância de sua prestatividade em casa. O filho mais velho entende a vida, ao que parece, como um "toma lá, dá cá". "Durante todos estes anos trabalhei como um escravo para você e nunca desobedeci uma só de suas ordens. No entanto, nunca recebi um só cabrito de presente para poder comemorar com os meus amigos." Como trabalhou arduamente para o pai, este deveria pelo menos presenteá-lo com um cabrito para ele festejar com os amigos. Ao que parece, na cabeça do filho mais velho, o amor é mais como um contrato. O amor é conquistado. Por isso, como não consegue compreender o amor paterno, o filho mais velho parece não conseguir amar o irmão da mesma maneira, assim como não é capaz de chamá-lo de irmão. No texto da parábola, o filho mais velho diz "teu filho" para o pai, em vez de "meu irmão". Infelizmente, esse filho continua perdido até o fim da parábola.

CRIADO PELO AMOR PARA O AMOR

O amor de Deus nunca falha

Como em todas as parábolas, essa é rica em simbolismos e poderia ser, em si mesma, tema de um livro. Nosso propósito é simplesmente perguntar qual o impacto dessa imagem divina em nossa compreensão da vida moral, como resposta a Deus.

Primeiramente, o Filho Pródigo nos lembra de que, ao contrário do que possamos pensar e até mesmo achar justo, o amor de Deus por nós não depende de nossos comportamentos. Somos bem-vindos à casa do Pai, apesar do que fazemos. A imagem de Deus, representada pelo profeta Oséias, ilustra tal fato. Gomer, a esposa de Oséias, era infiel. Entretanto, todas as vezes que voltava, Oséias a aceitava de novo. O profeta conta esse episódio de sua vida pessoal a fim de ilustrar para os israelitas o relacionamento de Deus com eles. Quando voltam, cientes de seu pecado, Deus os recebe, da mesma forma como o pai recebeu o "filho pródigo", na parábola de Lucas.

Poder-se-ia dizer que tanto o profeta Oséias como o pai do filho pródigo exigiram arrependimento, antes de oferecer as boas-vindas. Mas isso não é verdade. Em vez disso, Gomer e o filho caçula se arrependem antes de "voltar para casa". Seu arrependimento não foi uma condição imposta a eles, nem por Oséias, nem pelo pai da parábola de Lucas. Embora seja necessário, e acreditamos que seja mesmo, que Gomer e o caçula cheguem a esse ponto de conscientização e reconhecimento de suas falhas, é indispensável constatar que a consciência das próprias faltas não é um pré-requisito para que sejam aceitos. O pai do caçula não espera que a "confissão" do filho termine. As palavras de dor do filho são engolfadas pelos abraços do pai e suas bênçãos.

Às vezes nos perguntamos: será que não perdemos o amor de Deus por nós, com os nossos pecados? Será que Deus pára de nos amar se cometemos um pecado mortal e, com isso, priva-nos da vida eterna? O amor de Deus é todo-abrangente. Como diz Mateus 18,14, "não é da vontade de vosso Pai, que está nos Céus, que um destes pequeninos se perca". Nesses casos não é Deus, nosso Pai amoroso, que nos diz "não". Em vez disso, somos nós que dizemos "não" a Deus. Será que Deus pára de nos amar e nos priva da felicidade eterna? Não, somos nós quem *recusamos* o convite, do mesmo modo como o filho mais velho fez, na parábola do Filho Pródigo. Ele não aceitou o convite para participar do banquete e comemorar o retorno do irmão. Ele se recusa a amar dessa maneira. Por mais irracional que possa parecer, poderíamos muito bem escolher ficar de fora do banquete dos Céus, preferindo o pecado em vez da vida de Deus. Deus tem tal respeito por nossa liberdade que não nos impinge sequer a vida eterna. Nós a aceitamos ou rejeitamos, conforme a maneira como vivemos em nossa vida moral. Os próximos capítulos detalharão um pouco mais essas idéias.

Implicações para a vida moral

Quais são as conseqüências dessas reflexões para a nossa compreensão da vida moral? Em primeiro lugar, a responsabilidade por pautarmo-nos ou não conforme Deus recai inteiramente sobre os nossos ombros, embora sejamos sempre beneficiários da graça divina. Depois, como veremos logo adiante, as idéias sobre a vida moral, discutidas antes, alertam-nos para o risco de se esboçar uma imagem falsa ou incompleta de Deus, que até nos poderia parecer eficiente para a manifestação de atitudes adequadamente morais, mas que, no fundo, seria inverídica diante Dele. "Deus vai te castigar" pode causar medo na criança e até impedi-la de agir de modo errado. Mas tem um custo, ou seja, impede-nos de perceber a imagem autêntica de Deus, revelada por Jesus. Se aceitamos o pai do filho pródigo como uma manifestação divina, desafiamos a aparência de veracidade das imagens incompletas ou apenas parcialmente verdadeiras.

Os céticos talvez aleguem que essa imagem de Deus é excessiva, que assim Deus fica bom demais. Como seres humanos, nós, freqüentemente, colocamos limites ao nosso amor pelo outro. As crianças recebem ultimatos, assim como os adultos. Mas não seria a nossa própria incredulidade diante de um Deus tão bom justamente um indício de nossos limites humanos ao amor, em vez de uma descrição fiel do amor? Sendo assim, não é possível que o amor de Deus alcance mais além, depois de ter cessado o amor humano "razoável"? Santo Afonso de Liguório referia-se à "loucura" de Deus justamente a respeito desse ponto: o amor de Deus ultrapassa muito além o limite do que a maioria dos seres humanos consideraria razoável. Deus continua amando, quando poderíamos pensar que o limite já foi alcançado. Deus ainda nos acolhe quando talvez nós já tenhamos fechado nossas portas. Deus perdoa, mesmo depois de já termos julgado que fomos demasiado misericordiosos.

Resumindo, nesta primeira seção focalizamos a crença central da nossa fé: Deus como Trindade. Conhecemos Deus como uma comunhão de amor decorrente da união das três Pessoas, cujo amor transborda como amor criativo. Tendo sido feitos à imagem de Deus, somos convidados a essa mesma comunhão de amor com ele, e com os outros, nossos semelhantes. A principal maneira de compreendê-lo e nos encaminhar rumo à plenitude da vida é por intermédio da pessoa Jesus, que nos manifesta o Pai, e do Espírito Santo, que nos desperta a conhecer e aceitar Jesus. Confiantes na veracidade da revelação do Pai por Jesus, discutimos a parábola do Filho Pródigo como uma revelação especialmente significativa de quem Deus é para nós, em nossa vida moral.

4. Imagens falsas e incompletas de Deus

Antes de tratarmos da resposta humana ao Deus que nos criou por amor para o amor, vamos examinar algumas imagens distorcidas e incompletas de Deus que, em vários momentos, ganharam destaque na vida moral dos fiéis. Pretendemos, com isso, chamar a atenção para a impropriedade dessas imagens, tendo em vista a necessidade de moldar um relacionamento mais autêntico com Deus. Poderíamos citar aqui muitas delas, mas nos limitaremos em três, por incluírem uma distorção particular de quem é Deus e do que está implicado na vida moral.

DEUS FICA DISTANTE DOS PROBLEMAS DO MUNDO: SEPARANDO ESPIRITUALIDADE E MORALIDADE

Poucas pessoas diriam, de imediato, que Deus não se preocupa com a Criação, com o que se passa no mundo. No entanto, podemos expressar sutilmente essa idéia quando deixamos de associar nossa vida espiritual com a vida moral. O autor da Primeira Epístola de João escreve: "Se alguém disser: 'Amo a Deus', mas odeia o seu irmão, é um mentiroso: pois quem não ama seu irmão, a quem vê, a Deus, a quem não vê, não poderá amar. E este é o mandamento que dele recebemos: aquele que ama a Deus, ame também o seu irmão" (1Jo 4,20-21).

Um autor do século VI d.C., Dorotheos de Gaza, ofereceu uma imagem que ajuda a manter unidos o amor por Deus e o amor pelo próximo, além de acentuar o que há no plano espiritual. Ele pede aos leitores e ouvintes que imaginem uma bússola, cuja agulha está fixada num pedaço de papel, e que depois visualizem um círculo traçado ao seu redor. "O ponto central — ele diz — é Deus; o círculo externo, o mundo". Ele imagina linhas, como os raios de uma bicicleta, saindo da periferia e indo para o centro. E diz:

> Quanto mais próximas de Deus, mais próximas vão ficando umas das outras. E quanto mais próximas as linhas se tornam umas das outras, mais próximas ficam de Deus. Ora, considerem, nesse mesmo contexto, a questão da separação; quando se afastam de Deus e se voltam para as coisas externas, fica claro que quanto mais distantes do centro e de Deus, tanto mais distantes também se tornam umas das outras (Dorotheos de Gaza, Discurso 6. In *Dorotheos de Gaza. Discursos e Máximas. Cistercian Studies Series*, número 33; trad. [para o inglês] Eric Wheeler, 1977, p. 139).

Uma falsa imagem de Deus e da vida moral presume que podemos amá-lo e, ainda assim, odiar o nosso próximo; que nos podemos deixar envolver pela vida interior de Deus, como se estivéssemos sentados à mesa com os três anjos da *Trindade* de Rublev, sem fazermos também parte do amor transbordante da Trindade pelo mundo, por meio de Jesus Cristo e do Espírito Santo. Na realidade, como esperamos que as seções precedentes deste capítulo tenham demonstrado, não podemos viver em plena comunhão com Deus se não refletirmos também a Trindade em nossas próprias vidas e, particularmente, se nossas vidas não transcorrem conforme Cristo.

Há vários anos um de nós conheceu um casal de noivos que ia casar-se em breve. Após conversarem um pouco sobre o próprio casamento, ele perguntou ao casal se eram membros participantes da comunidade paroquial. O noivo respondeu rapidamente que ele e a futura esposa não iam à igreja, porque "todos aqueles hipócritas vão e se sentam nos bancos da frente, mas depois saem e fazem o que bem entendem. Não são boas pessoas". Na realidade, o rapaz estava evitando a pergunta, mas sua resposta continha sabedoria. Ele esperava que pessoas que acreditam em Deus sejam de boa moral, que tratem bem os outros. Ao enxergar a aparente contradição entre a fé de algumas pessoas e sua conduta moral, o jovem casal, aparentemente, cometia o equívoco de optar por uma vida à margem da fé. O rapaz também julgava os outros sem saber em que ponto estavam em seu caminho de conversão; presumia que estivessem contentes com o lugar que já ocupavam, mesmo que com arrogância. Apesar de tudo, seu comentário expunha uma verdade.

Qualquer noção de uma criatura de Deus, num relacionamento com alguém, que não se importa se ela está ou não empenhada em construir o Reino de Deus, cria uma falsa imagem de Deus, e não simplesmente uma imagem incompleta. Cria uma imagem incompatível com o nosso modo de compreender a Trindade e a vida e o ministério de Jesus.

As Escrituras narram a história de um Deus envolvido com as vidas de sua Criação. Deus diz aos israelitas e a nós, que somos o seu povo. Vezes seguidas, nas Escrituras, Deus torna a chamar o povo para que se relacione novamente com ele. Deus se preocupa com o tratamento dispensado à viúva, ao órfão e ao estrangeiro, em Israel. No ministério de Jesus, a preocupação de Deus com o pecador, o enfermo e o sofredor fica totalmente evidente. As Escrituras não revelam um Deus desvinculado de sua Criação. Em vez disso, Deus criou o mundo, movido por amor, e o sustenta no amor.

Santo Tomás de Aquino diz que amar Deus é tornar pessoalmente seu o amor de Deus. A vida moral que não contribui para a bondade do mundo não reflete, então, um relacionamento autêntico com Deus. Na realidade, a espiritualidade — a nossa vida com Deus — e a moralidade — a nossa conformidade à imagem de Deus por intermédio do exercício responsável da liberdade — andam de mãos dadas. Nenhuma imagem de Deus que separe uma da outra é fiel ao Deus revelado nas Escrituras e na Tradição. Tampouco a busca do bem é separada da busca de Deus. João Paulo II escreveu que "na realidade, indagar sobre o bem significa, em última instância, voltar-se em direção a Deus, à plenitude da bondade" (*Veritatis Splendor*, § 9). Uma imagem autêntica de nosso Deus Triuno e do Deus revelado por Jesus na parábola do Filho Pródigo reflete um Deus apaixonadamente envolvido com sua Criação e com a construção do seu Reino.

DEUS COMO LEGISLADOR

Nenhuma imagem de Deus parece mais predominante na história da teologia moral do que a de Deus como Legislador Divino. No entanto, sugerimos que a descrição de Deus como legislador é incompleta e que não deveria funcionar como uma imagem prioritária na vida moral.

São abundantes, nas Sagradas Escrituras, as referências à lei. Além dos textos dos livros do Deuteronômio e do Levítico sobre os Dez Mandamentos entregues a Moisés, muitos outros livros falam da lei. No Evangelho de Mateus, em especial, Jesus se refere várias vezes à lei de Moisés e dos profetas, indicando que Jesus veio para fazer cumprir a lei, não para aboli-la. Jesus dá "instruções" a seus discípulos também. Quando a Igreja redigiu um catecismo após o Concílio de Trento, no século XVI, a seção que lidava com a vida moral estava estruturada em torno dos Dez Mandamentos. A lei dominava a visão da moralidade, ao presumir que essas leis ou mandamentos se originavam no Legislador Divino. O *Catecismo* de Trento dizia: "Agora, dentre os motivos que induzem os homens a obedecer esta lei o mais forte é que Deus é seu autor" ("Introdução à Parte III, o Decálogo"). Mais adiante, no mesmo parágrafo, esse *Catecismo* se refere a Deus como o "Próprio Legislador". A imagem de Deus ali apresentada é, sem dúvida, a de um legislador, e a razão dada para que as pessoas obedeçam aos mandamentos é ser Deus o seu autor.

O *Novo Catecismo da Igreja Católica* intitula como "Vida em Cristo" sua seção sobre a moralidade (CIC, § 1691ss.), indicando que o objetivo da vida moral é, essencial e precisamente, a vida em Cristo, não a observância da lei. Essas duas idéias não são mutuamente exclusivas, é claro. A vida em Cristo presume o respeito à lei, mas o oposto não pode ser presumido. Com relação ao Decálogo, o *Catecismo da Igreja Católica* situa o respeito aos mandamentos no contexto de nosso pacto, de nosso relacionamento com Deus (CIC, § 2060-2063). Os mandamentos "expressam as implicações de pertencer a Deus por intermédio do estabelecimento do pacto. A existência moral é uma *resposta* à iniciativa do amor de Deus" (CIC, § 2062). A fidelidade ao pacto com Deus é o ponto de partida no novo *Catecismo*. Isso presume ou espera a conformidade aos mandamentos. Deus agiu primeiro, e nossa atitude de obedecer a eles corresponde à natureza do nosso relacionamento com Deus. A imagem de Deus aqui é diferente, porém, daquela que predomina no *Catecismo* do Concílio de Trento. Mais uma vez, voltamos à imagem inicial de Deus como o Criador, Redentor e Santificador amoroso.

Em vez de considerar Deus basicamente um legislador, uma imagem mais verdadeira é a da Trindade geradora, que primeiro nos ama e então nos convida a reagir no amor e por amor. Os mandamentos são expressões de como o pacto com Deus deveria ser vivido em termos de nossa relação com ele e os outros; eles nos guiam. Longe de serem uma lei imposta para restringir a nossa liberdade, são antes instruções que nos ajudam a canalizar nossa liberdade a fim de que esta se aproxime mais fielmente do amor e da vida na Trindade.

Além disso, a imagem do Legislador Divino pode não captar o amor que Deus sente pelo seu povo e nem seu desejo de que sejam felizes e unidos a ele. Essa imagem poderia sugerir que Deus é somente aquele que dá ordens ao mundo e que decretou certas leis para garantir o bom funcionamento de todas as coisas. O *Catecismo* do Concílio de Trento não dá imediatamente a impressão de que os mandamentos fluem do amor de Deus pela humanidade. Em vez disso, a idéia do pacto tão bem descrita no novo *Catecismo* serve como um contexto melhor para a compreensão da lei e dos mandamentos. A imagem de Deus que acompanha essa noção de um pacto não é a de um legislador, mas a de alguém que nos criou por amor e que nos convida a expressar, em liberdade, uma atitude amorosa.

Apresentar Deus principalmente como Legislador Divino também pode deturpar inteiramente a natureza da vida moral. Como veremos, a vida moral é uma resposta livre à iniciativa de Deus. Se a vida moral consistisse exclusivamente em obedecer às leis de um Divino Legislador, todo o movimento interno da moralidade poderia ficar perdido. O legislador não se importa se os cidadãos o amam ou não, assim como o cidadão obediente às leis não necessariamente considera o legislador como alguém que se beneficia em alguma medida do cumprimento das leis. O legislador simplesmente quer que a lei seja cumprida para que a boa ordem e a proteção dos cidadãos não sejam prejudicadas. Mesmo que o primeiro dos dois maiores mandamentos seja freqüentemente apresentado como "Amarás o Senhor Teu Deus...", quem pode realmente mandar que alguém o ame? A imagem de Deus como legislador pode promover uma conduta legalista na vida moral, com um agente moral principalmente interessado em prescrições e proibições, e menos ocupado em moldar sua vida de acordo com Cristo, que é a mais completa revelação de Deus.

Uma imagem de Deus como essa, que não leva em conta suas "iniciativas amorosas" como ponto essencial, e a vida moral que não sugere a união com Deus como o objetivo acima de todas as coisas ignoram a verdadeira identidade de Deus e, com isso, deturpam quem ele é e em que, enfim, consiste a vida moral.

DEUS COMO JUIZ

Contam a história de um bispo, nos Estados Unidos, que estava apresentando uma homilia numa cerimônia de crisma. Nela, pedia às pessoas da congregação que olhassem com atenção para a nota de um dólar. No verso dessa nota há uma pirâmide e, no alto, aparece um símbolo do olho de Deus. O bispo pedia à congregação que examinasse aquele olho. Dizia que, quando era menino, a imagem predominante de Deus que ofereciam era a de alguém que o observava como uma águia, esperando que ele vacilasse e pecasse. Fosse onde fosse que estivesse, Deus poderia vê-lo. Deus anotava num diário todas as coisas más que o menino tivesse feito, e apresentaria essas provas contra ele, quando se encontrassem no Dia do Juízo Final. O bispo disse que sempre vivera com medo do olho vigilante de Deus.

Embora haja os defensores dessa abordagem, acreditando que uma imagem assim provavelmente serviu para manter o menino longe de problemas, ela representa uma perspectiva baseada numa imagem incompleta e praticamente falsa de Deus. É interessante observar que, continuando com sua homilia, o bispo disse que, ao ficar mais velho, passou a enxergar por um outro prisma o olho na nota de um dólar. Em vez de ver ali a mirada de um Deus furioso, aguardando para flagrar seus pecados, o bispo passou a enxergar o olhar amoroso de um Deus tão poderosamente envolvido no seu amor por ele que não conseguia tirar seus olhos dele... Que transformação da imagem!

Para alguns, faz sentido ver Deus preferencialmente como um Juiz. Há quem considere uma noção inadequada de justiça como a principal descrição ou característica de Deus, em lugar de sua misericórdia e amor, insistindo que Deus deve ser vigilante e severo quanto ao que é certo ou errado, senão os pecadores vão acabar safando-se com suas vilezas, sem pagar por elas. Essa visão se assemelha ao modo de pensar do filho mais velho, na parábola de Lucas sobre o filho pródigo. Ressentido e amargurado com seu pai, que fora capaz de presentear generosamente o filho que quase o destituíra de tudo, o filho mais velho quer o julgamento do Pai, não sua misericórdia ou amor.

Quando Deus como Juiz é a imagem primária da vida moral, a motivação predominante para sermos boas pessoas e fazermos o que é certo consiste em evitar que Deus faça julgamentos duros sobre nós. Sem dúvida, podemos encontrar referências nas Escrituras que sustentam a imagem de Deus como juiz, e mais vezes no Antigo do que no Novo Testamento (ver Mt 7,1-2; Lc 19,11-27). Vejamos o episódio do servo sem misericórdia, no Evangelho de Mateus, 18,25-35. Nesta parábola, um servo teve sua grande dívida perdoada por seu senhor, o que evitou que ele e a família fossem para a prisão. Mesmo tendo sido tratado com compaixão, esse servo depois encontra outro colega de ofício que lhe deve muito menos do que ele tinha devido, mas cuja dívida o servo sem misericórdia recusa-se a perdoar. Por isso, o colega é mandado para a prisão até que pague o que deve. Consternados com a falta de compaixão demonstrada pelo primeiro servo em relação ao colega, os companheiros contam tudo o que tinham visto para o seu patrão, que então puniu o servo de coração duro. Conclui Jesus sua parábola: "Eis como meu Pai celeste agirá convosco, se cada um de vós não perdoar, de coração, o seu irmão".

Evidentemente, a imagem de Deus aqui é a de um juiz. Podemos imaginar a parábola despertando o medo nos que ouviam Jesus, instigando-os a examinar suas próprias vidas à luz da lição do servo sem misericórdia. Essa atitude temerosa poderia ser altamente eficaz. Entretanto, Deus como Juiz é simplesmente uma imagem incompleta dele mesmo. Como mencionamos com respeito a Deus enquanto Legislador, e como a experiência humana o atesta, um juiz não se envolve necessariamente com a vida das pessoas que julga. O relacionamento se dá no fórum público, que não presume uma relação ou vínculo especial, fora da sala do tribunal. Embora o juiz se ocupe do que é certo ou errado, falta a dimensão interpessoal do relacionamento entre Deus e a humanidade.

Na realidade, nós não sabemos como o julgamento será feito. O que conhecemos é a misericórdia divina, o amor de Deus por seu povo. Por conseguinte, nenhuma outra imagem de Deus pode contradizer aquela que parece mais verossímil. Assim, se uma imagem de Deus como juiz pudesse negar a verdade da imagem de Deus como ser de misericórdia na parábola do filho pródigo, deveríamos ater-nos à verdade da imagem que parece refletir mais fielmente o amor trinitário de Deus, em vez daquela que representa a forma limitada de amor da humanidade.

5. Conclusão

A vida moral é uma resposta a Deus. Este capítulo examinou quem é o nosso Deus. A quem respondemos em nossa vida moral? É dupla a importância de se configurar uma imagem correta: devemos saber a quem respondemos e por que o fazemos. O que há em Deus que motiva uma resposta? Em segundo lugar, nosso entendimento de Deus afeta o modo como nos entendemos a nós mesmos. Recorrendo à beleza do ícone da *Trindade* de Rublev, focalizamos Deus como Trinitário, como uma comunhão de amor que usufrui de dar e receber amor entre as pessoas da Trindade, primeiramente, e depois do amor criativo que partilha com o mundo todo. A seguir, examinamos a imagem de Deus como Pai, tal como retratada na parábola do filho pródigo. Ao compreendermos Deus como uma comunhão de amor, manifesto de uma dada maneira na face humana do pai do filho pródigo, capturamos um vislumbre do mistério divino e de nós mesmos. Mesmo cambaleantes, seguimos na direção de Deus, cuja imagem e semelhança também é nossa e, por isso, sabemos quem somos chamados a ser.

Imagem alguma chegará jamais a capturar com precisão quem é Deus. Jesus se refere a Deus como pai, mas Deus não é pai no mesmo sentido que muitos leitores deste texto são pais. Santa Teresa de Lisieux comparava Deus a uma mãe, dizendo que "há muito tempo acredito que Deus é mais terno que uma mãe", e continua comparando o amor de Deus ao amor dos pais. O profeta Isaías fala de Deus cuidando de nós até mesmo mais do que uma mãe o faria: "Por acaso uma mulher se esquecerá da sua criancinha de peito? Não se compadecerá ela do filho de seu ventre? Ainda que as mulheres se esquecessem, eu não me esqueceria de ti" (Is 49,15). Assim é que o novo *Catecismo da Igreja Católica* sabiamente observa:

> A linguagem da fé, com isso, recorre à experiência humana dos pais... Mas essa experiência também nos diz que os pais humanos são falíveis e capazes de desfigurar a face da paternidade e da maternidade. Portanto, devemos lembrar-nos de que Deus transcende a distinção humana dos sexos. Ele não é nem homem nem mulher: ele é Deus. Ele também transcende a paternidade e a maternidade humanas, embora seja sua origem e referência. Não há pai como Deus é Pai (CIC, § 239).

Da mesma forma como os pais são falíveis e podem desfigurar a face da paternidade, também as falsas imagens de Deus podem desfigurar e distorcer quem realmente Deus é, levando-nos a imagens desfiguradas e distorcidas da humanidade e da vida moral. Nossas reflexões neste capítulo movem-nos para uma imagem de Deus mais autêntica, representando-o como comunhão de amor na Trindade, comunhão que não é fechada em si, mas que transborda de amor pela Criação e na Criação. Agindo de acordo com esse amor trinitário na pessoa de Cristo, a humanidade seria marcada por uma existência de dar e receber amor, respondendo às iniciativas primeiramente adotadas por Deus em nosso benefício.

CAPÍTULO DOIS

RESPONDENDO AO AMOR COM AMOR

A vida moral é uma resposta às iniciativas amorosas de Deus. De muitas maneiras, a totalidade da vida consiste em respostas. O dia se aquece à luz do Sol, no amanhecer, e esfria no ocaso. As plantas se movimentam em direção ao Sol, como uma resposta à sua luz. A mãe ursa protege os filhotes do perigo. O cão de guarda reage a uma pessoa suspeita, latindo ou investindo contra ela. As pessoas sorriem ou choram ao ouvir notícias alegres ou tristes.

Embora todos esses exemplos possam ser caracterizados como respostas, acreditamos que existe uma diferença significativa entre a resposta humana e todas as demais. Os primeiros exemplos, embora chamados de respostas, *devem ser* do jeito que são. Se o Sol nasce, o dia deve ficar mais quente; se o Sol brilha e uma planta está exposta à sua luz, ela necessariamente se inclinará em sua direção. Até onde se sabe, a mãe ursa protege instintivamente os seus filhotes do perigo, e até mesmo um cão de guarda reage, como o fizeram os cães de Pavlov, a um estímulo que ele tenha sido treinado a "interpretar" como ameaçador. Certa ocasião, um instrutor de cães de guarda explicou o que "se passa" na cabeça do cachorro, como se pudéssemos dizer isso. Nas palavras dele, "não é que Bud tenha uma personalidade ótima ou terrível. Ele está sempre brincando; mas ele reage a atos violentos e assustadores quando é treinado para isso. Para ele, realmente tudo é brincadeira". Sem dúvida, invasores terão uma outra opinião. Por isso, embora todas essas ações possam ser caracterizadas como "respostas", não são como aquelas reações humanas caracterizadas como "respostas" que, em geral, incluem alguma espécie de consciência do ato realizado. Até onde nos é dado podermos saber, as reações dos animais são "automáticas". Não incluem sentimentos, pensamentos ou vontade. Não são reações conscientes.

As respostas humanas são diferentes. São conscientes. Nosso nível de consciência delas, porém, pode variar. "Instintivamente" damos um salto para nos afastar, quando encostamos em um forno quente, e gritamos quando levamos um susto. Sorrimos ao saber do nascimento de uma criança e choramos pela morte de um amigo. A tragédia e a injustiça nos enchem de raiva. Discutimos temas de política pública e argumentamos em resposta a opiniões que divergem das nossas. A Ciência avança à base de reações a teorias conflitantes e de reflexões sobre controvérsias. Nesses casos, nossa consciência e nossos pensamentos sobre como e por que respondemos de uma determinada maneira poderão variar, mas nossas respostas morais implicam alguma medida de consciência e liberdade, caso contrário não seriam morais.

Neste capítulo, examinaremos a resposta humana, que é a vida moral. Começamos com os pré-requisitos tradicionais para uma ação moral em si: conhecimento e liberdade. A seguir passamos ao exame das demais dinâmicas da resposta, especialmente de como nossas emoções e intelecto entram em ação quando exercitamos nossa liberdade. Depois, estudamos como os padrões que imprimimos a nossas respostas humanas, tanto emocional como intelectualmente, moldam nosso caráter moral. São disposições emocionais e intelectuais que compõem a substância da virtude e do vício. Por fim, apresentamos brevemente os componentes do ato moral e as condições nas quais ele pode ser qualificado como bom e virtuoso.

1. O ato humano

Tradicionalmente, a teologia moral católica romana tem distinguido entre o ato humano e o ato da pessoa humana. Essa distinção pode soar semântica, mas é importante. Se o motorista de um carro repentinamente passa por um trecho coberto de gelo na estrada, derrapa e bate num carro que vem no sentido oposto, não há dúvida de que um ser humano estava ao volante, mas não iremos chamar de ato humano o acontecido, pelo qual o motorista será considerado responsável. Em vez disso, constatamos que houve um acidente, algo inteiramente não planejado pela pessoa que estava dirigindo. A teologia moral tradicional chamaria esse acidente de ato de uma pessoa humana, mas não de ato humano.

A característica distintiva da resposta moral humana reside, principalmente, na capacidade dos seres humanos de saber o que estão fazendo e de querer livremente fazê-lo. Voltando ao exemplo anterior, mas desta vez com um motorista intencionalmente decidido a cruzar a pista e bater no carro que vem do outro lado, temos um ato humano pelo qual o motorista pode ser considerado moralmente responsável. Ele sabia o que estava fazendo e escolheu fazê-lo, de livre e espontânea vontade. Assim, a resposta moral humana contém liberdade e conhecimento, por parte do agente moral.

CONHECIMENTO HUMANO

O que significa dizer que o conhecimento é um pré-requisito para um ato humano? Significa que a pessoa tem ciência da correção ou incorreção do que está em vias de fazer e que esse conhecimento permeia sua ação. Por exemplo, posso pensar que "sei que estou mentindo para o meu patrão sobre o motivo de querer faltar ao trabalho na sexta-feira, mas vou fazer isso do mesmo jeito. Se eu esperar até sexta-feira para sair da cidade, vou ter de encarar aquele congestionamento horroroso dos feriados". Se essa pessoa então apresenta para o patrão um motivo falso, ela está agindo com plena consciência de estar errada.

Vamos supor que uma mulher conhece um homem numa confraternização com o pessoal da empresa e que ambos se sentem atraídos um pelo outro. Começam a sair juntos, e o homem não diz que é casado. Ela continua encontrando-se com ele, sem saber que ele não é solteiro, e só descobre a verdade muito mais tarde. Sem dúvida, o homem estava muito mais em falta, por estar enganando duplamente tanto a esposa como a namorada, mas esta também estava fazendo uma coisa errada, embora não possuísse informações para julgar que estava agindo errado.

Portanto, poderíamos entender o conhecimento humano como aquele que está presente ou ausente no agente moral, a respeito de uma ação moral. Presumimos que, quando há conhecimento, a consciência moral do que é certo ou errado também está presente. Nos exemplos acima, isso parece muito evidente: ou a pessoa sabia que sua ação era errada ou não tinha informação suficiente para formular esse julgamento. Nesses casos, a correção ou incorreção de uma ação parece mais ser uma questão de ignorância *versus* conhecimento. Essa clareza acerca de assuntos morais, entretanto, nem sempre está presente.

Em nosso ministério pastoral, ouvimos algumas vezes os pais dizerem coisas como "não sei por que o meu filho não vai à missa aos domingos. Ele sabe que isso é errado". Como é que devemos entender essa espécie de conhecimento? O rapaz sabe que deveria ir à missa aos domingos, mas não o faz.

Às vezes, sabemos intelectualmente das coisas, mas não lhes damos valor em nosso coração. Comecemos pelo mesmo exemplo. O rapaz sabe que deve ir à missa, mas esse conhecimento não o motiva a agir. Por isso, embora conheça o terceiro mandamento a respeito de guardar o sagrado dia do Senhor, não assiste à missa. Ele sabe também que o quarto mandamento é "Honrarás pai e mãe". Com este exemplo como referência, digamos que o filho é fiel em seu respeito pelos pais, ajuda-os de todas as formas possíveis, lembra de seus aniversários e datas importantes, comemora o Dia das Mães e o Dia dos Pais. Neste caso, o conhecimento do rapaz sobre o quarto mandamento o motiva a agir. Qual a diferença entre as duas situações?

Parece que a diferença entre essas espécies de conhecimento está na maneira como os valores propostos são pessoalmente valorizados pelo agente moral. Não estamos afirmando que vivemos num mundo de relativismo moral, em que a correção ou incorreção das condutas depende de caprichos individuais. Estamos apenas tentando compreender como os diferentes modos de conhecer afetam nossos atos morais.

Estamos sugerindo que esses tipos diferentes de conhecimento poderiam ser chamados de "conhecimento mental" e "conhecimento emocional", mas não queremos inferir, com isso, que a cabeça e o coração não se interconectem. A ênfase no "conhecimento mental", porém, recai sobre a informação que a pessoa tem, ao passo que o "conhecimento emocional" se refere ao que ela valoriza.

Em suma, usaremos o tema da punição capital como recurso para esclarecer nosso raciocínio moral em termos sentimentais, intelectuais e de prática da vontade. O ensinamento atual da Igreja diz que a punição capital é um meio aceitável de castigo apenas em circunstâncias muito raras. Como nos últimos tempos esse assunto recebeu muita atenção nos Estados Unidos, acreditamos que os católicos americanos estão cientes do que a Igreja ensina a tal respeito. Presumimos que os católicos têm um "conhecimento mental" do que a Igreja prega sobre a punição capital. Já as pesquisas de opinião relatam que mais de 70% dos católicos nos Estados Unidos defendem a pena de morte. O "conhecimento emocional" não parece se fazer presente, neste caso. É concebível que o rapaz do exemplo anterior se oponha à pena capital, embora não vá à missa; e que seus pais sejam infalíveis em sua presença nas missas aos domingos, mas aprovem a pena de morte. O filho poderia perguntar: "Como é que meus pais podem defender a pena de morte? Eles sabem que é errado". Talvez essa distinção sobre os tipos de conhecimento ajude a explicar o que acontece nesses casos.

Um ato humano presume certo grau de "conhecimento mental" e de "conhecimento emocional", embora estejamos cientes de que o primeiro muitas vezes precede o segundo. A responsabilidade e/ou culpabilidade moral se dá proporcionalmente à presença do "conhecimento emocional", porque indica o quanto a pessoa se investiu diretamente, enquanto agente moral, no teor de bem ou mal desencadeado por seus atos morais.

LIBERDADE HUMANA (CIC, §§ 1731-1748)

O outro sinal distintivo da resposta moral é a liberdade humana. Como se sabe, não há exercício da liberdade nos exemplos das outras criaturas não humanas, citados acima. O dia, as plantas, os ursos e os cães simplesmente reagem, como é forçoso que o façam. Segundo consta, não existe deliberação ou liberdade em sua resposta. Essa falta de deliberação ou liberdade não acontece com os seres humanos.

A liberdade humana talvez seja o dom mais intrigante que Deus nos concedeu. Enquanto todas as demais criaturas se desenvolvem segundo sua estrutura genética, sujeitas às circunstâncias do meio ambiente, os seres humanos se desenvolvem em grande medida em função do exercício responsável de sua liberdade. Nossa vida moral, contudo, é principalmente marcada pela liberdade humana, por nossa capacidade de moldar nossa existência e escolher um curso de ação, pautado pelo bem ou pelo mal.

Livre de ou livre para? Existe um atrito entre a compreensão da liberdade na cultura ocidental popular e a noção de liberdade praticada pela teologia moral católica romana, que é preciso discernir. Com essa distinção em mente, poderemos compreender como usar responsavelmente a nossa liberdade, na vida moral.

A cultura ocidental popular sugere que a essência da liberdade é a capacidade de fazer aquilo que se quer, dentro dos limites da lei civil. "Sou livre para fazer tudo o que desejo, desde que não viole os direitos dos outros." Assim, a liberdade é marcada pela ausência de restrições; é estar livre de limites. Podem dizer que, em si, a lei desrespeita a liberdade quando é vista como injusta ou não razoável. Exemplos dessa perspectiva podem variar do trivial, como regras de estacionamento ou sinais de "Não ultrapasse no vermelho", até proibições mais sérias, como a proibição dos jogos de azar, a prostituição e coisas do gênero. Na opinião de alguns, a lei amordaça a liberdade.

Uma outra visão da liberdade, de grande destaque para o pensamento ocidental, é a capacidade de escolher uma coisa em lugar de outra. Se vou comprar um carro e a única opção que me oferecem numa concessionária é um carro branco da Chevrolet, posso indicar que não tenho liberdade nesse caso, pois não há escolha. Se quero comprar um carro, nessa loja, terá de ser aquele modelo e fim. No mesmo sentido, as eleições de políticos seriam uma farsa se não houvesse, no mínimo, dois candidatos concorrendo à vaga. Diríamos que a nossa liberdade não está sendo efetivamente exercitada, porque não há escolha.

Quando traduzimos liberdade essencialmente como uma escolha no âmbito da vida moral, nosso pressuposto é que a pessoa é livre quando pode escolher entre o bem e o mal. Posso escolher entre mentir ou não, roubar ou não, pecar ou não. Segundo a lógica dessa interpretação popular de liberdade, somos livres desde que não haja interdições aos nossos atos e que tenhamos escolhas, assim que nos dispomos a agir.

De acordo com a Tradição Católica Romana, essa noção de liberdade é inadequada. Por mais essencial que a liberdade humana seja para a humanidade, ela não é um valor absoluto, mas um atributo que nos foi dado em função de algo maior. A *Constituição Pastoral Gaudium et Spes sobre a Igreja no mundo de hoje*, do Concílio Vaticano II, diz que a genuína "liberdade é um sinal excepcional da imagem de Deus na humanidade. Pois Deus quis que homens e mulheres fossem 'livres para tomar suas próprias decisões' (cf. Eclo 15,14) e, com isso, pudessem por sua própria vontade buscar seu Criador e atingir, livremente, sua plena e abençoada perfeição, apegando-se a Deus" (§ 17). Por isso, a liberdade não é um fim em si, mas uma dádiva que nos serve para direcionar a vida de acordo com nosso significado e propósito, quer dizer, dando e recebendo amor e alcançando a plenitude da união com Deus.

Portanto, o foco da liberdade não é "do que estou livre?" — perspectiva em que nos concentramos nas leis e em outros limites à liberdade, e em que a autoridade e os outros são vistos como ameaças à liberdade —, mas, em vez disso, a pergunta é: para o que estou livre? Por que me foi concedida essa liberdade? O documento do Concílio sugere que é, precisamente, moldar-nos à imagem e semelhança de Deus. O *Catecismo* se expressa da seguinte maneira: "A liberdade humana é uma força de crescimento e maturidade na verdade e na bondade; alcança a perfeição quando é direcionada para Deus, nossa bem-aventurança" (CIC, § 1731).

O Papa João Paulo II entende o uso responsável da liberdade no contexto do que é verdadeiramente bom para a pessoa, do que chamamos de o bem humano autêntico: "É moralmente bom agir quando as escolhas feitas em liberdade estão *em conformidade com o verdadeiro bem do homem* e, com isso, expressam o voluntário encaminhamento da pessoa na direção de seu fim último: Deus, o bem supremo em que o homem encontra sua completa e perfeita felicidade" (*Veritatis Splendor*, § 72). Em outras palavras, a liberdade é usada corretamente quando as pessoas escolhem aquelas coisas que contribuirão para o bem humano autêntico, compreendendo profundamente que essas escolhas promovem o correto relacionamento com Deus, com os outros, consigo mesmas e com toda a Criação.

Sob esse prisma, todo exercício da liberdade que possa ser um obstáculo ao nosso crescimento na verdade e na bondade *não* seria feito em liberdade, mas sim como escravidão. Dizendo o mesmo, porém mais concretamente, enquanto uma visão contemporânea da liberdade, diria que sou livre para prejudicar alguém ou não, a verdadeira liberdade diria que prejudicar alguém *não* é um exercício da liberdade, mas sim escravidão. Usei minha liberdade não para a verdade e a bondade, mas para prejudicar uma outra pessoa, para comprometer relacionamentos humanos. Quando prejudicamos alguém ou nós mesmos, contrariamos o próprio sentido de nossa existência como pessoas, feitas à imagem e semelhança de Deus. No entanto, a liberdade é para amar, uma dádiva para nos levar a amar bem. Como isso acontece?

A liberdade da autodeterminação por intermédio das escolhas morais: A liberdade humana, manifesta em escolhas morais, afeta-nos em dois níveis diferentes: um relativamente superficial (apesar de muito significativo), e outro mais profundo. Considere, por exemplo, a escolha de seguir a carreira médica. Para a pessoa que resolver estudar medicina, essa escolha tem um efeito imediato e outro de longo prazo. O efeito imediato é que ela escolhe um tipo específico de estudos que exigirá envolvimento em tarefas tremendas, durante seu preparo. Em um nível mais profundo, porém, essa pessoa está também escolhendo quem se tornará como indivíduo, quer dizer, alguém envolvido com a medicina e com cuidar dos outros. Embora os efeitos de curto prazo da escolha dessa carreira sejam os mais óbvios, esse ato também indica a liberdade atuando em um nível mais profundo dessa pessoa. Presumindo-se que ela tenha-se comprometido com a medicina pelo melhor dos motivos, ela se tornará alguém que cuida dos outros.

Considere um outro exemplo: Uma família decide que dedicará um sábado por mês a distribuir comida num abrigo local para os sem-teto. Em certo nível, essa decisão e essa ação envolvem, talvez, quatro horas de uma tarde de sábado, uma vez por mês. Em um nível mais profundo, entretanto, essa família está moldando-se como pessoas que se incomodam com os pobres e os sem-teto, e se importam o suficiente para doar tempo e energia a ajudá-los.

Poderíamos citar muitos outros exemplos ainda, em que abusos da liberdade também moldam a pessoa. Se alguém acha cada vez mais fácil mentir para se proteger de constrangimentos, cada mentira é uma escolha (ou realmente um abuso) de liberdade. No entanto, em um nível mais profundo, essa pessoa está moldando-se como um ser desonesto, em quem não se pode confiar como fonte de informações.

Esses exemplos apontam simplesmente de que maneira a liberdade humana atua em nossas vidas. A liberdade tem um duplo efeito, no sentido de que ocasiona uma escolha particular, num dado momento (estudar medicina, ajudar na alimentação de pobres, contar mentiras), e que também molda nosso caráter moral para o bem ou para o mal (promover a compaixão pelo sofrimento de doentes e pobres, tornar-nos indignos de confiança e assim por diante). É porque a liberdade tem uma influência tão decisiva sobre o tipo de pessoa que nos tornamos que devemos prestar uma grande atenção no modo como a usamos. Diferentemente de todas as demais criaturas, fomos feitos à imagem e semelhança de Deus. A extensão em que nós efetivamente refletimos Deus para os outros é, em não pequena medida, resultante da maneira como exercemos a nossa liberdade de acordo com a graça de Deus, em que nosso exercício da liberdade termina por espelhar a liberdade de Deus no amor, como uma comunidade de pessoas dentro da Trindade e como um Deus generoso e criativo. A liberdade não diz essencialmente respeito a estar livre de interdições, mas sim a buscar a excelência. Não é nem apenas uma questão de fazer o certo ou evitar o errado, mas de nos tornarmos pessoas virtuosas, decididas a praticar o bem, conformes à pessoa do Cristo pelo poder do Espírito Santo.

2. A vida virtuosa: dádiva de Deus e fruto da liberdade por excelência (CIC, §§ 1803-1845)

A liberdade, então, tem como meta moldar o caráter moral como o de Cristo. O *Catecismo* descreve a pessoa virtuosa como aquela que "tende para o bem com todas as suas forças espirituais e sensoriais; ela busca o bem e o escolhe em suas ações concretas" (CIC, § 1803). A virtude em si é descrita como "uma disposição firme e habitual para praticar o bem" (CIC, § 1803). Poderíamos pensar que a pessoa virtuosa é aquela que anseia pelo bem em todos os aspectos de sua vida e que age de maneira a alcançá-lo.

Uma experiência humana comum de ansiar por algo, que é um fenômeno muito físico, é a fome. Embora a maioria de nós nunca tenha sentido na própria pele o poder de destruição de uma fome que ameace a própria vida, sabemos o que é sentir o estômago roncando por falta de comida, quando já passou muito tempo desde a última refeição. Sabemos quais são os sintomas físicos e o processo subseqüente, assim que sentimos fome. Partimos em busca de satisfazer essa ânsia.

A totalidade da existência humana não é diferente da dinâmica da fome e da satisfação dessa necessidade. Às vezes agimos direito, mas, às vezes, agimos errado. Às vezes sentimos fome de algo que realmente não nos faz bem; há momentos em que damos passos para satisfazer fomes legítimas, mas de maneiras inapropriadas. Sentimos fome de afeto e nos sentimos satisfeitos com o toque da pessoa amada. Sentimos fome de afirmação e enchemos o coração de alegria, com alguma demonstração pública que recebemos por uma tarefa bem executada. Temos fome de justiça e cobramos de nossos representantes políticos que tomem providências para corrigir esses erros. Podemos ainda sentir fome de vingança contra alguém que nos tenha enganado. Às vezes, temos fome de uma sensação de superioridade em relação aos outros, promovendo equívocos infundados e inverdades sobre outras pessoas. Podemos ter fome de poder sobre outras pessoas e manipular situações para obtê-lo.

Há um constante movimento de ida e volta entre termos necessidades, como seres humanos, e respondermos a elas de maneira a satisfazê-las. Há fomes do coração e da cabeça, emocionais e intelectuais. As fomes da pessoa virtuosa miram um alvo de qualidade, ansiando por coisas que lhe serão verdadeiramente benéficas em seus relacionamentos, como também o são as ações que a pessoa virtuosa escolhe empreender, para satisfazer sua fome. Em outras palavras, a

Manual Prático de Moral

pessoa virtuosa é aquela cujos sentimentos e pensamentos "tendem para o bem" e que se move na direção do correto desejar e escolher, em termos das ações concretas. Ao mesmo tempo, as ações corretas (ou incorretas) reforçam as boas (ou más) disposições da pessoa.

Diremos algumas palavras sobre como as ações morais tendem ao bem e depois salientaremos sete virtudes que a Tradição Católica Romana vem enfatizando como atributos de importância crítica para a pessoa virtuosa. Dentro dessa radição, as próprias Escrituras, como veremos no capítulo seis (p. 129, instruem-nos sobre as virtudes. Atos virtuosos fluem de pessoas virtuosas, e pessoas virtuosas são formadas por atos virtuosos. Há um processo incessante de reforço recíproco entre nosso caráter e nossos atos. As virtudes tornam a vida moral "mais fácil".

Contexto para o exercício da liberdade: sentimentos, pensamentos e vontade/escolhas corretamente ordenados

Uma resposta livre na vida moral não é um processo simples. Envolve a interação de sentimentos, pensamentos e a vontade ou as escolhas. Há quem sugira que a única coisa que importa é que as pessoas façam a coisa certa, que escolham praticar o que é certo. Claro que isso é importante, mas os sentimentos e pensamentos certos por trás de uma escolha moral fazem dela uma escolha completamente boa, refletindo e reforçando a bondade da pessoa. Talvez um exemplo possa ajudar-nos a compreender o processo em ação nesse exercício da liberdade e, especialmente, a interação de sentimentos, pensamentos e escolha.

Vamos supor que nosso Estado faça um referendo para a adoção da pena de morte como um meio legítimo de punir os criminosos culpados de crimes hediondos. Os defensores da pena de morte despenderam um tempo e um dinheiro consideráveis, pesquisando os casos mais horríveis de assassinato no Estado, nos últimos tempos, para despertar a simpatia dos eleitores e motivá-los a votar a favor da pena capital. Um dos casos é o assassinato a sangue-frio de um policial por um traficante de drogas, em meio a uma operação *ce captura*. O policial morto deixa viúva e dois filhos com menos de cinco anos. Os partidários da pena de morte acreditam que a justiça deveria exigir que o assassino condenado pagasse por esse crime com a própria vida. Os adversários da pena de morte afirmam que não há razão que justifique tirar a vida de alguém, por mais terríveis que tenham sido seus atos. O modo como cada eleitor vai agir no dia da votação é evidentemente uma questão de escolha moral, envolvendo sentimentos, pensamentos e escolhas corretas.

Quando os sentimentos, pensamentos e escolhas estão corretamente em ordem, a liberdade é bem exercida. O que queremos dizer com sentimentos, pensamentos e escolhas "corretamente em ordem"? Amplificando a afirmação do Papa João Paulo II citada antes, podemos dizer que são bem ordenadas as ações e é correto o uso da liberdade quando contribuem para o autêntico bem humano da pessoa. Quer dizer, o exercício da liberdade pelo indivíduo indica que seus sentimentos, pensamentos e escolhas ocorrem em conformidade com a verdadeira bondade da pessoa "e, assim, exprimem a ordenação voluntária da pessoa na direção" do fim último, que é Deus. Essa é a liberdade para a excelência, para a virtude. Paremos um instante para examinar cada um desses âmbitos: o correto sentimento, o correto pensamento e a correta escolha ou o correto querer, à luz do exemplo do caso do assassinato acima esboçado e da pena de morte, como resposta.

Correto sentir: A sabedoria convencional nos diz que os sentimentos, as emoções ou a paixão nunca são certos ou errados; são apenas o que são. O *Catecismo da Igreja Católica* assinala que as paixões não são nem boas, nem más, nem agradáveis ou desagradáveis em si. Elas se tornam uma coisa ou outra quando afetam o raciocínio e a vontade da pessoa e a instigam a agir (CIC, § 1767). Em termos mais comuns, as emoções não são boas ou más; depende do que fazemos com elas. Aceitando a legitimidade dessa afirmação, podemos indagar-nos se o que sentimos é mesmo significativo ou não. Será que essa dúvida quer dizer que nossas emoções não merecem atenção? Certamente que não. As emoções desempenham um papel crítico na escolha moral, mesmo que nem sempre tenham recebido uma atenção apropriada por parte da reflexão teológica moral.

Amor, desejo, alegria: como agem as emoções na vida moral? Santo Tomás de Aquino disse que as três emoções principais e seus opostos são evidentes no exercício da liberdade: amor, desejo e alegria. Ele dizia que o amor é a emoção que reconhece algo como bom, possível de ser amado, potencialmente satisfatório em relação a alguma fome humana. O desejo é a emoção que nos move em direção ao bem. Finalmente, sentimos alegria assim que o amor é nosso. Por exemplo, podemos sentir-nos atraídos por alguém (amor), cultivar o vínculo de amizade com essa pessoa (desejo) e nos deleitar com sua companhia (alegria). Vivenciamos também o oposto dessas emoções, ou seja, ódio, aversão e tristeza. Quando ficamos sabendo do episódio de assassinato do policial, estaríamos corretos em sentir ódio ou horror pelo ato do assassinato, evitando executá-lo, mas sentiríamos tristeza por ter ocorrido. Poderíamos dizer que essas emoções estão corretamente ordenadas, amando o que é corretamente digno de ser amado e odiando o que destrói o amor.

Emoções ou sentimentos desordenados: no entanto, como nos diz a nossa experiência humana comum, as emoções nem sempre ocorrem de maneira adequadamente ordenada. Às vezes, amamos o que não é certo nem bom, e odiamos aquilo que deveria ser amado. No exemplo que usamos, o criminoso parece ter "amado" e usado drogas, como uma forma desordenada de amor. Em certo sentido, ele também "amou" tirar a vida do policial, porque foi uma coisa que, aparentemente, se sentiu livre para escolher fazer e achou que era bom, dadas as circunstâncias. Segundo o critério de que as emoções são corretamente ordenadas quando contribuem para o autêntico bem humano da pessoa, é razoável dizer que as emoções do assassino não estavam corretamente ordenadas e que o impeliram a agir de uma maneira que foi fatal para o policial e uma desgraça total para a sua família, para nem falar do dano causado ao próprio criminoso.

Talvez fique mais fácil compreender e avaliar as emoções do assassino condenado do que as nossas. Parece perfeitamente claro que seus amores, desejos e alegrias estavam desordenados. Mas e os nossos? Como explicar as duas posturas sobre a pena de morte? (Perceba que não estamos apresentando aqui uma análise completa da questão da pena de morte, pois a estamos considerando somente como exemplo, no contexto).

Sentimentos e pena capital: se examinarmos as nossas próprias respostas ao terrível assassinato esboçado no exemplo, podemos presumir que tanto os defensores como os adversários da pena de morte sentiram raiva do assassino do policial. Sendo assim, sua resposta emocional ao assassinato foi de ódio, uma resposta corretamente ordenada, odiando aquilo que prejudica o autêntico bem humano de outrem. Que outras emoções poderiam estar em jogo, no entanto? Que outras fomes poderíamos citar, à luz do que estamos sentindo? Poderíamos estar sentindo raiva e ódio não só do ato assassino, mas também do criminoso?

Será que nossa raiva e nosso ódio se deslocaram do ato cometido pelo assassino e nos levaram ao desejo de ferir o próprio indivíduo, da mesma forma como ele fez com o policial? Haveria o medo de que o assassino saísse da prisão e matasse outra pessoa? Em alguns casos em que criminosos condenados foram executados, não foi incomum encontrar pessoas expressando alegria com a morte do criminoso. "Ele recebeu o que merecia", dizem. Pareciam felizes por saber que o assassino estava morto.

Por mais difícil que seja aceitar essa noção, de acordo com a Tradição Católica Romana algumas dessas emoções e fomes estão corretamente ordenadas e algumas, não. A resposta de raiva e ódio ao ato do assassinato é perfeitamente apropriada, porque a vida de alguém foi tirada. Entretanto, o sentimento de ódio por alguém que cometeu o crime e o desejo de tirar-lhe a vida são respostas emocionais desordenadas, por mais compreensíveis que sejam, humanamente falando. Essas emoções vêm acompanhadas do desejo de ferir outra pessoa. Por isso, agir à base dessas emoções, cometendo atos pessoais de violência ou recorrendo à força do Estado para tirar a vida de cidadãos, é um abuso da liberdade. A única oportunidade em que, em seus ensinamentos, a Igreja considera a pena capital justificada é a dos casos em que o Estado não pode mais se proteger de um criminoso violento (CIC, § 2267). O Papa João Paulo II pronunciou-se a respeito quando visitou os Estados Unidos, em 1999:

> A nova evangelização pede seguidores de Cristo que sejam incondicionalmente defensores da vida; que proclamem, celebrem e sirvam ao Evangelho da vida, em todas as situações. Um sinal de esperança nesse sentido é o reconhecimento cada vez maior de que a dignidade da vida humana nunca deve ser abolida, até mesmo no caso de alguém que tenha causado um grande mal. A sociedade moderna tem meios para se proteger, sem de forma alguma negar aos criminosos a chance de se reformarem (ver também *Evangelium Vitae*, § 27). Renovo o apelo que fiz recentemente, no Natal, à construção de um consenso pela abolição da pena de morte, que é tanto cruel como desnecessária. (João Paulo II, "Homilia no Domo Transmundial", *Origins* 28/34 [11 de fevereiro de 1999]: 600-601).

O mesmo Papa que resumiu o propósito da vida como dar e receber amor também nos recorda dessa vocação, nos momentos mais calamitosos e difíceis de nossas vidas. Por mais que essas emoções sejam compreensíveis, elas devem sempre ser examinadas à luz de nossa vocação para dar e receber amor.

Se nossas emoções sempre fossem inquestionavelmente dirigidas a dar e receber amor, não teríamos necessidade de refletir mais sobre nossos atos morais. Haveria um simples movimento, indo do amor para o desejo e para a alegria, e do sentimento para o pensamento e a escolha. Contudo, como a questão da pena capital deixa plenamente evidente, além de outros muitos exemplos mais comuns da vida diária, nossas emoções nem sempre são adequadamente ordenadas e devem ser avaliadas à luz do nosso entendimento de quem somos convocados a ser, quer dizer, pessoas feitas à imagem de um Deus Triuno, que nos foi revelado em Jesus, que é a Verdade. É por meio do uso de nosso intelecto que tentamos captar a verdade e avaliar a correção ou a incorreção de nossa resposta emocional a uma determinada situação.

Correto pensamento: A função do intelecto é garantir o uso da liberdade para promover o autêntico bem humano. Lembrando que o autêntico bem humano requer a promoção de corretos relacionamentos entre o agente moral e Deus, os outros, si mesmo e a Criação, o correto pensamento assegura que esses relacionamentos sejam construídos e não demolidos. No entanto, da mesma forma como as emoções podem ser correta ou incorretamente ordenadas, também o pensamento da pessoa pode seguir por rumos equivocados em certas áreas críticas da reflexão moral. Mais uma vez, quando o pensamento está corretamente ordenado, a vida humana floresce. Quando não está, o autêntico bem humano corre perigo.

No exemplo que demos, de apoio à pena capital, existem muitos caminhos para se avaliar essa ação como uma medida punitiva contra criminosos. Muitos argumentos parecem pouco convincentes. Alguns propõem simplesmente que a justiça cobre uma vida por outra. Não há outra forma de pensar sobre essa questão. Neste caso, o pensamento leva a pessoa a acatar determinado conceito de justiça, segundo o qual a vida pode ser tirada como forma de punição pela que foi tirada antes. Há fundamentos bíblicos para essa posição, no Antigo Testamento, mas o ensinamento moral mais evoluído, da própria Igreja, sobre a pena capital, transformou-se em relação à sua base nas Escrituras. De vez em quando, as pessoas alegam que a pena capital serve como freio para futuros crimes. Os criminosos não seguirão no caminho de atos pecaminosos, segundo esses, porque não vão querer morrer. Nesse caso, a morte de uma pessoa se torna um meio para alertar outros indivíduos de qual será o destino que os aguarda caso cometam o mesmo crime. Há, por outro lado, quem reconheça que, se a pena capital não se mostrou efetivamente um fator impeditivo de outros crimes, ela certamente impede que o criminoso executado cometa outros atos de violência. Aqui, a morte de um criminoso condenado é usada para proteger o bem comum de futuros ataques, caso ele fosse eventualmente libertado.

Embora cada um desses argumentos possa soar razoável para alguns, são distorcidos em seu processo de raciocínio precisamente porque consideram inquestionáveis algumas premissas às quais os ensinamentos da Igreja católica se opõem, exatamente por causa de seu impacto sobre a pessoa humana. Somos servidores da vida humana, não seus senhores. Embora a própria Igreja tenha apresentado ensinamentos contraditórios sobre a pena capital e ainda a aceite teoricamente, a postura atual da Igreja, claramente exposta pelo Papa João Paulo II, alega que praticamente não há situações na sociedade contemporânea em que seja justificado aplicá-la. Não temos nem o direito de desvitalizar certo senso de justiça, nem de matar uma pessoa para que isso sirva de aviso para os outros. Não podemos fazer com que a vida de alguém sirva de meio para a consecução de um bem maior. Esses argumentos contrários aos motivos que justificam a pena capital devem estar na base de todos os outros tipos de pensamento e sentimento.

À luz desse exemplo, também há que se tirar uma conclusão a respeito da função do correto pensamento em relação às emoções. Estas devem ser avaliadas pelo correto pensamento. Os sentimentos são espontâneos e não são, em si, moralmente bons ou maus (CIC, § 1767). Entretanto, devido ao impacto que têm na vida das pessoas, os julgamentos devem ser construídos a partir de sua legitimidade. Devo sentir ódio por esse criminoso? Devo querer a morte dessa pessoa? O intelecto deve intervir, sugerindo que, embora a raiva seja uma resposta emocional apropriada à morte violenta de alguém, o ódio pelo assassino, apesar de compreensível, falando-se humanamente, não é o sentimento correto e poderia afastar as pessoas do bem, em vez de aproximá-las dele.

Poderíamos dar muitos outros exemplos, como o do racismo, em que pensamentos e sentimentos desordenados podem levar a atos que ataquem o autêntico bem humano. O pensamento errado promove sentimentos errados e vice-versa.

Por outro lado, sentimentos e pensamentos corretos tendem ao bem e promovem atos que garantem, ou pelo menos motivam, a pessoa a uma conduta mais humanitária, a uma vida mais virtuosa. Pensamentos e sentimentos desordenados levam o sujeito a aceitar racionalmente cursos de ação que oferecem obstáculos ao desabrochar da humanidade, tanto em parte como no todo.

Correto querer/escolher: Seguindo de perto o que dissemos sobre o correto sentir e o correto pensar, o correto querer ou escolher se encontra resumido com exatidão nas palavras do Papa João Paulo II, quando disse que "agir é moralmente bom quando as escolhas feitas em liberdade estão *em conformidade com o verdadeiro bem do homem*" (*Veritatis Splendor*, § 72). A avaliação da ação moral, assim como a avaliação das fomes expressas em nossos sentimentos e pensamentos, deve ser feita à luz do critério enunciado pelo Papa João Paulo II.

Mencionamos anteriormente que há momentos em que sentimos fome de fazer o que é errado e de escolher o que satisfaz anseios desordenados. As escolhas morais de um assassino condenado, no caso acima, são exemplos de anseios desordenados. Em outros momentos, porém, podemos ansiar por algo apropriado como a justiça, por exemplo, mas escolher meios errados de implementá-la. A Igreja ensina que a pena capital é uma escolha dessas. O querer e o escolher corretos nos humanizam e humanizam todos os nossos relacionamentos. O incorreto querer e escolher atrapalha o nosso crescimento e o amadurecimento da nossa bondade.

VIRTUDES PARTICULARES QUE TENDEM AO BEM: VIRTUDES HUMANAS (MORAIS) E VIRTUDES TEOLÓGICAS

Esboçamos acima o que são sentimentos, pensamentos e escolhas corretamente ordenadas, conforme demonstrado em relação a um ato particular de votação contra ou a favor da pena de morte. O ato moral idealmente bom será capaz de incorporar esses três aspectos. O que, porém, distingue a virtude na vida moral, conforme a definição de virtude proposta antes, é uma contínua disposição para o bem. Essa disposição, evidente em cada simples ato, torna-se um hábito na vida da pessoa. O correto sentir, pensar e escolher não ocorre de forma esporádica, mas sim persistente e, inclusive, previsível.

Todos temos a nossa volta abundantes exemplos de "maus hábitos", como consumo excessivo de álcool, de comida, de cigarros. Nós os chamamos de hábitos justamente porque são padrões de comportamento na vida do indivíduo.

Mas não nos disporíamos a considerá-los virtuosos, porque, em si, não "tendem para o bem". Na verdade, são prejudiciais às pessoas e é por isso que os qualificamos como vícios. Os tradicionais sete pecados capitais — orgulho, avareza, inveja, ira, luxúria, gula e preguiça — são vistos mais como vícios do que como atos pecaminosos do indivíduo (CIC, § 1866).

Por outro lado, as virtudes, cultivadas como qualidades de uma vida de amor vivida na união com Deus, que é amor, são dimensões do caráter moral da pessoa que facilitam perceber o que é bom. Não são medalhas de honra, usadas para exibir a nossa bondade aos outros. Antes, são disposições, demonstradas em atos, que nos moldam como as pessoas que Deus nos criou para ser. Santo Tomás disse, igualmente, que as virtudes nos predispõem ao bem de maneira rápida, fácil e alegre. Assim, as pessoas virtuosas, capazes de constantemente sentir, pensar e escolher corretamente, constituem-se em indivíduos virtuosos em cooperação com a graça de Deus.

A Tradição Católica Romana tem feito uma distinção entre as virtudes humanas ou morais e as virtudes teológicas; as primeiras são adquiridas e as segundas, infundidas. As virtudes humanas ou morais, também conhecidas como as virtudes cardinais da prudência, justiça, fortaleza de ânimo e temperança, são fruto do esforço humano, sempre em cooperação com a graça de Deus. Nesse sentido, são adquiridas. São promovidas por atos repetidos, que as manifestam. Já as virtudes teológicas, a saber, a fé, a esperança e a caridade, são uma dádiva de Deus. Têm origem divina e, por isso, são infundidas. Os dois tipos de virtudes estão em atividade na vida moral. Diremos breves palavras sobre cada uma delas.

As virtudes humanas (morais) (CIC, §§ 1804-1811): O *Catecismo* começa sua seção sobre as virtudes com a seguinte citação das Sagradas Escrituras: "Finalmente, irmãos, ocupai-vos com tudo o que é verdadeiro, nobre, justo, puro, amável, honroso, virtuoso, ou que de qualquer modo mereça louvor" (Fl 4,8). Essa é uma lista apenas parcial das virtudes. Também poderíamos pensar na carta de São Paulo aos Coríntios, que no capítulo seis examinaremos mais minuciosamente. Nela, Paulo descreve qualidades do amor: é paciente, delicado, capaz de perdoar, entre outros atributos. Também estes captam virtudes humanas. A tradição moral católica romana, entretanto, salientou quatro virtudes essenciais ou cardinais, que se devem destacar em todos os atos virtuosos e em torno dos quais todas as outras virtudes se agrupam (CIC, § 1805).

Prudência (CIC, § 1806): Santo Tomás descreve a prudência como um correto julgamento a respeito do que deve ser feito. A pessoa prudente é aquela que examina de perto a situação que se lhe apresenta, uma situação que lhe exija algum tipo de resposta. A pessoa prudente examinará todas as opções para discernir aquela que "tende ao bem", no mais alto grau. Poderíamos chamar a pessoa prudente de "sábia", porque ela parece saber tanto o que precisa ser feito como o melhor modo de atingir esse objetivo.

Às vezes, as pessoas confundem a virtude da prudência com excesso de cautela ou comedimento. Associam-na com medo diante da tomada de decisões. Na realidade, às vezes as pessoas que estão adiando uma decisão poderiam dar a impressão de estarem sendo prudentes em seu exame de todas as opções possíveis, analisando-as por todos os ângulos com cautela. Aqui não se trata de indivíduos prudentes, mas sim de indecisos. A pessoa prudente é cautelosa e exercita o comedimento, a fim de efetuar o correto julgamento, quando chega o momento certo.

Em alguns dos exemplos que usamos acima, a virtude da prudência seria exigida da mulher que escolhe uma carreira na medicina e da família que escolhe alguma forma de ação social. A falta de prudência fica evidente no homem que repetidamente mente para se desembaraçar de situações desconfortáveis. Lembrando que a virtude tende para o bem, os julgamentos feitos pela moça, pela família e pelo desonesto são genuinamente prudentes apenas na medida em que tendem ao bem. Se a mulher que escolhe ser médica teve um desempenho consistentemente medíocre nas tarefas acadêmicas, pode-se legitimamente questionar se sua decisão de estudar medicina é, de fato, prudente e, com isso, se ela mesma é realmente prudente. Se os pais que escolheram participar da ação social de servir refeições aos sem-teto, como maneira de ajudar os outros, estão negligenciando os cuidados devidos a um familiar idoso, pode-se legitimamente questionar a prudência da sua decisão e sua verdadeira virtude. Um julgamento é prudente não simplesmente quando a ação que dele decorre produz algum bem, mas quando essa escolha, em todo o seu contexto, é o melhor julgamento que tende ao bem.

A prudência é às vezes chamada de condutora das virtudes porque guia e encaminha as outras virtudes, ao ditar limites e padrões (CIC, § 1806). A prudência encaminha o agente moral na direção de um correto julgamento acerca do que deve ser feito.

Justiça (CIC, § 1807): Se a virtude da prudência é descrita como o correto raciocinar, então a justiça assinala a correta ação. A justiça é a virtude moral chave que encaminha os seres humanos para que dêem o que é devido a Deus e ao próximo, de forma consistente e firme (CIC, § 1807).

Existe uma variedade de maneiras para se descrever a justiça, por exemplo, do ponto de vista da filosofia ou segundo o contexto de nossa Tradição Católica Romana. Cada ponto de vista capta, de determinado modo, o que é preciso para se dar a Deus e ao próximo o que lhes é "devido". Começamos com uma noção geral de justiça, entretanto, baseada nas Sagradas Escrituras. Nas Escrituras, o entendimento de justiça, ou correção, é simplesmente "relacionamentos corretos". É por isso que o *Catecismo* resume a virtude da justiça como a disposição de dar a Deus e ao próximo o que lhes é devido. "O que lhes é devido" é precisamente o que a natureza do relacionamento exige. Como com todas as virtudes, não podemos dizer que a pessoa se tornou plenamente justa porque sempre haverá relacionamentos a serem harmonizados. A pessoa justa é aquela que realiza a ação correta para atender às necessidades de certo relacionamento, seja em nível pessoal ou social.

A Tradição Católica Romana tem aceitado diferentes descrições da justiça, capazes de nos guiar na determinação do que é devido em cada situação. Alguns pensadores, por exemplo, têm defendido que ser justo é dar a mesma coisa a todos, dividindo tudo em partes iguais. Freqüentemente, quando os pais deixam um testamento, dividem o dinheiro por igual entre os filhos, para que nenhum deles pense que seus pais foram injustos. Cada filho recebe o mesmo montante. Essa noção de justiça está certa em certo sentido, mas é insuficiente, se houver um filho com uma genuína necessidade maior que os irmãos. Se o dinheiro for distribuído por igual, as pessoas poderão dizer que a justiça foi feita, mas essa noção não atinge o cerne mesmo da justiça.

Outros afirmam que a justiça consiste em dar às pessoas o que elas merecem. Essa noção de justiça se baseia no mérito. Claro que é uma noção apropriada, como sabe todo aluno que recebeu um "A" por um trabalho bem executado na escola. Mas pode vir a nossa mente a parábola do homem que sai três vezes no mesmo dia para contratar trabalhadores que colham sua safra. Ao final do dia, quando os trabalhadores estão alinhados para receber cada qual sua féria, o dono paga primeiro os trabalhadores contratados no fim do dia, e lhes dá o valor de uma diária completa. Quando chega a vez dos que foram contratados no início da manhã, eles esperam mais do que os outros ganharam. Mas o dono das terras paga também o valor inteiro da diária para eles. Os que ficaram mais horas na colheita ficam enfurecidos por não terem recebido mais. Seu senso de justiça era, claramente, que cada um devia ser pago conforme o mérito, conforme o que tinham suado para merecer. O senso de justiça do patrão a respeito do que exigia dele sua relação com os trabalhadores ficou perdido em meio à desordem dos insatisfeitos. Como dissemos, então, essas diversas expressões de justiça ajudam, de alguma maneira, a compreender o que é devido a Deus e ao próximo, mas elas sempre devem ser vistas em relação ao princípio central da justiça, ou seja, corretos relacionamentos.

Os exemplos da jovem aluna de Medicina e da família de voluntários na ação social mostram como a virtude da justiça é cultivada na vida de cada um desses agentes morais. A moça, equipando-se com as habilidades do saber médico, usará seu conhecimento para construir relacionamentos, especialmente com os enfermos e suas famílias. Da mesma forma, a família que doa várias horas por mês dos sábados à tarde, para estar com os pobres e servir-lhes algumas refeições, promove um senso de compaixão pelos desvalidos e empreende uma ação em seu benefício. O homem que mente o tempo todo não só rompe o elo de confiança a cada inverdade que profere como também se consolida como alguém indigno de confiança, alguém em cujas palavras não se pode acreditar. Por outro lado, as ações repetidas da jovem médica e da família cultivam a virtude da justiça, motivando-os a ações corretas e à construção de corretos relacionamentos com Deus, os outros, consigo mesmos e com toda a Criação.

Fortaleza de ânimo (CIC, § 1808): Os fãs do filme *O mágico de Oz* lembram-se do Leão Covarde que sentia medo do próprio rabo. A missão dele, a caminho de Oz, era pedir coragem. O que ele encontrou no caminho até a Cidade de Esmeralda foi uma série de situações muito difíceis e desafiadoras, nas quais teve de encontrar forças interiores para então superar as adversidades. Quando finalmente chegou a Oz, deu-se conta de que ninguém poderia dar-lhe coragem e que na realidade ele havia-se transformado num leão corajoso por meio de sua constância diante dos obstáculos. Esse tipo de perseverança é a essência da coragem.

A fortaleza de ânimo é uma virtude moral crucial que permite a quem a possui passar pelas dificuldades que lhe vêm pela frente, enquanto busca o bem, com deliberação e coragem (CIC, § 1808). Enquanto a prudência e a justiça são virtudes que qualificam o processo de raciocínio e a escolha das ações, a fortaleza de ânimo e a temperança são as virtudes exigidas para se dar seqüência às escolhas que tendem para o bem. São bravas e corajosas as pessoas que se empenharam em desenvolver sua fortaleza de ânimo. Enxergam o bem que buscam e estão dispostas a permanecer em pé, ao atravessar os períodos difíceis que ocorrem nessa trajetória.

As dificuldades que se apresentam às pessoas de ânimo forte podem vir de dentro e de fora. Por exemplo, o medo é uma força poderosa que tenta a pessoa a abandonar a ação em prol do bem. Dúvidas sobre si e sua capacidade podem também ser uma força contrária aos próprios esforços. Por outro lado, fatores externos podem agir como obstáculos. A família pode opor-se à decisão da pessoa de se comprometer com uma ação de busca da justiça social. A pressão dos amigos e colegas pode influenciar os jovens e os adultos, afastando-os da escolha do que é correto. Em todos esses casos, entretanto, a pessoa de ânimo forte persistirá na busca do bem, mesmo se e quando algum sacrifício for exigido.

A moça que escolheu a carreira médica seria tola se pensasse que uma só escolha em sua carreira seria suficiente. O compromisso de atender os outros por meio da profissão médica será várias vezes desafiado pela implacável pressão do trabalho acadêmico e do trabalho prático, muitas vezes despertando a tentação de desistir de tudo. Ela pode deparar com dificuldades financeiras. No exemplo da família, seus integrantes podem achar desgastante o serviço mensal de servir as refeições aos sem-teto. Podem surgir outras opções, de lazer, como um jogo ou um cinema. Como será que irão responder? O homem que escolheu enganar os outros, esquivando-se das adversidades, exibiu covardia, não coragem. A pessoa de ânimo forte, por outro lado, fortalece sua virtude indo em busca do bem com firmeza e constância.

Temperança (CIC, § 1809): "A virtude está no meio" é um adágio usado para descrever a moderação ou a regularidade das virtudes humanas ou morais. Essa afirmação se aplica à temperança mais do que a qualquer outra virtude. Uma palavra-chave para ela é *equilíbrio*. A temperança é a virtude moral principal que deflete a atração excessiva dos prazeres humanos e proporciona moderação no exercício das nossas paixões. Não só a temperança oferece equilíbrio no uso dos bens criados, como também "assegura o controle da vontade sobre os instintos e mantém os desejos dentro dos limites do que é honroso" (CIC, § 1809).

O século XIX assistiu ao nascimento de movimentos pela temperança na Inglaterra, Irlanda e em muitos outros locais. Essas sociedades, compostas por pessoas que se haviam tornado abstêmias, podem dar em geral a impressão de que capturam a essência dessa virtude. No entanto, essa interpretação da temperança é falha. Novamente, o conceito essencial neste caso é *equilíbrio*, não abstinência, exceto se se tratar de um vício.

Diferentemente dos movimentos pela temperança que evitavam o bem criado do álcool, a virtude da temperança pede que o agente moral meça cuidadosamente o uso dos bens criados, não que os evite por completo. Embora sem dúvida haja exemplos de santos e pessoas de nossos dias que renunciaram à posse de todos os seus bens materiais, o Evangelho nos pede que usemos de maneira razoável os bens materiais, o dinheiro em particular, para que esse uso "tenda ao bem". Uma falta de equilíbrio, que conduza ao consumismo e ao materialismo, pode desvirtuar a vida da pessoa e fazer com que ela dedique seu tempo e energia ao acúmulo de "coisas", deixando de lado o propósito maior da vida humana.

Compreender a temperança como moderação ou equilíbrio é especialmente importante quando lidamos com as emoções na vida moral. Por um tempo excessivamente longo, as emoções têm sido vistas como meras distrações na vida moral, como paixões indesejáveis que colocam obstáculos ao correto pensar. Como indica a nossa análise da resposta moral, no entanto, as emoções são críticas na vida moral. Elas disparam a centelha do movimento inicial rumo ao bem. Entretanto, devem ser medidas e canalizadas a fim de, também elas, "tenderem ao bem". Santo Tomás diz que a virtude não proíbe as emoções, ela as ordena. De modo similar, a temperança não se abstém de usar os bens criados, mas usa-os com moderação. Moderação e equilíbrio são a essência da temperança.

A jovem estudante de Medicina demonstra temperança quando sustenta num saudável nível de tensão todos os aspectos de sua vida, quando começa a estudar Medicina. Um erro comum demais das pessoas que fazem cursos de alto nível de exigência acadêmica é se deixarem absorver a tal ponto pelos estudos, movidas por um zelo inicial pelo seu projeto pessoal, que outras importantes dimensões de sua vida são negligenciadas. Assim também no caso da família que dedica uma parte do seu tempo a servir os pobres. Talvez o julgamento mais razoável (prudente) por parte da família seja comprometer-se com um evento mensal. Talvez tenham dito que se apresentariam como voluntários todos os sábados à tarde, mas podem ter-se percebido frustrados, após algum tempo, devido à sua incapacidade para comparecer todos os finais de semana, diante de suas outras responsabilidades. As pessoas marcadas pela temperança são capazes de dominar seu ritmo de vida de modo a se dedicar adequadamente e bem a uma dada tarefa imediata, ao mesmo tempo em que se empenham em suas outras responsabilidades, como a família, os amigos, a fé e demais dimensões de sua existência. O homem desonesto deixou de equilibrar o bem de curto prazo, que almejava alcançar com mentiras, com os bens de longo prazo de manutenção da sua integridade de caráter e confiabilidade. Sua solução imediatista, carente também de fortaleza de ânimo, indica falta de moderação e incapacidade de lidar com os bens conflitantes da vida.

As virtudes humanas ou morais, mais uma vez, são cultivadas com ações repetidas, caracterizadas pelas virtudes aqui estudadas. Idealmente, essas virtudes essenciais ou cardinais estão presentes em alguma medida em todo ato moral virtuoso. Voltamo-nos agora para as virtudes teológicas, que foram assim denominadas porque sua origem está em Deus, e são eficazes sob sua direção, além de terem Deus mesmo como destino (CIC, § 1812).

Virtudes teológicas (CIC, §§ 1812-1829): Neste capítulo, fizemos várias referências ao critério de uma correta ação moral, quer dizer, de escolhas que promovem o autêntico bem humano e, por isso, dirigem esse bem humano a Deus. Na Tradição Católica Romana, o autêntico bem humano e a união com Deus andam juntos. No capítulo um, citamos a afirmação do Papa João Paulo II, quando disse "que perguntar pelo bem é, em última análise, um movimento em direção a Deus ou a plenitude da bondade" (*Veritatis Splendor*, § 9). Podemos experimentar certo grau de contentamento humano, mas acreditamos que a felicidade genuína decorre da união com o Deus Triuno, que nos fez. A genuína felicidade nos fará desabrochar como seres humanos, cada vez mais conformes à imagem de Deus, nosso Criador. Embora possamos falar de virtudes humanas, admitindo que as pessoas conseguem atingir certa medida de felicidade como seres humanos sem conhecer Deus, as virtudes teológicas focalizam a nossa trajetória rumo à união com Deus. Essa jornada não pode ser empreendida apenas com base no esforço humano. Trata-se de uma dádiva. As virtudes teológicas da fé, esperança e caridade foram dadas à humanidade para que ela encontrasse mais facilmente seu caminho de volta para casa, para o Pai. São virtudes divinas justamente porque têm sua origem em Deus e nos levam a ele. A fé, a esperança e a caridade humanas sempre deparação com limites, devido à nossa fragilidade humana e aos pecados. A fé, a esperança e a caridade emanadas de um Deus infinito permitem que nos amoldemos conforme sua imagem mais do que jamais conseguiríamos, contando apenas conosco mesmos. Embora sejam, basicamente, relativas a movimentar o agente moral mais além de si mesmo, as virtudes teológicas promovem nossa excelência nas virtudes humanas, assentadas como são nas virtudes teológicas.

Fé (CIC, §§ 1814-1816): A primeira virtude teológica, a fé, permite-nos acreditar em Deus e ter como verdadeiro tudo o que ele nos comunicou e revelou, assim como ter como verdadeiro o que a Igreja defende para que creiamos. A dádiva da fé leva a pessoa a ultrapassar seus limites particulares, não só ao reconhecer a existência de Deus, mas, o que é mais importante, ao amar a Deus, que nos amou primeiro. Todas as virtudes, humanas e teológicas, levam-nos mais além de nós mesmos na busca do bem e de Deus, que é a plenitude do bem.

Embora a fé seja uma dádiva, deve ser recebida e cultivada a fim de desabrochar. Assim como as virtudes cardinais não conseguem apossar-se da pessoa de um só golpe, tampouco a pessoa se torna repleta de fé assim que reconhece a existência de Deus ou que começa a recitar um credo. Em vez disso, como a fé é, essencialmente, uma questão de relacionamento com Deus, ou melhor, de amizade com Deus, a virtude da fé é sustentada e fortificada na mesma medida das oportunidades concedidas à pessoa para que passe a conhecer o Deus que se revelou a nós. Não podemos fingir ser amigos sinceros de outros seres humanos se nunca tivemos qualquer contato com eles. Menos ainda podemos alegar conhecê-los. Essa mesma observação é verdadeira e se aplica ao nosso relacionamento com Deus. A virtude da fé não pode ser nossa, em medida alguma, se não permitirmos que Deus se revele a nós por intermédio de encontros freqüentes com ele. A fé vem a nós por meio de uma comunidade de crentes. Para os católicos romanos, essa comunidade de crentes constitui a Igreja.

O *Catecismo* registra duas conseqüências da fé: uma boa vida moral e um espírito de evangelização. Como mencionamos no capítulo um, nossa imagem de Deus é falsa se pensamos que podemos acreditar em Deus, no Deus que criou tudo o que existe, e ainda assim não nos importar em absoluto com o bem da Criação, incluindo aí nós mesmos. Há uma ligação necessária entre acreditar em Deus e executar atos morais corretos, justamente porque o Deus em que cremos se importa com o bem-estar de sua Criação. Com isso, a fé genuína exige uma correta ação moral. Uma segunda conseqüência da fé é o espírito de evangelização. Considere o quanto é difícil guardar uma boa notícia só para si. Instintivamente, queremos contar para todo o mundo. Mais uma vez, pense na empolgação com que informamos a boa nova para as pessoas que amamos — nossos filhos, sobrinhos e sobrinhas, nossos pais. Queremos divulgar a boa novidade justamente para que os outros repartam conosco essa alegria. A mesma dinâmica deve estar em ação naqueles que crêem com toda a fé. Eles querem repartir esse sentimento com os outros.

Antes de seguirmos com nossos comentários sobre a virtude da esperança, podemos refletir brevemente sobre o impacto da virtude da fé em nossa vida moral. Aceitar um Deus que nos criou e amou e que quer a nossa felicidade e união com ele inspira-nos não só um espírito de gratidão, mas também de determinação de nos tornar o povo que Deus nos criou para ser. Ao mesmo tempo, a virtude da fé nos lembra que existe um Deus, que é maior do que nós, que sempre está trabalhando e que é até capaz de extrair o bem do mal, como na redenção do mundo por intermédio da crucificação e da morte de Jesus. Essa percepção de que Deus confia que nós exerceremos nossa liberdade a fim de promover e consolidar a bondade no mundo deverá inspirar um espírito de humildade, a virtude da humildade. Ao mesmo tempo, ocorre o reconhecimento de que alguém maior que nós está em ação. A virtude da fé inspira o crente a aceitar seu lugar na Criação, como alguém a quem foi confiado o cuidado dos outros, mas sob o manto protetor de um Deus que nos ama.

Esperança (CIC, §§ 1817-1821): A virtude da esperança instila, no fiel, o auspicioso anelo pela vinda da plenitude do Reino de Deus, tanto como o momento da salvação para o crente quanto como na qualidade da própria coroação da glória de Deus, quando todas as forças contrárias ao amor divino tiverem sido banidas.

A virtude da esperança tem vários efeitos para o fiel, nascida como é de uma confiança na presença e na atuação de Deus no mundo. "Ela impede que o homem perca a coragem; ela o sustenta durante as fases de provação; abre seu coração para a expectativa de uma bem-aventurança eterna. Inspirado pela esperança, o homem é poupado do egoísmo e encaminhado ao sentimento da felicidade, oriunda da caridade" (CIC, § 1818). As beatitudes que examinaremos no capítulo seis elevam nossa visão para o Céu enquanto realização do Reino de Deus. As beatitudes expõem a mensagem moral de Jesus e oferecem a seus discípulos uma prévia das dificuldades que os aguardam (CIC, § 1820).

Embora seja possível atentarmos para os efeitos da virtude da esperança no fiel, podemos também notar que o objeto da esperança é um anseio pela glória de Deus. Na qualidade de pessoas numa relação com Deus, um Deus ofendido pelo mal que há no mundo, frustrado talvez porque seus desígnios para a Criação são constantemente distorcidos pelos abusos da liberdade, cometidos pelo homem, ansiamos pela plenitude do Reino do Deus, pelo bem de Deus mesmo. Esse anseio também é um elemento da virtude da esperança, segundo a Tradição Católica Romana.

Vemos a virtude da esperança em ação na vida moral, especialmente na expressão da coragem. Buscar o bem mesmo em face de adversidades é difícil em todos os sentidos. A coragem se assenta na fé e na esperança de que alguém, que é todo bondade, está em ação e completará a boa obra que começou conosco.

Caridade (CIC, §§ 1822-1829): "Agora, portanto, permanecem fé, esperança e caridade, estas três coisas. A maior delas, porém, é a caridade" (1Cor 13,13). A caridade é a maior das virtudes teológicas, a que é considerada a mais elevada (CIC, § 1826). A virtude da caridade implica primeiro receber o amor de Deus em nossos próprios corações e amar a Deus e nosso semelhante, em resposta ao amor de Deus. Deus nos amou primeiro e, abastecidos na nascente do seu amor, tornamo-nos capazes de amar os outros. Santo Tomás disse que amar alguém é tornar nossos os amores e as aflições do outro (*Summa contra gentiles*, III, 117.3). Amar a Deus é torná-lo quem ele é, junto com todas as coisas que Deus ama e com as quais se importa, pelo nosso próprio bem. O desenvolvimento da virtude da caridade, em nós, manifesta-se na pessoa que se envolve com o amor por Deus e seus semelhantes.

Da mesma maneira como devemos evitar qualquer imagem de Deus que o apresente como alheio ao mundo e todas as suas criaturas, também devemos rejeitar toda e qualquer sugestão de que uma pessoa realmente caridosa possa ser alheia aos amores de Deus, especialmente sua Criação. Pelo contrário, somos chamados a amar como Deus ama, especialmente o Deus revelado em Jesus. Por esse motivo, Jesus disse: "Amem-se uns aos outros como eu os amei". Diante de tantas noções de amor existentes nos tempos atuais, o testemunho e o amor de Jesus servem-nos como a referência para a maneira como devemos amar. O Senhor nos pediu que amássemos como ele amou, "até mesmo os nossos *inimigos*, tornando-nos os vizinhos daqueles que estão mais distantes e amando as criancinhas e os pobres como o próprio Cristo os amou" (CIC, § 1825).

A caridade é a fonte e a meta da prática cristã (CIC, § 1828). Como dissemos, Deus nos ama e, em resposta a isso, nós amamos os outros. Criados a partir da própria fonte do Amor, somos feitos de amor. Como já mencionamos diversas vezes antes, "o significado da vida está em dar e receber amor". Assim, a caridade é a fonte e o objetivo da vida moral. Ela ordena todas as outras virtudes porque é a meta em cuja direção todas as outras se encaminham.

Após examinar todas essas virtudes em detalhe, talvez tenhamos perdido de vista o contexto maior. Sejam quais forem as virtudes propostas como fatores que contribuem para o autêntico bem humano, elas devem ser vistas à luz de qual é o objetivo da vida humana. Na qualidade de pessoas criadas à imagem e semelhança de Deus, somos abençoados com a dádiva da liberdade para moldar nossas vidas de acordo com essa imagem. A Tradição Católica Romana apresentou essas virtudes humanas e teológicas como especialmente características dos discípulos de Cristo e as mais favoráveis à nossa constituição, de acordo com a imagem de Deus.

TENDENDO AO BEM EM CADA ATO MORAL

Como já dissemos, as virtudes são as disposições internas para o bem. Elas se expressam em ações concretas que tanto podem mostrar-se virtuosas como não. Examinemos então rapidamente os componentes do ato moral, antes de encerrar este capítulo, a fim de compreender como "tender ao bem" se evidencia em atos individuais, assim como em disposições mais permanentes.

A Tradição Católica Romana identificou três elementos no ato humano moral: o objeto, a intenção e as circunstâncias. Quando avaliamos a moralidade de uma ação, queremos ter certeza de que todos os três elementos "tendem ao bem".

Um exemplo pode ajudar-nos a compreender esses três componentes. Vamos supor que você está andando pela rua e que um mendigo lhe pede um trocado para ajudá-lo a comer alguma coisa. Você escolhe atender ao apelo e lhe entrega um pouco de dinheiro. Quais são os componentes desse ato moral?

O objeto se refere à ação que estamos contemplando; as circunstâncias são todos aqueles fatores que contribuem para o dilema moral que a pessoa tem à frente; a intenção identifica o que a pessoa espera ganhar, executando essa ação.

Objeto de uma ação: O objeto da ação é a transferência de dinheiro de sua mão para a de uma outra pessoa. Para que o objeto de um ato moral seja bom, deve de alguma maneira promover o autêntico bem humano da outra pessoa. Podemos debater sobre a necessidade de efetuar mudanças sistêmicas que ajudem os sem-teto, mas, considerando-se o nosso exemplo apenas, podemos dizer que o objeto da ação, dar dinheiro a uma pessoa faminta, é um ato bom.

A Igreja tem defendido, tradicionalmente, que alguns atos são sempre errados, seja lá onde ocorra, porque "contradizem radicalmente o bem da pessoa feita à imagem de Deus" (*Veritatis Splendor*, § 80). Alguns exemplos, citados em *Veritatis Splendor*, são "homicídio, genocídio, aborto, eutanásia... escravidão, prostituição e o tráfico de mulheres e crianças" (*Veritatis Splendor*, § 80).

As circunstâncias: As circunstâncias se referem a todos os fatores que constituem o dilema moral que estamos enfrentando. Em nosso exemplo, colocamo-nos cara a cara com alguém necessitado. Que circunstâncias influem em nossa resposta moral? Podemos indagar-nos se é melhor dar dinheiro para um desconhecido na rua e, inclusive, se temos dinheiro para dar. Podemos perguntar-nos se somos a segunda ou a décima pessoa a ser abordada pelo mendigo. Podemos ponderar sobre o valor de uma solução tão imediatista para um problema social de escala tão maior. Muitos outros fatores poderiam estar em atuação, mas nenhum parece indicar que dar dinheiro ao sujeito seja prejudicial a ele ou a nós.

A intenção: A intenção focaliza por que agimos e o que esperamos alcançar. A intenção, ou mais geralmente as intenções, deve ser avaliada à luz do autêntico bem humano. Presumimos que o dinheiro foi dado ao homem porque nos importamos com seu bem-estar. Nesse caso, nossa ação tende ao bem. Entretanto, o caráter virtuoso de nosso ato muda totalmente se dermos dinheiro ao sujeito apenas para chamar a atenção sobre nós e nos exibirmos como caridosos. Talvez tenhamos visto amigos se aproximando, na calçada, e queremos impressioná-los com a nossa caridade. Nesse caso, mesmo que o mendigo se beneficie de nosso ato, a bondade da atitude em si está ausente porque nossa intenção é equivocada. A intenção deve revelar, da forma mais clara possível, o que está no coração do agente moral.

No desenrolar de nossas discussões, seremos várias vezes lembrados desses componentes do ato moral: o objeto, a intenção e as circunstâncias. De acordo com a Tradição Católica Romana, a virtude do agente moral e a bondade de um ato moral ficarão evidentes em todos esses três elementos.

3. Conclusão

Examinamos a resposta humana ao Deus que nos amou primeiro. Notamos que a peculiaridade da resposta humana está nas dádivas da liberdade e da conscientização, a liberdade de responder a Deus, de moldar nossa vida como comunidade à imagem de Deus. A resposta humana está no alvo quando é caracterizada por sentimentos, pensamentos e escolhas que instigam a pessoa a agir e promover o autêntico bem humano.

As virtudes são de particular importância ao nosso desenvolvimento como seres morais. As virtudes humanas ou morais tornam mais fácil tendermos ao bem e nos moldarmos como pessoas morais, cujo bom comportamento é tanto previsível como confiável. As virtudes teológicas facilitam o nosso relacionamento com Deus por meio de vidas levadas à base de fé, esperança e caridade. Elas nos encorajam a fazer um uso apropriado da liberdade. A liberdade humana, diz o *Catecismo da Igreja Católica*, permite-nos dirigir nossa vida para a verdade e a bondade e, com isso, amadurecer enquanto filhos de Deus. A liberdade, quando usada de modo responsável, encaminha-nos até Deus, que é a nossa verdadeira felicidade (CIC, § 1731). A pessoa virtuosa usa a liberdade para executar atos virtuosos. Examinamos os componentes do ato moral, salientando que a bondade do ato deve estar presente em todos os três elementos. O uso responsável da liberdade se manifesta em particular por uma vida virtuosa, tendendo ao bem com facilidade, prontidão e alegria. Agindo assim, a pessoa responde ao amor com amor.

Capítulo três

Consciência: nosso santuário e centro mais secreto

(CIC, §§ 1776-1802)

Tanto na linguagem religiosa como na popular, são muitas e variadas as representações da consciência, desde as aparentemente ridículas até as sublimes. Talvez a primeira associação que fazemos, ao pensar em "consciência", seja a do desenho em que um anjinho sussurra "não faça isso", no ouvido de uma pessoa a ponto de fazer algo errado. Ao associar a consciência exclusivamente com o "não faça", esse personagem da ficção se refere à consciência como desmancha-prazeres. Em geral, as pessoas associam a consciência com intuição ou com o que dá a sensação de estar certo. Alguns textos do Antigo Testamento parecem identificar o coração com a consciência. Por exemplo, Jó disse a seus amigos: "A consciência não me envergonha por meus dias" (Jó 27-6). A sabedoria também é uma expressão de consciência no Antigo Testamento. Há ainda aqueles que se referem à consciência como a voz de Deus falando em nós. Não surpreende que algo tão complexo como a consciência possa ser expressa por tal variedade de imagens. Como costuma acontecer, nenhuma descrição é em si completa, mas cada uma delas contém um elemento de verdade.

O Concílio Vaticano II fala de consciência como o "centro secreto" e o "santuário", onde a pessoa está sozinha com Deus, que fala com ela em seu coração (*Constituição Pastoral Gaudium et Spes sobre a Igreja no mundo de hoje*, § 16). O *Catecismo* afirma que a consciência é "um julgamento da razão por meio do qual a pessoa reconhece a qualidade moral de um ato concreto que está em vias de executar, está executando ou já executou" (CIC, § 1778). Esse texto diz ainda que "a consciência inclui a percepção dos princípios da moralidade (*synderesis*), sua aplicação às circunstâncias em questão, mediante o discernimento prático dos motivos e ganhos e, finalmente, o julgamento dos atos concretos que ainda aguardam para ser executados ou que já o foram" (CIC, § 1780).

Este capítulo esboçará mais detalhadamente essas descrições extremamente concisas da consciência, conforme constam dos documentos da Igreja. Começaremos com uma apresentação geral da consciência e depois a dividiremos em diferentes momentos, em sua formação e exercício.

1. Consciência: o que é?

Talvez a melhor maneira de descrever a consciência seja falando da pessoa que faz um julgamento sobre uma ação específica. Essa definição parece aceitável, especialmente se logo prestarmos atenção nas palavras "julgamento sobre uma ação específica". Podemos pensar que "sim, a consciência é ativada quando devo tomar uma decisão difícil e quando devo fazer um julgamento sobre a correção ou incorreção de uma escolha em particular". A consciência certamente inclui esse movimento, mas não devemos negligenciar a primeira parte da descrição, ou seja, "a pessoa" que está fazendo o julgamento. A consciência é descrita de uma forma menos adequada como uma voz, principalmente como uma voz interior, ou como alguma "parte" especial de quem somos. Em vez disso, como ficará mais claro conforme desenvolvermos o nosso raciocínio, a consciência engloba a capacidade humana de desejar e saber o que é bom e verdadeiro e também a de fazer um julgamento acerca de quais ações poderão alcançar esse objetivo. A consciência inclui tanto a disposição ou propensão para fazer o bem, como o julgamento prático sobre esta ou aquela ação. Embora formada em parte por nossa família, nossa comunidade de fé, além de várias outras influências culturais, a consciência nasce do íntimo de cada um; não nos é imposta de fora.

Nos capítulos anteriores, falamos do correto sentir, pensar e escolher como processos que caracterizam ações que tendem ao bem e são executadas por pessoas virtuosas que tipicamente tendem para o bem. A consciência é a "ferramenta" que nos guia para a ação correta. Não é, porém, uma ferramenta no mesmo sentido que um martelo o é, usado quando precisamos e depois deixado de lado. A consciência está sempre atuando, já que sempre estamos amadurecendo na verdade e na bondade (CIC, § 1731), ou nos fechando em nós mesmos. Por esse motivo, o Concílio Vaticano II diz que a consciência "sempre está chamando-nos para amar e fazer o bem, evitando o mal", enquanto nos instiga a fazer julgamentos a respeito de determinadas ações: "Faça isto, evite aquilo" (*Constituição Pastoral Guadium et Spes sobre a Igreja no mundo de hoje*, § 16). Examinaremos, a seguir, alguns momentos da consciência, tentando descrever como ela opera.

2. Quatro "momentos" da consciência

O *Catecismo* e os teólogos morais contemporâneos identificam três momentos no exercício da consciência. São eles: a percepção dos princípios da moralidade (o termo grego *synderesis* é usado para descrever esta dimensão da consciência), o discernimento a respeito de uma questão particular e, por fim, o julgamento (CIC, § 1780). O *Catecismo* também menciona como função da consciência julgar os atos que já realizamos. Por esse motivo, adicionaremos um quarto momento, que está certamente incluso no entendimento da consciência conforme a tradição, mas que denominaremos de forma explícita como *consciência enquanto auto-avaliação*. Esses quatro momentos, então, progridem de uma apreensão quase que intuitiva do que é bom e alcançam o discernimento, num dado caso, do que deveria ser feito. Assim, temos um processo por meio do qual somos levados a efetuar julgamentos sobre a correta ação que se deve seguir e o processo se encerra, em algum ponto, com uma avaliação que a pessoa faz de seu próprio processo de julgamento.

Freqüentemente, o movimento de um momento para o outro, da percepção para o discernimento para o julgamento, para a avaliação, é muito rápido e pode até passar despercebido. Se vemos alguém tropeçar e cair no chão, nós nos adiantamos "instintivamente" para ajudar a pessoa a ficar outra vez em pé, perguntamos se está bem e indagamos se podemos ajudar de alguma maneira. Em retrospecto, podemos rever em poucos segundos o que aconteceu. Alguém caiu, fomos ajudar porque acreditamos que devemos tratar os outros como gostaríamos de ser tratados e, de fato, ajudamos. Podemos constatar que percebemos o bem de ajudar o próximo (percepção de um princípio de moralidade), discernimos o que fazer (tomar uma atitude para ajudar *essa* pessoa), e fizemos um julgamento a fim de tomar essa atitude (ajudando a pessoa a ficar em pé e perguntando se estava bem). Embora possamos considerar essa atitude como uma resposta quase "automática", ela exigiu o exercício da consciência para avaliar rapidamente a situação e agir de forma apropriada. Pouca reflexão precedeu a ação.

Podemos imaginar uma resposta diferente, se o que vimos foi uma pessoa parecer tropeçar e cair no chão, roubando uma carteira ou uma bolsa da pessoa que se aproxima e tenta ajudar. Se observamos essa mesma pessoa repetindo seu comportamento, nossa atitude em relação ao seu "tombo" será diferente e nossa deliberação antes de agir, mais consciente. Neste segundo caso, o exercício da consciência fica mais evidente a nós.

Praticamente o tempo todo, recorremos ao nosso caráter moral para nos guiar no exercício diário de nossa liberdade. Não é freqüente nos depararmos com situações nas quais simplesmente não sabemos o que fazer. Contamos com um senso e um conhecimento do que é bom para nos guiar.

De vez em quando, entretanto, entramos em crise quando não sabemos o que fazer. Aqui, devemos compreender "crise" como um momento crítico em nossa vida. Nem sempre se trata de uma situação negativa. Pode tratar-se da escolha ou de uma mudança de carreira profissional, de mudar a família de cidade, ou de algum outro momento significativo em nossas vidas. Geralmente, nesses momentos críticos, não estamos certos do que fazer. Por melhor e mais forte que seja nosso caráter moral, ele não nos oferece indicações claras e precisas do caminho a seguir nesses momentos críticos. Em instantes como esses, sentimos a necessidade especial de consultar nossa consciência e viver o processo de formá-la e aplicá-la corretamente. Ainda mais especificamente, os quatro momentos da consciência se tornarão evidentes e exigirão uma cuidadosa atenção, antes de alcançarmos a clareza de qual será nossa escolha.

Vamos utilizar um exemplo relativamente comum e eticamente descomplicado, baseado no sistema moderno de atendimento à saúde, para ilustrar esses diferentes momentos. "Eticamente descomplicado" não quer dizer que a situação não seja complexa de alguns pontos de vista, ou seja, em seus aspectos emocionais, intelectuais, econômicos e outros. Vamos supor que lhe pediram para tomar uma decisão relativa aos cuidados que estão sendo dispensados à saúde de uma pessoa querida, caso ela venha a se tornar incapacitada. Vamos supor mais ainda que essa pessoa de fato sofreu um derrame muito grave e está sendo mantida viva graças à tecnologia hospitalar. Os médicos já esclareceram que a pessoa sofreu danos cerebrais irreversíveis e que seu coração e pulmões não funcionarão mais por si. Além disso, em termos de tratamentos médicos, não há mais nada que possa ser feito. Embora solidários com você e seus dois irmãos, os médicos gostariam que a família tomasse uma decisão o mais rápido possível; a recomendação deles é que a máquina de respiração artificial seja desligada, permitindo ao seu parente falecer em paz. Quais são os quatro momentos da formação e do exercício da consciência e como eles atuam na resolução deste dilema?

Primeiro momento:
A consciência como desejo e conhecimento do bem

Chamamos o primeiro momento da consciência de "consciência como desejo e conhecimento do bem", significando que Deus nos fez capazes de desejar o que é bom e verdadeiro e de conhecer o que são o bem e a verdade. Quando o *Catecismo* diz que a consciência inclui a percepção dos princípios da moralidade, está referindo-se a esse primeiro momento da consciência. Mais do que simplesmente a percepção de princípios, tais como "faça o bem e evite o mal", este momento da consciência se refere aos bens humanos que amamos e valorizamos. Quando a vida nos confronta com um momento de crise, nós o enfrentamos não como uma *tabula rasa*, mas com uma história de crescimento e amadurecimento da bondade; já estamos dotados de alguma sensibilidade para discernir o que é bom e o que é mau. A Tradição Católica Romana refere-se a esse estado como a condição habitual da consciência, porque é semelhante ao caráter moral, uma sensibilidade permanente para distinguir o bem e o mal, que é acionada nos momentos especialmente críticos da nossa vida moral. À luz do exemplo anterior, sobre a decisão do que fazer a respeito do atendimento médico de nosso ente querido, poderíamos pensar que a pessoa enfrenta essa difícil escolha levando em conta o valor que tem a vida humana, o bem que é a saúde e o bem de um relacionamento amoroso entre a pessoa em estado vegetativo e seus filhos, além de outros bens humanos. O desafio será ver como esses bens humanos são preservados no caso deste específico julgamento sobre a manutenção ou suspensão da respiração artificial.

A "consciência como desejo e conhecimento do bem" salienta o fato de que os seres humanos foram criados para amar a Deus e desejar o bem. Além disso, Deus nos equipou com a faculdade de satisfazer esse desejo humano básico. Embora nossa tradição tenha legítima e freqüentemente enfatizado que o intelecto e a razão são instrumentais aos julgamentos da consciência, não devemos perder de vista a importância que também têm as emoções. O desejo do bem e a capacidade de conhecê-lo são características da pessoa íntegra. Como mencionamos no capítulo anterior, o correto sentir promove e ajuda o correto pensar, da mesma forma como o correto pensar pode enriquecer e ordenar o correto sentir.

A Tradição Católica Romana considera esse primeiro momento da consciência como a manifestação de uma visão muito positiva e otimista da pessoa humana. Embora reconhecendo que somos maculados pelo pecado original, por pecados sociais e por pecados pessoais, a tradição tem insistido que os seres humanos ainda desejam o bem e podem saber o que ele é.

Uma questão comumente apresentada com respeito a esse primeiro momento da consciência é esta: "Se todos desejam o bem e têm a capacidade de saber o que ele é, como é que tantas pessoas, inclusive nós, podemos fazer tanto mal?". Há pelo menos duas respostas para essa indagação:

A primeira, mais fácil, é desanimadora, porém. Algumas pessoas, mesmo sabendo qual é o bem, preferem fazer o mal. Escolhem pecar. Claro que há muitos outros fatores envolvidos, mas, neste primeiro caso, simplesmente apontamos para a capacidade que os seres humanos têm de escolher fazer alguma coisa errada, de forma voluntária e deliberada. Às vezes, essa escolha pode ser um caso isolado, mas também pode mostrar-se um padrão de comportamento na vida do indivíduo. Mas, de maneira muito simples, trata-se de a pessoa escolher fazer o mal.

A segunda resposta à questão de por que todos não escolhem o bem de uma maneira consistente é um pouco mais complicada. Como já dissemos, o primeiro momento da consciência se refere à capacidade que possuímos de desejar e conhecer o bem. Para que possamos ter corretos desejos e pensamentos a respeito do bem, devemos aprender o que ele é, de forma específica. Trataremos do processo de aquisição dessa noção no capítulo sobre a lei natural, no qual nos estenderemos mais sobre o assunto. Entretanto, devemos dizer alguma coisa agora também. Deus nos criou com a capacidade de desejar e conhecer o bem, mas essa capacidade deve ser cultivada por aqueles que são responsáveis por cuidar de nós, enquanto somos pequenos, e por nós mesmos, quando nos tornamos grandes o bastante para tomarmos nossas próprias decisões. Se o princípio moral fundamental que percebemos, de maneira quase intuitiva, é a busca do bem e a evitação do mal, a tarefa da educação moral e de nossa formação moral consiste em aprender o que é o bem e o que é o mal, em termos concretos (CIC, § 1784).

Em alguns casos, as pessoas crescem num ambiente que distorce sua visão a respeito do que é bom e verdadeiro. Podemos imaginar que muitas crianças brancas, criadas na África do Sul, na época em que vigorou o rígido regime do *apartheid*, aprenderam que sua raça era superior à negra e aos outros povos de cor (os sul-africanos mestiços, oficialmente designados pela lei como tais). Embora esteja claro que essas crianças brancas deveriam ter aprendido que todas as pessoas merecem respeito e tratamento digno, e que nenhuma raça pode considerar-se superior às demais, o mais provável para quem cresceu na África do Sul nos anos 1980 é jamais ter passado por esse tipo de ensino; pelo contrário, aprenderam que era social e politicamente aceitável negar os direitos civis básicos aos negros e mestiços daquela sociedade.

Embora Deus tenha criado essas crianças com o desejo pelo bem e com a capacidade de conhecê-lo, sua habilidade para perceber o bem na questão concreta da igualdade racial foi seriamente comprometida por seu próprio ambiente sociocultural. Assim, em determinados casos, nosso ambiente é o principal fator que afeta nossa capacidade de desejar e saber o que é o certo.

Em outros casos, as pessoas escolhem o mal. Sendo assim, elas se moldam como pessoas do vício, e não da virtude. Embora feitas por Deus com a capacidade de conhecer o bem, elas repetidamente escolhem praticar atos contrários ao bem. Assim, tornam-se insensíveis ao mal, o que facilita escolhê-lo. Nos capítulos anteriores, usamos o exemplo de um homem que mente repetidamente quando se encontra em situações difíceis ou constrangedoras. Sua atitude habitual de mentir afeta sua capacidade fundamental de conhecer o bem. A longo prazo, tornou-se não só mais fácil mentir como ele, inclusive, pode ter passado enfim a acreditar que mentir era uma coisa boa.

Em contraste com esses dois exemplos, há outros indivíduos que crescem num ambiente em que o correto sentir, pensar e escolher são característicos do seu modo de vida. Essas pessoas estão mais propensas a ter uma capacidade fundamental mais aguçada para desejar e conhecer o bem.

Mesmo no caso de quem praticamente sempre pensa e sente o que é bom e verdadeiro, porém, podem ocorrer momentos em que não é imediatamente evidente a resposta precisa, e que corresponda a sua postura. O caso envolvendo a decisão a respeito dos cuidados médicos que devem ser dispensados ao parente pode ajudar-nos a evidenciar esse ponto.

Aplicação ao exemplo: Diante da desafiadora responsabilidade de tomar uma decisão sobre os cuidados médicos devidos a um familiar, que componentes costumeiramente presentes em sua consciência, a respeito de seus entes queridos, serão ativados para enfrentar essa crise? Quais valores, dentro daqueles nos quais você baseia suas decisões, são específicos em termos de captar intuitivamente que o bem deve ser buscado e o mal evitado? Talvez você cite o amor pela vida humana e se importe com o significado moral de retirar essa pessoa do respirador artificial, porque sabe que, logo em seguida, ela morrerá. Você pode mencionar também que deseja o bem da saúde desse ente querido, indagando-se se não há mesmo mais nada que possa ser feito. E lembrar do bem do relacionamento amoroso entre essa pessoa e seus filhos, ciente de que tem responsabilidades envolvendo todos esses vínculos. Além desses, também podem estar em ação muitos outros valores. O que importa para a compreensão do que constitui sua consciência é você não tratar um julgamento crítico de consciência (o terceiro momento) de maneira desinteressada. Em vez disso, você entra com a paixão, paixão pela vida neste caso, pela saúde e pelo relacionamento com a pessoa querida e seus irmãos; e você também se dá conta de que deve pensar com clareza, a fim de fazer um julgamento correto. O amor que você evoca, amores concretos pela vida, pela saúde e pelos relacionamentos, tinge seu processo de pensamento da mesma forma como influi no seu discernimento e no julgamento que você faz neste caso.

O primeiro momento da consciência, então, é significativo porque indica o que está na cabeça e no coração da pessoa que se vê diante de um momento crítico em sua vida, quando não é evidente por si a atitude a ser tomada. As pessoas não chegam a esses momentos de crise com uma cabeça e um coração vazios. Pelo contrário, elas já estão formadas, em alguma medida. O desafio desse primeiro momento da consciência é garantir que a capacidade, que Deus nos deu, de desejar e conhecer o bem seja cultivada e encaminhada para o que é verdadeiramente bom e verdadeiro. A respeito do caso citado, é preciso considerar com cuidado, antes de julgar, que bens estão em jogo e qual deverá ser a nossa atitude para que possamos agir de maneira responsável, garantindo uma ação correta em prol do autêntico bem humano.

O primeiro momento da consciência, entretanto, é insuficiente para nos guiar em termos da decisão concreta que temos pela frente. Esta, pelo contrário, requer um criterioso discernimento, antes que a consciência possa julgar. O discernimento é a essência do segundo momento da consciência.

SEGUNDO MOMENTO:
A CONSCIÊNCIA COMO DISCERNIMENTO DO BEM PARTICULAR

Consideramos o segundo momento da consciência como aquele em que se "discerne o bem, numa dada situação". Há aqui um conjunto de tarefas: análise da situação, coleta de informações, busca de aconselhamento e, por fim, a reflexão que deve levar a pessoa a efetuar um julgamento de consciência. Esse processo todo pode ser chamado de discernimento. Nesse momento da consciência, entretanto, partimos de uma percepção geral dos princípios da moralidade para uma séria consideração do bem concreto em determinada situação, por exemplo, se devemos ou não remover nosso parente do respirador artificial. O *Catecismo da Igreja Católica* observa que, às vezes, somos "confrontados por situações que tornam os julgamentos morais mais incertos e as decisões mais difíceis". Mesmo assim, devemos "sempre buscar seriamente o que é bom e certo, discernindo a vontade de Deus, expressa na lei divina" (CIC, § 1787). São precisamente essas situações, em que menos temos certeza de como agir, que colocam em primeiro plano o segundo momento da consciência.

Nele, destaca-se a necessidade de se formar a consciência numa situação específica. Também é esse segundo momento que trata do papel da comunidade humana maior no processo de formação e exercício da consciência individual. O caráter comunitário da formação da consciência é capturado na frase do Concílio Vaticano II, quando diz que "os cristãos unem-se uns aos outros na busca da verdade" (*Constituição Pastoral Gaudium et Spes sobre a Igreja no mundo de hoje*, § 16). Essa busca comunitária da verdade é ainda mais explícita na *Declaração Dignitatis Humanae sobre a Liberdade Religiosa*, emitida pelo Concílio Vaticano II, que afirma:

> A busca da verdade, contudo, deve ser executada de maneira condizente com a dignidade e a natureza social da pessoa humana, quer dizer, por meio do livre questionamento com a ajuda de formas de ensino ou instruções, pela comunicação e pelo diálogo. É com esses meios que as pessoas partilharão umas com as outras a verdade que houverem descoberto, ou que julgam ter descoberto, de maneira a poderem ajudar-se mutuamente em sua busca da verdade (*Declaração Dignitatis Humanae sobre a Liberdade Religiosa*, § 3).

MANUAL PRÁTICO DE MORAL

Essa dimensão da consciência enfoca a nossa necessidade de termos outras pessoas, a Igreja em particular, ajudando-nos na formação e no exercício da consciência. Há momentos em que as pessoas suspeitam que se dizer "siga a sua consciência" é outra forma de dizer "você está por sua conta e risco; decida sozinho o que fazer". Embora, em última análise, cada um de nós seja pessoalmente responsável por seus julgamentos de consciência, seríamos tolos se acreditássemos que temos todos os recursos necessários a fazer esses julgamentos, sem a ajuda de mais ninguém. Neste segundo momento da formação e do exercício da consciência, estamos dizendo: "Não estou seguro do que fazer; quem pode-me ajudar?".

Tarefas do processo de discernimento: Três tarefas caracterizam o segundo momento da consciência: a análise da situação, a coleta de informações e a busca de conselhos, antes da reflexão final. O processo em si não é estritamente um movimento linear, de uma tarefa para a seguinte. Geralmente, os passos desse processo se entrelaçam. No entanto, para manter a clareza da exposição, vamos separar essas tarefas usando o exemplo da decisão sobre os cuidados médicos que devem ser dispensados ao nosso parente, a fim de compreender o propósito de cada uma delas na formação da nossa consciência.

Primeira tarefa: análise da situação. A tradição moral católica tem proposto indagações a fim de analisarmos um dilema moral e sugerirmos um curso de ação que possa solucioná-lo. Trata-se de questões como: O que está acontecendo? O que está em jogo neste dilema e em sua resolução? Quais os meios para resolvê-lo? Há outras alternativas que poderíamos escolher? Por que queremos agir? Quais serão as conseqüências de nossa ação? Quando poderemos agir para resolver esse dilema? Onde isso acontecerá? Essas perguntas podem servir como recursos úteis ao nosso exame do caso que estamos enfrentando agora, assim como no de outros que venham a surgir em nossa existência moral.

O que está acontecendo? Perguntamos o que está acontecendo para podermos compreender, o mais plenamente possível, a crise que temos pela frente. No exemplo que estamos considerando, seria preciso saber o que se está passando com a pessoa que nos pediu que tomássemos por ela uma decisão sobre sua saúde, caso ela viesse a se tornar incapacitada para tanto. Seguramente, a resposta a essa pergunta requer informações prestadas por especialistas; ela não pode ser respondida apenas por nós. Precisaríamos saber, entre outras coisas,

78

a condição médica do paciente, quais suas chances de sobreviver, os eventuais benefícios proporcionados pela manutenção de cuidados médicos e, por fim, quais seriam as conseqüências de se prosseguir ou interromper a respiração assistida. Nesse exemplo, sabemos que a equipe médica recomendou a suspensão do fornecimento de ajuda.

Estando associadas a algumas das outras questões cruciais, estas nos ajudam a chegar a um entendimento mais nítido do que se está passando e deveriam assistir-nos na elaboração da análise mais minuciosa e abrangente possível dos aspectos morais da situação, o que seria capaz de nos permitir uma clareza de julgamento.

QUEM ESTÁ ENVOLVIDO NESSE DILEMA E QUAL SUA RESOLUÇÃO? A resposta óbvia à primeira parte da pergunta é "o paciente ligado ao respirador artificial". Certamente, o julgamento a ser feito deve considerar seu bem-estar, acima de tudo. No entanto, pode ser uma surpresa para alguns que a Tradição Católica Romana, reconhecendo que somos pessoas em relacionamento com Deus, os outros, conosco mesmos e com toda a Criação, queira saber o que está acontecendo também com esses outros relacionamentos. Como é que esse dilema moral os afeta? Por exemplo, se há esperança de que o parente possa recuperar a consciência outra vez e tenha tempo para harmonizar seus relacionamentos com a família e/ou com Deus, não seria então benéfico manter por mais algum tempo o suporte a sua respiração? Outra questão significativa é: qual o impacto da enfermidade e dos cuidados ao familiar sobre toda a família, tanto psicológica como financeiramente? Essas deliberações podem parecer surpreendentes. Entretanto, a Congregação para a Doutrina da Fé escreveu em sua *Declaração sobre a Eutanásia*:

> Também é permissível recorrer aos meios normais que a medicina pode oferecer. Portanto, não se pode impor a ninguém a obrigação de recorrer a uma técnica que já está em uso, mas que contém um elemento de risco ou é onerosa. Essa espécie de recusa não é equivalente a suicídio; ao contrário, deve ser considerada como aceitação da condição humana, ou como o desejo de evitar a aplicação de um procedimento médico desproporcional aos resultados que possam ser esperados, ou como o desejo de não impor uma despesa excessiva à família ou à comunidade (Congregação para a Doutrina da Fé, *Declaração sobre a Eutanásia*, Seção IV, "Devida proporção no uso de remédios", *Origins* 10/10 [14 de agosto de 1980]: 156).

As pessoas que vêm prestando atendimento ao nosso familiar, tanto do ponto de vista médico como pastoral, devem igualmente ser consideradas em termos de suas especializações profissionais e de seu compromisso pessoal com o paciente. Quando perguntamos quem está envolvido, queremos considerar todas aquelas pessoas que são afetadas pela crise que enfrentamos. No exemplo usado, são poucas as informações disponíveis a respeito de todas essas questões, mas vamos supor que esses relacionamentos não são conflituosos e que nosso querido familiar está em paz.

Com que recursos resolveremos o problema? Quando consideramos a maneira como iremos agir para resolver um dilema moral, devemos ter em mente o critério do que é certo ou errado no agir, e que citamos repetidamente neste livro: a ação que está sendo contemplada contribui para o autêntico bem humano e, por isso, está dirigida a Deus? Em outras palavras, queremos garantir que a maneira como pretendemos resolver o dilema é consistente com o correto sentir, pensar e escolher. Um axioma útil acentua a importância de se prestar atenção a como iremos agir: "O fim não justifica os meios". Não podemos recorrer a quaisquer meios que se nos apresentam a fim de resolvermos um dilema moral e afirmar que isso é moralmente lícito (permissível), porque esperamos obter algum bem em resultado. O bem deve estar presente nos meios também.

Tomar decisões sobre a saúde de alguém requer uma cuidadosa atenção aos meios empregados para se atingir os fins desejados. No caso em questão, duas opções nos são apresentadas: continuar ou interromper a assistência à vida, em especial o uso da máquina que respira por ela. A equipe médica disse que continuar com essa ajuda não trará benefício algum ao paciente; simplesmente prolongará o processo de sua morte. Interromper o fornecimento de oxigênio seria, de acordo com todas as evidências, dar à patologia de que sofre o paciente condições naturais de evoluir até seu estágio final, ou seja, sua morte. Como esta segunda opção tem conseqüências mais drásticas, merece mais atenção. O que exatamente estamos fazendo quando desligamos o respirador artificial? Se estivéssemos apenas tirando diretamente a vida do paciente, teríamos de concluir que desligar a máquina é um ato mau, porque causa danos irreparáveis ao bem da vida de uma pessoa. Mas, na realidade, essa pessoa já sofreu um derrame que a deixou incapaz de respirar por si. Embora a máquina a tenha ajudado por algum tempo, não existe nenhuma obrigação moral de prolongar o processo de seu falecimento. Remover a respiração artificial não é um ataque direto à vida desse paciente, mas não deixa de ser um triste reconhecimento de que sua vida entre nós chegou ao fim e que, do ponto de vista médico, não há mais nada que possa ser feito e que nem eticamente existe algo que ainda deva ser feito. Por conseguinte, podemos legitimamente interromper o uso do respirador e deixar que o paciente morra.

Observe a cuidadosa análise que deve ser levada a cabo com respeito aos meios que devem ser usados. O modo como escolhemos resolver um dilema moral é de importância crítica.

Há outras alternativas que possamos escolher? A questão relativa a alternativas pode ser supérflua se levarmos a sério o processo de formação da consciência. Dificilmente alguém estaria agindo com integridade se se contentasse com uma única maneira de resolver um dilema, desconsiderando outras opções, e então indo em frente e justificando por que sua atitude é a correta. Ao contrário, examinar alternativas é tanto um procedimento sábio como necessário. Aqui, a imaginação da pessoa tem um peso crítico, pois podemos tentar alargar nossa visão sobre o dilema, examinando várias possibilidades para resolvê-lo.

Nossa experiência e a psicologia humana, entretanto, lembram-nos de que as crises da vida moral afetam a totalidade da pessoa. Às vezes, o efeito danoso da crise é a pessoa perder a clareza das idéias e ficar sem saber o que fazer. Ela pode sentir-se tomada por medo, tristeza ou culpa. Muitas emoções podem surgir em resposta a um dilema moral. O exemplo que estamos analisando é útil justamente porque a continuação ou a suspensão do respirador artificial é uma decisão emocionalmente muito carregada. Não se trata simplesmente de uma decisão envolvendo informações e um julgamento.

Surgem dois pontos em particular: a formação da consciência é mais eficaz quando a pessoa envolve outros indivíduos no processo. Quando estamos abalados, é comum não conseguirmos pensar ou mesmo sentir corretamente. A nossa imaginação também se pode calar. Quando partilhamos nossas experiências com mais pessoas, trazemos luz para nossas idéias e abrimos um leque de possibilidades para nós. O segundo ponto, portanto, é que convidar mais alguém a participar de nosso dilema moral oferece-nos outras soluções possíveis, outras alternativas. Quando ficamos sozinhos, com nossos próprios pensamentos, talvez não consigamos enxergar todas as alternativas disponíveis. Deixar que uma outra pessoa pense e sinta conosco abre possibilidades para a resolução do dilema.

No caso que estamos considerando, não é difícil imaginar que a pessoa estará hesitante quanto a interromper o fornecimento de oxigênio ao seu ente querido, justamente porque esse será um julgamento final. Não há volta, após essa espécie de decisão ter sido tomada. Geralmente, quando alguém que amamos morre, os que ficam desejam ter tido condições de resolver suas pendências com aquele que se foi; gostariam de ter pedido perdão por suas falhas e coisas assim. Diante desse tipo de situação, aquele que deve tomar a decisão pode acreditar que a única opção é manter a máquina ligada, esperando que um dia seja possível harmonizar o relacionamento. Por mais louvável que esse motivo possa ser, não é realista, dada a condição médica do paciente. Outras opções, como cessar a respiração artificial, devem ser levadas em conta a fim de se fazer o melhor julgamento possível. Podem haver outras possibilidades que os médicos responsáveis indiquem.

Assim, uma questão importante quando consideramos uma ação que deve ser executada é: quais são as alternativas? De que outro modo essa situação pode ser resolvida? Porém, tão importante quanto o que escolhemos fazer é por que escolhemos fazer isso.

Por que queremos agir? As palavras de T. S. Eliot, em *Morte na Catedral*, soam verdadeiras quando analisamos e tentamos solucionar um dilema moral: "A última tentação é a maior de todas as traições: fazer a coisa certa pelo motivo errado". Embora alguns atos sejam moralmente errados porque o objeto do ato em si é contrário ao bem humano autêntico e não carece de exames adicionais que o comprovem, em geral a moralidade de um ato será determinada pela intenção do agente moral em conjunto com o objeto e as circunstâncias. Certamente, a culpabilidade moral da pessoa que age está intimamente ligada à intenção. Assim, o motivo pelo qual agimos tem uma importância crítica quando nos colocamos diante de Deus como responsáveis pelo uso que fazemos da nossa liberdade. É preciso que usemos de uma brutal honestidade conosco mesmos na formação e no exercício da nossa consciência. É indispensável que indaguemos de nós mesmos por que queremos agir de uma determinada maneira.

No exemplo que estamos considerando, poderíamos esperar que o motivo de tomarmos qualquer decisão sobre o atendimento médico dispensado à pessoa da nossa família seria fazer o melhor julgamento possível pelo bem dela. Mas qual será a expressão particular, neste caso, do desejo geral de fazer o bem? Por que continuar ou encerrar o fornecimento de oxigênio? Podemos preferir manter a pessoa viva, nessas condições artificiais, porque não estamos preparados para sua morte. Podemos alimentar a esperança de que aconteça uma nova descoberta da ciência médica ou até mesmo um milagre. Por outro lado,

Consciência: nosso santuário e centro mais secreto

poderíamos defender o desligamento da máquina porque os médicos indicaram que não há possibilidade de recuperação, sejam quais forem as novas medidas de assistência adotadas. Além disso, podemos argumentar que é preciso interromper a respiração artificial porque nosso parente já está sofrendo há muito tempo, não tem esperança de se recuperar e seus próprios órgãos corporais já entraram em falência. Agindo com integridade, podemos avaliar que somos propensos a suspender a respiração artificial porque parece a melhor atitude diante das condições médicas, levando em conta o desejo do próprio paciente, as recomendações dos médicos responsáveis e ainda o caráter moralmente neutro dos meios empregados para prolongar a vida. Seja qual for a nossa escolha, nossa intenção, o "porquê" de nossa ação indica o quanto nós pessoalmente nos importamos em fazer o bem. De todas as questões levantadas, "por que" agimos é a que mais revela nosso caráter moral.

Quais serão as consequências da nossa ação? Na tentativa de discernir a melhor resposta a um dilema moral, devemos examinar os resultados desejados e como essa específica resolução da situação é a melhor. Uma maneira de julgar a adequação de uma resposta a um dilema moral é examinar suas consequências, a curto e longo prazos, conforme acreditamos que decorrerão da ação que viermos a empreender. As consequências de uma ação devem ser medidas com cuidado. Devemos lembrar-nos do axioma mencionado antes: o fim não justifica os meios. Simplesmente porque o resultado obtido com uma ação pode ocasionar algum bem, não quer dizer que estamos justificados e autorizados a usar quaisquer meios para alcançá-lo.

Por exemplo, se fosse diferente a situação no caso que estamos considerando e o respirador só fosse usado como recurso terapêutico temporário, se o paciente pudesse voltar a respirar por si, não estaríamos justificados se decidíssemos desligar a máquina. Embora a consequência imediata dessa decisão fosse a cessação de um sofrimento, as consequências a longo prazo, dadas as circunstâncias, seriam trágicas. Teríamos privado uma pessoa de sua vida por termos focalizado estritamente demais os benefícios imediatos de dar cabo do seu sofrimento, deixando de examinar o todo de sua recuperação, a longo prazo. Esse exemplo ressalta a importância de se levar o tempo em conta, quando fazemos um julgamento de consciência.

Quando é que podemos agir para resolver o dilema? Em termos de um julgamento de consciência, nem sempre a questão do momento é significativa. Por exemplo, se estou pensando em prejudicar alguém, isso será moralmente inaceitável, seja qual for o momento que eu escolher para agir. Contudo, isso não é verdadeiro em todas as circunstâncias. No caso que estamos analisando, por exemplo, a questão do momento da escolha é crucial.

Mencionamos antes que seria imoral remover prematuramente a ajuda médica tecnológica a um paciente. Mas o mesmo não seria verdade no caso que estamos discutindo. Outros fatores podem entrar em jogo e compor a decisão a respeito de quando interromper o fornecimento artificial de oxigênio. Todos os familiares podem querer estar presentes. Seria prudente aguardar até que todos chegassem, a fim de não excluir nenhum deles de um momento tão importante na vida de um ente querido e na vida de todos os seus familiares.

Muitos fatores podem entrar na determinação de qual será o momento certo para o julgamento e a ação. Devem ser todos considerados, para que o exercício da consciência transcorra de modo responsável.

ONDE ISSO DEVERÁ OCORRER? A questão final, assim como a primeira, nem sempre é moralmente significativa. Se estamos pensando em fazer algo moralmente errado, importa pouco ou quase nada aonde isso irá ocorrer. A mentira que é contada para nos proteger enquanto estamos prejudicando uma outra pessoa é errada, quer seja contada no recinto do tribunal ou numa sala de estar. Embora possamos dizer que o recinto do tribunal é um local mais sério para uma falsidade, não é sensivelmente mais grave. É moralmente significativo andarmos em alta velocidade numa rodovia ou perto de uma escola, na hora da saída dos alunos, porque neste segundo caso há risco envolvendo as pessoas próximas à escola.

No caso da decisão sobre um atendimento médico, o local em que essa decisão é tomada não tem um peso significativo. Poderia ser importante para os familiares e para o paciente que a pessoa morresse em sua própria casa. Esse desejo de ser ou não atendido não tem qualquer impacto sobre a moralidade do ato, mas demonstraria sensibilidade e consideração por todos os envolvidos e tornaria uma experiência profundamente dolorosa talvez um pouco mais tolerável para todos os envolvidos. No fim das contas, entretanto, o lugar onde uma ação ocorre nem sempre é significativo. Deve ser, porém, considerada, a fim de analisarmos apropriadamente o dilema moral que enfrentamos.

Essas questões, que extraímos dos livros tradicionais sobre teologia moral, podem ajudar-nos a expor as peculiaridades de uma crise em nossa vida moral e nos conduzir até uma resolução íntegra de nosso problema. O exemplo que delineamos ajudou-nos a ver como essas perguntas servem para determinar o

CONSCIÊNCIA: NOSSO SANTUÁRIO E CENTRO MAIS SECRETO

que está em jogo e qual a melhor maneira de proteger o autêntico bem humano, para nós e para todos os envolvidos.

Tarefa dois: reunir informações/dados e buscar conselho. A segunda tarefa na formação e no exercício da consciência envolve reunir informações, a fim de compreendermos mais claramente o dilema moral, e também nos tentar aconselhar quanto ao modo de resolvê-lo. Como mencionamos antes, todas essas tarefas estão interligadas e não são levadas a cabo de forma linear. Está implícita, em muitas das perguntas formuladas na seção precedente, a necessidade de pedir ajuda e informações a terceiros. De acordo com o *Catecismo*, devemos empenhar-nos em interpretar as informações oriundas de nossas experiências pessoais e dos variados eventos da história humana com a ajuda do Espírito Santo e suas graças, a assistência da virtude moral da prudência e o apoio e a orientação de conselheiros competentes (CIC, § 1788).

A quem buscaremos para obter informações e esclarecimentos variará de acordo com a natureza do dilema moral em jogo. Para que possamos exercitar nossa liberdade e nossa consciência de maneira responsável, porém, devemos buscar a verdade onde quer que ela se revele. A virtude da humildade nos prontifica a admitir com realismo o que não sabemos e nos motiva a buscar o conselho de quem nos possa ajudar. Seria enganoso tentarmos informar-nos ou aconselhar somente com aquelas pessoas que nos dizem o que queremos ouvir. A dignidade da consciência exige estarmos prontos a ser desafiados, no processo de formação da nossa consciência.

O caso que estudamos lembra-nos de que, às vezes, apenas buscamos informações. Qual é a condição de nosso parente querido? Quais são os efeitos dos vários tratamentos médicos? Quais são os benefícios ou transtornos?

Esperamos que os especialistas recomendem algo justamente porque têm mais experiência que nós, do ponto de vista profissional. Entretanto, o conselho que nos dão baseia-se em geral em fatos, numa leitura objetiva da situação. Como sugere a análise do quadro apresentada antes, muitos outros fatores também entram em cena.

Enquanto comunidade de fé, temos vários recursos à nossa disposição para formarmos a nossa consciência. Temos as Sagradas Escrituras, que são o texto normativo (que estabelecem as normas) da nossa comunidade. Também temos a tradição da Igreja, o caminho que a fé vem percorrendo, geração após geração, pelos séculos. Em particular, temos o *magisterium* (do termo em latim para

85

"professor"), quer dizer, os bispos da Igreja que, junto com o papa, oferecem os esclarecimentos morais da nossa comunidade de fé para a formação da consciência. O *magisterium* não é uma voz entre todas, dentro da Tradição Católica Romana, mas uma voz respeitável por sua autoridade perante a comunidade. Seus ensinamentos na área da moralidade devem ser recebidos pelos fiéis e praticados em seu cotidiano. Discutiremos em mais detalhes o relacionamento da consciência pessoal com o ensinamento da Igreja, no capítulo oito.

Além das Escrituras, da Tradição e do *magisterium*, também temos outros membros de nossa comunidade de fé que passaram por dilemas morais semelhantes ao nosso e que nos podem auxiliar oferecendo os esclarecimentos que obtiveram com suas próprias experiências.

Em termos mais simples, digamos que devemos percorrer todas as vias da verdade moral, em nosso esforço de entender determinado dilema moral. Depois de munidos com as informações e esclarecimentos dos que são competentes em nos aconselhar, devemos seguir adiante e empreender a tarefa de refletir. Esse é um momento especial, em que estamos sozinhos com Deus no "foro sagrado" e no "santuário" de nosso íntimo (*Constituição Pastoral Gaudium et Spes sobre a Igreja no mundo de hoje*, § 16).

Tarefa três: reflexão. O *Catecismo* afirma: "é importante que todas as pessoas estejam suficientemente presentes em si mesmas a fim de ouvirem e seguirem a voz de sua própria consciência. Essa exigência de *interioridade* é ainda mais necessária diante do fato de que a vida tende a nos afastar de todas as formas de reflexão, auto-exame ou introspecção" (CIC, § 1779). A tarefa da reflexão, embora caracterize todo o processo de formação e exercício da consciência, é mencionada especificamente aqui. Apesar de muitas pessoas dizerem que há uma transição natural entre reunir informações e buscar conselhos para fazer um julgamento, essa passagem fácil de um passo para o seguinte não é o que vivencia a maioria das pessoas. Os sábios, incluindo nestes o *magisterium*, aconselham-nos, mas não fazem por nós o julgamento final da consciência, nem têm de conviver com as conseqüências da nossa decisão. Somos nós que temos de fazer isso. Portanto, devemos ter um tempo para ficar a sós com Deus, plenamente presentes em nossa consciência, com toda a informação e todos os esclarecimentos que pudermos reunir. Apesar de o processo todo de formação da consciência ser marcado por orações, essa tarefa — mais que qualquer outra — requer que rezemos. Da mesma maneira como não fazemos julgamentos de peso em nossa consciência sem a ajuda de outros membros de nossa comunidade, nossos familiares e amigos, também não deveríamos fazê-lo sem a presença consciente de Deus, que nos convoca a viver a vida em toda a sua plenitude.

A reflexão envolve uma revisão de tudo o que ouvimos, formulando perguntas que esclareçam o dilema moral. Ela inclui mais informações que possamos ter recebido, assim como os esclarecimentos e conselhos que obtivemos de outras pessoas. Nesse momento, tentamos filtrar tudo o que nos disseram, a fim de ouvir a voz de Deus, que efetivamente está presente em todas as outras vozes, conquanto de modo limitado. Personalizamos tudo o que ouvimos, porque esse julgamento de consciência será um exercício de liberdade que afetará outras pessoas, especialmente os que nos são caros, moldando-nos para o bem ou para o mal. É essencial, nesse processo de reflexão, que mantenhamos nossa integridade.

TERCEIRO MOMENTO:
A CONSCIÊNCIA COMO JULGAMENTO DA AÇÃO CORRETA

O terceiro momento na formação e no exercício da consciência é o "julgamento da ação correta". Depois de termos vivido o primeiro momento, em que somos lembrados de nossos desejos para conhecer o bem e de nossa capacidade para tanto, e termos experimentado o segundo momento do discernimento, chegamos ao instante em que é preciso efetuar o julgamento acerca "do que fazer e do que evitar", de acordo com a *Constituição Pastoral Gaudium et Spes sobre a Igreja no mundo de hoje* (§ 16). Aqui, julgaremos a correção ou incorreção de uma determinada ação que está sendo considerada, a fim de resolver o dilema moral que temos pela frente. A tarefa de avaliar os julgamentos que já tiverem sido feitos será deixada para o quarto momento da consciência. É significativo que a Tradição Católica Romana tenha o mais alto respeito pelo julgamento da consciência, justamente porque — como diz o Concílio Vaticano II — Deus fala conosco por meio de nossa consciência, por intermédio do processo do discernimento que seguimos.

A obrigação de seguir a consciência: partindo da premissa de que a pessoa agiu com integridade na formação de sua consciência, ela se vê obrigada a seguir o julgamento que a sua consciência considera correto. Novamente, afirma a *Declaração Dignitatis Humanae sobre a Liberdade Religiosa*: "Todas as pessoas estão obrigadas a seguir fielmente sua consciência, em todas as esferas de atividade, para que possam aproximar-se de Deus, que é seu fim último. Portanto, as pessoas não devem ser forçadas a agir contra a sua consciência, nem serem impedidas de agir de acordo com ela, especialmente no que diz respeito a questões de teor religioso" (*Declaração Dignitatis Humanae sobre a Liberdade Religiosa*, § 3).

A obrigação de formar e seguir a própria consciência decorre da longa tradição da Igreja de respeito à liberdade e também do caráter altamente pessoal, tanto da busca pelo que é verdadeiro e bom, como da escolha moral de alcançá-lo. Mais uma vez, a *Declaração sobre a liberdade religiosa* afirma que "é por um assentimento pessoal que as pessoas devem aderir à verdade que houverem descoberto" (*Declaração Dignitatis Humanae sobre a liberdade religiosa*, § 3). O assentimento pessoal decorre do julgamento de consciência.

É tão grande o respeito da Tradição pelo julgamento de consciência que é opinião de alguns teólogos da tradição, Santo Tomás de Aquino entre eles, que a pessoa deve seguir sua própria consciência, mesmo que objetivamente esteja errada. Ele dava o exemplo daqueles que honestamente acreditavam que *não* deveriam acreditar em Cristo e aceitar o cristianismo. Se isso era o que sua consciência lhes ditava, mesmo que objetivamente estivessem errados, deveriam ser considerados justificados, porque estavam seguindo sua consciência. Diremos mais a esse respeito adiante, mas esse exemplo serve para salientar a importância de um julgamento de consciência, tanto em termos da obrigação de formá-la adequadamente, como da responsabilidade que acompanha um julgamento de consciência.

Quando a pessoa faz um julgamento de consciência, coloca-se diante de Deus dizendo "é isso que acredito que devo fazer". O *Catecismo da Igreja Católica* diz que se a pessoa fosse agir contra seu julgamento de consciência, deveria declarar-se culpada (CIC, § 1790). Embora devamos freqüentemente responder por nossos atos perante outras pessoas, o nosso assentimento pessoal à verdade que constituímos em nossa consciência é, em última instância, um assentimento a Deus.

Tipos de consciência: apesar da sinceridade com que uma pessoa pode seguir o processo de formação de sua consciência e do profundo respeito que é dado ao julgamento de consciência, é possível errar quando o formulamos. "A consciência não é um juiz infalível" (*Veritatis Splendor*, § 62). A tradição moral designou diversos "tipos" de consciência. Citaremos expressamente os dois mais importantes.

A consciência correta (CIC, § 1794): uma consciência correta julga que é bom o que é verdadeiramente bom e é mau o que é verdadeiramente mau. Se descrevermos a pessoa virtuosa e o ato virtuoso como aqueles que tendem ao bem, a consciência correta incorporará ambos: tanto o agente moral como o julgamento feito tendem ao bem. Não se podem encontrar evidências de uma correta consciência na pessoa que se afasta do bem, seja em termos de absorver os princípios da moralidade (o primeiro momento da consciência), ou da pertinência e da manifestação desses princípios num dilema moral específico (segundo momento da consciência).

A consciência equivocada (CIC, § 1790-1793): quando as pessoas fazem um julgamento de consciência equivocado, a tradição usa um termo para designar esse tipo equivocado de julgamento. Foi feita uma distinção importante a respeito da consciência equivocada. Às vezes, o erro no julgamento não é de modo algum culpa da pessoa que o faz; em outros casos, a pessoa é culpada. Seguem alguns exemplos que podem ajudar a esclarecer esses pontos.

A consciência invencivelmente equivocada: lembremos que um ato plenamente humano exige conhecimento e liberdade por parte do agente moral. Neste primeiro caso de consciência equivocada, a tradição reconhece que falta o conhecimento do significado moral de uma ação. Salientando a obrigação de seguir a própria consciência, Santo Tomás de Aquino dava o exemplo, citado acima, de alguém que acreditava que a fé cristã é má. Se a pessoa, após uma séria reflexão, similar ao processo que esboçamos acima, chegar a um julgamento de consciência segundo o qual o cristianismo é mau, e que seria um pecado ela se tornar cristã, ela deveria seguir sua consciência e evitar o cristianismo, mesmo que seu julgamento de consciência esteja objetivamente errado. Por quê? Porque presumimos que um julgamento de consciência é feito com integridade e que a "verdade" a que a pessoa chega, após tal processo de formação da consciência, é o que lhe deve servir de base para agir. Como dissemos antes, uma vez que a pessoa chega à convicção a respeito do que deve fazer, ela tem a obrigação de seguir em frente com os ditames desse julgamento.

No exemplo de uma consciência equivocada, podemos apreciar a sabedoria de uma tradição que reconhece a boa vontade da pessoa formando sua consciência e que, por isso, respeita seu julgamento. Santa Teresa d'Ávila disse certa vez a suas irmãs que "Deus não olha tanto para a grandeza de nossas obras, mas dá mais atenção ao amor com que tiverem sido feitas". Essa declaração não diminui a atenção que deve ser dada ao correto agir, mas reconhece que a intenção do agente moral tem uma importância particular, quando se trata de avaliar como a pessoa se coloca diante de Deus.

A consciência vencivelmente equivocada: os exemplos que oferecemos até aqui atestam os julgamentos de consciência em que o agente moral chegou a um julgamento equivocado, embora não por sua própria culpa. Até onde podemos saber, essa pessoa não escolheu permanecer ignorante da relevância moral de recusar o cristianismo.

Não se pode dizer o mesmo da consciência vencivelmente equivocada ou do julgamento de consciência feito pela pessoa que não tentou compreender plenamente o significado moral de seus atos. O Concílio Vaticano II, embora reconhecendo a possibilidade da consciência invencivelmente equivocada, tem algo muito diferente a dizer daqueles que são condenáveis por seus julgamentos de consciência: "Entretanto, costuma acontecer de a consciência se desviar do bem por obra da ignorância que não consegue evitar, sem com isso perder a própria dignidade. O mesmo não pode ser dito da pessoa que não se esforça para descobrir o que é verdadeiro e bom, ou quando a consciência vai aos poucos tornando-se praticamente cega, devido ao hábito de cometer pecados" (*Constituição Pastoral Gaudium et Spes sobre a Igreja no mundo de hoje*, § 16).

Podemos imaginar várias situações como exemplos. Um cirurgião está prestes a começar uma operação, mas não dedica tempo algum a se informar sobre os riscos desse procedimento no caso daquele paciente em especial. No transcorrer da cirurgia, a pessoa sofre uma parada cardíaca. Uma pessoa inicia um relacionamento sério com outra, sem indagar sequer se esta é solteira ou casada. Após vários encontros, e se torna forte a sensação de que são certos um para a outro, um dos parceiros descobre que o outro é casado. Um patrão, ansioso para conseguir motoristas para sua empresa de táxis, deixa de pesquisar as condições de saúde de seus funcionários, sabendo que isso pode comprometer a segurança dos passageiros. A diretoria de uma multinacional está em fase de decisão de abertura de novas filiais, envolvendo a contratação de funcionários em países em desenvolvimento, onde têm havido queixas por causa dos baixos salários e das precárias condições de trabalho dos operários em geral. Os executivos deixam de obter informações sobre essas queixas e seguem em frente com seus planos, por conta da promessa econômica que a decisão significa para eles.

Em cada um desses casos, as pessoas estão fazendo julgamentos e aparentemente escolhendo permanecer na ignorância de informações significativas com implicações morais relevantes, pouco se importando com a verdade. Em certos casos, sua ignorância poderia ser superada com simples perguntas, que lhes permitiriam fazer julgamentos de consciência mais bem informados.

Para outras pessoas, sua consciência torna-se insensível e cega ao mal, sob o impacto de desvios reincidentes de conduta. No capítulo anterior, mencionamos o exemplo do homem que achava mais fácil mentir do que falar a verdade, às vezes. Embora no começo ele possa ter-se sentido culpado por estar enganando os outros de propósito, pode-se imaginar que, com o hábito, tenha ficado mais fácil mentir. O embotamento da consciência ao bem e ao mal geralmente acontece com a consciência vencivelmente equivocada. O agente moral tem por obrigação tornar-se adequadamente informado, a fim de poder fazer um julgamento moral pertinente.

Aplicação a um exemplo: voltemos rapidamente ao exemplo que usamos para ilustrar os quatro momentos da consciência, que era tomar uma decisão sobre o atendimento médico dispensado a um familiar. As duas escolhas, interromper ou manter a respiração assistida, são moralmente aceitáveis. Entretanto, o melhor julgamento de consciência, dada a condição médica do paciente e todos os fatores que já discutimos, seria interromper o fornecimento artificial de oxigênio e deixar que a pessoa morresse em paz. Se optarmos por essa última alternativa, estaremos agindo segundo uma consciência correta, vendo como bem para o paciente o que é de fato um bem; nossos sentimentos, pensamentos e processo de escolha estariam sendo corretos.

Em suma, o julgamento de consciência é feito após uma reflexão sobre os princípios da moralidade e após um sério processo de coleta de informações e esclarecimentos. O julgamento a que a pessoa chega deve ser posto em prática. A nossa experiência pessoal nos diz que, em geral, temos mais clareza de idéias depois de termos feito um julgamento e convivido com suas conseqüências. O quarto momento da consciência reconhece essa realidade e a considera crucial para a continuidade de nosso desenvolvimento moral.

QUARTO MOMENTO:
A CONSCIÊNCIA COMO AUTO-AVALIAÇÃO

Nos tempos em que os jogos de futebol americano aconteciam principalmente aos domingos, havia uma expressão para descrever aqueles fãs que, após o jogo, enxergavam com clareza todos os erros que poderiam ter sido evitados. Esses fãs eram chamados de "os zagueiros de segunda-feira". Eles sabiam exatamente como o jogo deveria ter sido jogado, mas era tarde demais. Essa mesma realidade é expressa na frase "compreensão 100%, só que atrasada".

O quarto momento da consciência é semelhante ao zagueiro da segunda de manhã, e advém de uma percepção tardia. A tradição fala da consciência como aquela que guia os atos morais que estamos considerando, executando ou que já executamos. Reservamos esse quarto momento para deter-nos na tarefa da consciência que elogia ou recrimina o que foi feito.

Nesse ponto da formação e exercício da consciência, reavaliamos o julgamento da nossa consciência. Essa reavaliação é fruto de nossa integridade, do desejo de analisar nossa experiência moral e de aprender com ela. Se, após refletirmos, aprovarmos o julgamento da nossa consciência, confirmamos nossa sensibilidade para bem e o mal, presentes naquele julgamento, e fortalecemos nosso caráter moral. Por outro lado, se reprovarmos o julgamento da nossa consciência nos sentiremos convidados a corrigi-lo sempre que possível, aprendendo também com esse julgamento equivocado.

Existe certa circularidade na formação e no exercício da consciência. Começamos com uma percepção geral do bem e dos princípios da moralidade e passamos pelo processo de discernir qual é o bem específico daquela situação. Após o julgamento ter sido feito, a decisão se torna parte de nossa história moral e deveria servir-nos de guia no futuro, caso venhamos a enfrentar um dilema moral semelhante em outro momento. Se, no quarto momento da consciência, afirmamos o julgamento de consciência que foi feito, aprofundamo-nos mais um pouco no bem; mas se questionamos esse julgamento, estamos buscando uma sintonia mais fina para discernir o bem e o mal, a fim de não cometermos novamente o mesmo erro de julgamento, se viermos a confrontar uma situação semelhante no futuro. Somente por meio de nossas vivências é que chegaremos a compreender melhor como o bem e a verdade podem ser concretamente apreendidos. Quando avaliamos os julgamentos da nossa consciência, constatamos que nem sempre tomamos decisões sensatas: às vezes estamos certos, às vezes errados. Neste quarto momento da consciência, temos a oportunidade de nos valer de um processo de conversão, a fim de não repetirmos os mesmos erros e, com isso, usarmos nossa liberdade de modo mais responsável da próxima vez.

A função avaliadora da consciência é ativada no seu próprio ritmo. Pode ser que no dia seguinte a uma ação estejamos em posição de avaliá-la; pode ser que se passem anos antes disso. No caso da pessoa da nossa família vivendo porque a máquina respira por ela, podemos chegar à decisão de cessar essa respiração artificial e, durante algum tempo, incomodarmo-nos com a dúvida sobre termos ou não agido certo. Embora intelectualmente não reste dúvida de que foi uma decisão acertada, podemos mesmo assim nos sentir incertos quanto a termos feito o suficiente por ela, de termos agido com integridade. Essas questões que levantamos são importantes, tanto para uma análise criteriosa de nossa conduta como para nos servir de parâmetro no futuro. Acreditamos que a consciência como instrumento de auto-avaliação reafirma a decisão de desligar a máquina que mantém vivo o nosso parente querido, ao mesmo tempo em que reconhecemos esse julgamento como extremamente penoso e sem um desfecho plenamente feliz.

3. Conclusão: a consciência como coração

Começamos este capítulo trazendo à mente imagens da consciência que têm impacto sobre a nossa imaginação moral. Para concluir, focalizaremos uma delas: o coração. Embora o cérebro seja o órgão mais importante do corpo, o coração tem uma importância simbólica que o cérebro não consegue atingir.

Há vários anos, ouvimos uma homilia que nos deixou refletindo sobre uma sentença em especial: "Tome cuidado com o que você permite que habite em seu coração". O pregador era um bispo, e sua fala se dirigia a um jovem prestes a ser ordenado sacerdote, mas o seu conselho era útil para todos. "Tome cuidado com o que você permite que habite em seu coração."

Recomendamos "tomar cuidado" justamente porque aquilo que nele estiver, como mencionamos antes, irá caracterizar-nos como pessoas e se transferir para nossos atos. O que está em nossos corações servirá tanto para nos tornar íntegros e construir como Povo de Deus, como para acabar conosco. Se ódio e vingança são as nossas paixões, eles inspirarão atos destrutivos. Se a bondade, a compaixão e o amor preenchem o nosso coração, transparecerão em atos generosos, compassivos e amorosos. À luz de nossa discussão no capítulo precedente, se nossos corações são virtuosos produzirão atos virtuosos; e o oposto é verdadeiro a respeito do vício.

A Tradição Católica Romana reconhece a consciência como um momento especial de contato entre Deus e os nossos corações. Por esse motivo, ela sempre ensinou aos fiéis a obrigação de seguirem o ditame de suas consciências, sempre respeitando a inviolabilidade da consciência moral, mesmo reconhecendo que é falível. Igualmente conscientes desta extraordinária dádiva que são a consciência e a liberdade humanas, os agentes morais devem atentar com grande cuidado para a sua formação e o modo como são exercitadas.

O uso responsável da consciência nos levará para perto de Deus ou nos afastará dele, ele nos aproximará da plenitude da vida ou nos desviará dela. No fim, o melhor conselho é "Tome cuidado com o que você permite que habite em seu coração".

Capítulo quatro

Pecado: a traição da liberdade

Não é incomum ouvir, hoje em dia, as pessoas religiosas dizerem coisas como "ninguém mais parece falar de pecado", "o que aconteceu com o pecado?", ou "mudou o que as pessoas entendem como pecado". Certamente, existe um elemento de verdade nessas observações. Recentemente, vimos pessoas agindo de forma ostensivamente prejudicial ou injusta, sem qualquer noção aparente de que estivessem fazendo coisas erradas, maldosas, ou de que fossem em alguma medida responsáveis por seus atos. Alguns exemplos dramáticos disso são os atos de genocídio e violência contra inocentes, durante a guerra, ou de terrorismo internacional. A razão dessas ocorrências poderia ser que as pessoas se consideram mais como vítimas das circunstâncias ou de forças malignas do que como verdadeiros autores do mal que causam aos outros. Mesmo quando esses agressores demonstram alguma medida de reconhecimento de sua responsabilidade, em geral não fazem qualquer menção a Deus quando descrevem a atitude, o ato ou a omissão que prejudicou alguém. Assim, é mais comum ouvirmos "fiz a escolha errada", "não estava sendo fiel a mim mesmo" e até "sei que estava errado, mas não pude me controlar. Foi ele (ela) quem me obrigou".

Essa abordagem foi ilustrada, há alguns anos, no jornal *The Washington Post*. No artigo intitulado "Como se safar de um homicídio", Charles Krauthammer, após se referir a comentários feitos pela patinadora artística Tanya Harding e o cantor Michael Jackson acerca de seus delitos públicos, concluiu que "os temas são autotraição e autoperdão. Eles refletem perfeitamente uma cultura em que não se peca mais contra Deus, a lei natural, a ordem moral, a sociedade ou até mesmo o seu semelhante... mas só contra si mesmo" (4 de fevereiro de 1999, p. A-19).

Essas observações dizem algo a respeito de nossa era e cultura. Em primeiro lugar, subestimamos nossa liberdade e capacidade de escolher. Talvez exista

Manual Prático de Moral

a tendência em atribuir a algo fora de nós a culpa por nossas atitudes, atos e omissões de caráter destrutivo, como, por exemplo, um clima antiético generalizado, pessoas que nos influenciam, as pressões da vida cotidiana ou um trabalho estressante, e esses são os fatores que nos levam a cometer "deslizes". É o que está "além de mim" que responde pelo mal, não o que está "em mim". Essa abordagem nos autoriza a evitar a admissão de um lado negativo em nós. Sugere que é insalubre, depressivo demais ou destrutivo reconhecer que, de fato, somos pecadores.

Talvez você tenha notado como algumas mudanças recentes na letra dos hinos religiosos mais conhecidos nos ajudam a evitar uma visão de nós como pecadores. Quando antes cantávamos "Graça divina! Como é doce o som que salvou um pecador como eu", hoje podemos cantar "Graça divina! Como é doce o som que me salvou e fortaleceu".

Em segundo lugar, o pecado é essencialmente um termo religioso; não é só uma transgressão pessoal, como desrespeitar uma lei ou não corresponder a algum princípio ético. Pode muito bem ser todas essas coisas, mas, para que uma transgressão seja de fato vista como pecado, é preciso uma ligação entre a minha ação ou atitude e o meu Deus. O modo como essa ligação acontece é importante para compreendermos adequadamente o que é pecado. Podemos lembrar que Deus criou leis que devem ser seguidas e que pecado é desobedecer a essas leis. Essa abordagem do pecado era muito comum antigamente, como evidenciam os livros de teologia moral usados para instruir os sacerdotes, antes do Concílio Vaticano II. Havia certa consistência nessa abordagem. Se Deus era, essencialmente, legislador e juiz, que não só ditava as leis como punia os criminosos que a desrespeitavam, então o pecado era fundamentalmente um crime ou a desobediência às leis de Deus. O problema dessa abordagem não é sua falsidade, mas sim ela ser muito limitada ou estreita.

Deus é mais do que um legislador e juiz, e nosso relacionamento com ele consiste antes em respeitá-lo do que contrariar suas leis. Conseqüentemente, o pecado é muito mais do que apenas desobedecer a leis. Quando andamos acima do limite de velocidade, recebemos uma multa se o policial nos flagra; temos de pagar aquele valor e pronto. Mas o pecado tem um impacto maior em nossa vida porque está relacionado com amar, com ter uma relação de fidelidade. Quando pecamos, estamos em certo sentido pecando contra nós mesmos ou traindo nossa verdadeira essência. Ao pecar, causamos um dano contra quem estamos sendo chamados a ser, porque o coração humano é constituído para nutrir um correto relacionamento com Deus e nossos irmãos e irmãs. Mas precisamos ir às Escrituras Sagradas, com suas imagens e episódios, para compor um quadro mais completo do pecado e do pecador.

1. Uma palavra sobre o pecado

Em inglês, o termo "pecado" [*sin*] pode trazer-nos algum esclarecimento. Deriva, nessa língua, do alemão *sunder*, que significa dividir, separar, fender. Quando vamos até a raiz desse termo em hebraico, a realidade do pecado humano torna-se ainda mais aparente. Em hebraico, a palavra *hatta* expressa a idéia de perder o alvo ou a marca, nesse caso, o relacionamento (Pr 19,2). Outra palavra correlacionada, em hebraico, *awon*, significa curvar ou torcer, desviar-se ou sair dos trilhos (Jr 30,15). Por fim, o termo *pesha* quer dizer a quebra de um acordo, uma revolta ou rebelião (Jr 33,8). Pode ser uma revolta contra a lei (Os 8,1), mas também uma revolta do povo de Israel contra seu Deus (1Rs 12,19).

Todas essas palavras estão ligadas a um tema comum, a saber, que o pecado tem algo a ver com um relacionamento pessoal, de compromisso, com Deus. Romper ou transgredir esse relacionamento ou acordo com Deus não é tanto um problema de teor legal; a questão tem mais semelhança com aquele relacionamento familiar que é rompido. Quando atingimos o alvo, mantemo-nos no trilho certo, permanecemos nos relacionamentos corretos, desabrochamos como seres humanos e tornamo-nos aquele tipo de pessoa que queremos ser. Quando erramos o alvo, saímos dos trilhos e violamos o relacionamento familiar com Deus, estamos na realidade violentando nosso verdadeiro ser, feito à imagem de Deus e feito para um relacionamento com Deus. Somos feitos para dar e receber amor. O pecado é a escolha do mal, uma escolha feita em liberdade e com conhecimento de causa. Como veremos adiante, as conseqüências do pecado não param em nós, mas, como pedra atirada ao lago, causam ondulações que atingem e perturbam todos os que estão à nossa volta.

No Princípio (Gn 1-4)

No Antigo Testamento, o épico da Criação do homem e da mulher acentua que o pecado tem a ver com a violação do pacto ou trato com Deus, motivada por orgulho. Esse orgulho humano se expressa no desejo de se livrar totalmente de Deus ou de, na realidade, ser como Deus. Feitos à imagem de Deus e com o dom da liberdade, Adão e Eva vivem no paraíso. Mantêm uma relação de confiança, amizade e familiaridade com Deus. A ordem dada aos nossos primeiros pais, a saber, que não comessem o fruto de determinada árvore, não é um instrumento de opressão. Antes, acentua o fato de que Adão e Eva têm a liberdade de escolher. Deus os fez desse modo. A ordem de não comer o fruto da árvore do bem e do mal, entretanto, estipula limites e fronteiras. A criatura não é o mesmo que seu Criador. Há uma desigualdade, pois Adão e Eva não são Deus. Essa ordem é muito mais do que um preceito legal, pois é vista no contexto do amor, da confiança e da amizade.

O pecado de Adão e Eva: o pecado entra no Éden quando, em sua liberdade, nossos primeiros pais decidem quebrar a ligação, desobedecendo à ordem, que é sumária e simboliza o pacto entre Deus e eles. Na verdade, eles querem ser como Deus, pois acreditam no que a tentação lhes diz, ou seja, que se comerem o fruto terão o conhecimento e a sabedoria de Deus. O orgulho desmedido de Adão e Eva leva-os a trair o dom da liberdade que Deus lhes havia dado. Quais são as conseqüências disso? Adão e Eva se vêem nus pela primeira vez (Gn 3,7). Essa nudez não se limita ao plano sexual; ao contrário, significa a perda da dignidade, baseada em sua relação com o Criador. O pecado é reconhecido em sua essência, uma promessa vazia, uma ilusão, um uso indevido ou uma traição da liberdade, na tentativa vã de se livrar de Deus, de ser como Deus.

Nossa própria natureza é feita para Deus, mas aqui estamos usando a nossa liberdade para tentar o oposto. Em vez de escolher o verdadeiro bem, o bem duradouro, quer dizer, o plano de Deus para a nossa felicidade e realização, escolhemos fazer nossos próprios planos que excluem Deus e resultam em danos a nós e a outros. João Paulo II resume bem esse ponto na seguinte frase: "O pecado é uma exclusão de Deus, é romper com Deus, é uma desobediência a Deus" (*Exortação apostólica sobre a reconciliação e a penitência*, § 14).

Quando o relacionamento com Deus é rompido, começa a se evidenciar a tensão, que se torna mais profunda e atinge Adão, Eva e seus filhos. Antes da expulsão, Adão aceitava a parceira, Eva, como uma dádiva de Deus, uma parceira íntima, "carne da minha carne, osso do meu osso". Após comer o fruto proibido, ele se refere a Eva como "aquela mulher que você me deu". Caim,

O Filho Pródigo (Lc 15,11-32)

Já nos referimos à história do Filho Pródigo no primeiro capítulo deste livro, a fim de enfatizar a imagem de Deus como Pai. Essa história, registrada no Evangelho de Lucas, também nos oferece um entendimento mais profundo da intimidade que o Criador deseja partilhar conosco, suas criaturas, e salienta o fato de que o pecado, na realidade, é uma separação dos filhos em relação ao Pai e de uns em relação aos outros.

O ponto de partida dessa história está na segunda parte da parábola, quando o pai diz ao filho mais velho: "Filho, você está sempre comigo, e tudo o que é meu é seu". Sem dúvida, o pai teve a mesma atitude para com o filho mais novo. Existe um relacionamento de amor entre o filho mais jovem e seu pai, um sentimento de pertencer, de receber tudo como dádiva do pai. Tudo muda quando o filho mais novo pede ao pai a sua parte da herança para que possa fazer uma viagem a um país distante.

O que está acontecendo aqui? Por que ele iria querer partir? O que pode estar pensando e querendo? O caçula quer planejar a sua própria vida, ser seu próprio senhor, tornar-se o que ele acha que é ser livre. Quer tomar as rédeas de sua vida e seu futuro nas próprias mãos, livrando-se das restrições e deveres atrelados ao papel de filho. Ora, essa situação pode parecer lugar comum para muitos pais hoje em dia, mas devemos lembrar que estamos lidando aqui com uma história do Evangelho, sobre uma família de orientais, dentro de uma estrutura familiar vigente há 2.000 anos. Essa história ilustra o fato de que nunca somos os diretores incontestes de nossas próprias vidas, especialmente quando acreditamos que somos feitos à imagem de Deus e que pertencemos à família divina. Assim como na história da Criação, somos criaturas, dependentes do Criador; isso faz parte de nossa essência. Por mais que fechemos os olhos ou tapemos os ouvidos a esse fato, nunca somos iguais a Deus e nunca poderemos de fato escapar à realidade de que tudo o que temos é uma dádiva. A liberdade, vista como autonomia absoluta, como independência total, como não ter de depender de ninguém, é um mito que, com o tempo, só traz decepções, pois não é nesse contexto que encontraremos felicidade ou desabrocharemos como criaturas humanas.

Manual Prático de Moral

A reação do pai ao pedido do filho é de profundo respeito pela decisão do rapaz e pelo que ele, equivocadamente, pensa que lhe trará a liberdade e felicidade verdadeiras. Mudou a dinâmica, de "tudo são presentes" para "é o meu direito"; de "sou seu filho" para "quero ir e acontecer sozinho"; da proximidade em relação ao pai para a distância; de um relacionamento sadio de amor e pertinência para uma atitude de arrogância, na qual o filho acha que não precisa mais do pai. Trata-se, enfim, de se *livrar de.*

Conseqüências do pecado: as conseqüências da escolha do filho mais novo e seus atos não nos deveriam surpreender. Assim como Adão e Eva, ávidos por se apossar do conhecimento de Deus sobre o bem e o mal, terminam vendo-se nus, também esse filho, ávido por se apossar dos bens do pai a fim de se livrar dele, termina encontrando-se sujo e entre os porcos. Santo Agostinho teve um momento de notável perspicácia e percepção sobre o amor quando contrastou apossar-se da mão de Deus com apegar-se à mão de Deus. Apossar-se implica tomar e partir, enquanto que se apegar sugere certa dependência, um receber contínuo e permanecer.

Há mais repercussões dos atos passados do filho pródigo, a despeito do fato de ele voltar para casa e ser aceito pelo pai. A história prossegue com uma envolvente descrição da raiva do filho mais velho e do seu ressentimento, quando fica sabendo que o irmão caçula voltou. Ciúme e amargor vêm à tona no contato entre os irmãos, da mesma forma como houve problemas entre os filhos de Adão e Eva. O pecado do irmão mais novo pode ser perdoado, mas é preciso um trabalho adicional para que seja sanado o dano que causou.

O PECADO ORIGINAL (CIC, § 1440, §§ 1871-1872)

Talvez o leitor esteja percebendo a falta de um elemento ou personagem em nossa reflexão sobre a história da Criação e o pecado. Está faltando alguém ou alguma coisa. Não foi citada a serpente, esse que é o mais astuto dos animais, mais esperto inclusive que Adão ou Eva (Gn 3,1). A serpente tem a capacidade de despertar em nós todos os tipos de reações. É venenosa, insidiosamente forte, capaz de se movimentar com rapidez e rente ao chão, deslizando sobre a barriga e sem pernas, tem uma língua bifurcada e é capaz de trocar a própria pele. Até este momento em nossa reflexão sobre a história da Criação, focalizamos a atenção nas escolhas e atos pecaminosos de Adão e Eva. Contudo, antes mesmo do ato simbólico de comer o fruto da árvore, a presença e a influência da serpente são fatos dados. Nossos primeiros pais são criados e colocados num jardim, mas a serpente já está lá. O mal está à espreita nesse ambiente, antes mesmo que eles cometam o pecado.

A origem do pecado: no relato do início dos tempos, nas Escrituras, há referências a um anjo caído, criado naturalmente bom pelo Criador, mas que o rejeitou e se opôs a ele (1Cr 21,1; Jó 1,6; Zc 3,1). A Tradição da Igreja e das Escrituras se refere a esse anjo caído como "Satã" ou o demônio (CIC, § 391). Na medida em que o pecado, estritamente falando, necessita do conhecimento e do consentimento de uma pessoa, a Igreja se refere ao "pecado original". Aqui, "pecado" está sendo usado como analogia, quer dizer, "como" pecado, sem, porém, ser exatamente a mesma coisa que um pecado. Adão e Eva cometeram um pecado pessoal. Entretanto, seu pecado da desobediência afetou a nossa natureza humana. Na verdade, o pecado do casal original afetou de tal forma a nossa natureza humana que, a partir de então, passamos a estar sujeitos a sofrimentos, à ignorância e à morte e, além disso, temos ainda de combater a nossa própria propensão ao mal. O pecado original não foi cometido por nós; antes, ele nos foi transmitido. É um estado que herdamos, não um ato que realizamos.

Esse conceito do pecado original pode suscitar indagações, tanto ao leigo que reflete sobre a questão, como ao teólogo. O modo exato como o mal se imiscuiu na Criação desde o princípio, antes mesmo do pecado de Adão e Eva, permanece um mistério. "Busquei a origem do mal, tentei saber de onde vem, e não achei solução", conclui Santo Agostinho. Assim também é um mistério o modo exato como o pecado de Adão e Eva é transmitido a todos os seres humanos, e permanece algo que não conseguimos compreender por completo (CIC, § 404). No entanto, o que realmente sabemos é isto: "Mas onde avultou o pecado, a graça superabundou" (Rm 20, 5), e o Evangelho é a revelação, em Jesus Cristo, da misericórdia de Deus para com os pecados (Lc 15). O próprio nome "Jesus" nos diz que Deus salvará seu povo (Mt 1,21). Nossa natureza humana pode ser maculada, nossas idéias distorcidas, enfraquecida a nossa vontade, mas é firme a nossa esperança em Jesus Cristo, nosso Salvador.

2. A Tradição Católica e o pecado (CIC, §§ 1846-1942)

Os diferentes tipos de pecados podem ser distinguidos de muitas maneiras diferentes. Poderíamos fazer uma divisão baseada no critério de o pecado ser primariamente contra Deus, nosso semelhante ou nós mesmos. Dizemos "primariamente" porque todos os pecados são contra os três, sempre. Como exemplo, citamos a grave ausência da prática das orações na vida dos cristãos, a ponto de não se darem sequer ao trabalho de respeitar o sagrado Dia do Senhor. Embora Deus certamente não receba elogios nem agradecimentos, aqueles que abandonaram as orações estão causando a si mesmos um considerável dano espiritual que, por sua vez, contaminará os relacionamentos e atitudes envolvendo os outros. Sendo assim, em certo sentido, uma ofensa contra si mesmo é uma ofensa contra mais alguém.

PECADO MORTAL E PECADO VENIAL

As Escrituras não usam diretamente as expressões "pecado mortal" e "pecado venial", embora freqüentemente façam uma clara distinção entre a gravidade e as conseqüências dos pecados (Mt 25,41-46; Gl 5,19-21; Mc 3,28-29; 1Cor 3,10-17). A realidade da distinção mortal/venial também é confirmada em 1Jo 5,16-17. A distinção entre pecado mortal e venial, conhecida de muitos católicos, talvez mais clara para uma geração ou outra, foi especificamente ensinada pela Igreja no Sínodo de Cartago em 228 d.C., confirmada pelo Concílio de Trento (1545-1563) e reafirmada pelo Papa João Paulo II, em sua *Exortação apostólica sobre a reconciliação e a penitência*, publicada em 1984. Essas distinções entre os pecados foram sendo desenvolvidas pela Igreja ao longo dos séculos. Santo Agostinho esclareceu, especialmente em seu trabalho sobre a mentira, que a gravidade do pecado pode variar, e Santo Tomás de Aquino ofereceu à teologia uma explicação sistemática da distinção entre pecado mortal e venial. Esses ensinamentos foram assimilados pela Tradição Católica e permanecem vivos conosco até os dias de hoje.

Basicamente, Santo Tomás de Aquino explica que o pecado é um desequilíbrio. Nós, seres humanos, devemos encaminhar-nos rumo a um fim ou objetivo, para o qual fomos feitos. O fim último é viver uma união total com Deus, que nos fez, e um objetivo importante para que alcancemos esse fim é amarmos nossos irmãos e irmãs, também feitos à imagem de Deus. Afastarmo-nos de Deus e dos outros, da maneira que for, é uma distorção radical de quem somos e de para onde estamos indo. Normalmente, não é só uma questão de darmos as costas ou de nos afastarmos de Deus. Encontramos substitutos, na forma de coisas ou prazeres criados, finitos, pensando ou esperando que com isso nos sentiremos realizados e felizes. Essa explicação é o motivo de Santo Tomás chamar o pecado de desequilíbrio. Podemos dizer também que o desequilíbrio consiste em desequilibrar nossos amores, pois estaríamos amando uma outra coisa além de nosso Deus. O único modo de alcançar a felicidade é-nos empenhando em alcançar o objetivo que Deus estipulou para nós, a saber, amá-lo e amar nossos irmãos e irmãs.

O pecado mortal destrói o amor em nossos corações que, no *Catecismo*, é chamado de graça santificadora (CIC, § 1861). O pecado moral afasta-nos de Deus, que é nosso fim último, e, em conseqüência, afasta-nos da felicidade eterna (CIC, § 1855). Para que ocorra um desequilíbrio tão radical, devem ser atendidas três condições: o objeto ou alvo de nossa conduta deve ser grave; devemos escolher com pleno conhecimento de causa o que estamos fazendo; devemos consentir deliberadamente com a conduta (CIC, § 1857). Alguns exemplos de gravidade na matéria estão citados no Decálogo e incluem todas as formas de assassinato direto de inocentes, adultério, roubo, falso testemunho, fraude ou adulteração e a não observância do dia consagrado ao Senhor. O Papa João Paulo II, em sua encíclica *Veritatis Splendor*, acrescenta muitos outros tipos de condutas graves que, se forem escolhidas com conhecimento de causa e de forma deliberada, certamente serão incluídas na categoria dos pecados mortais como, por exemplo, a eutanásia, a escravidão, o aborto, as condições degradantes de trabalho e a tortura (§ 80).

Por outro lado, o pecado venial compromete ou enfraquece a caridade em nossos corações. Também enfraquece as virtudes, mas não nos afasta de nosso Deus. Claro que um pecado pode levar a outro e que, com o tempo, o que começou pequeno poderá lentamente ir crescendo e terminar como algo sério. Apossar-se de pequenas quantias, divulgar informações desonrosas sobre outras pessoas, pequenas explosões de raiva e pensamentos descontrolados acerca de outras pessoas podem, enfim, encaminhar-se a questões graves. Talvez os bispos americanos tenham oferecido uma descrição criteriosa do pecado em sua carta pastoral *Viver em Jesus Cristo: reflexão pastoral sobre a vida moral* (1977). Concluem o texto afirmando que o pecado pessoal é diferente de uma falha ou limitação inevitável, porque é um espírito de egoísmo em nossos corações e vontades, que declara guerra ao plano de Deus para a nossa realização e felicidade. Trata-se de uma rejeição, parcial ou total, do papel que temos como filhos de Deus e integrantes do povo de Deus, uma rejeição da condição de filho ou filha de Deus, do amor e da vida (*Viver em Jesus Cristo*, § 5).

PECADOS FORMAIS E MATERIAIS

Existe uma outra distinção ente tipos de pecados que talvez não seja conhecida por sua terminologia teórica, mas, esperamos, deve ser conhecida por suas conseqüências práticas. Estamos falando daquilo que, tradicionalmente, tem sido chamado de pecados materiais e formais. Os pecados materiais são aqueles que violam a ordem moral. Por exemplo, a prostituição é uma violação da ordem natural, porque a manifestação sexual genital está reservada para o casamento e não para a praça pública. Podemos fazer um julgamento do ato em si e dizer que materialmente é pecado. Viola a ordem moral e induz a erro. Já o pecado formal depende de um julgamento subjetivo a respeito da culpa da pessoa que executa determinada ação. Voltando ao nosso exemplo, alguém que tenha visitado cidades onde é grande a miséria e tenha visto mulheres com fome e crianças doentes pensaria duas vezes antes de atribuir culpa ou recriminar aquela que se voltou para a prostituição a fim de sobreviver. Essa reserva de julgamento não se destina a negar o pecado material da prostituição, mas sim a dar ouvidos às palavras do Senhor, que nos advertia a não julgar e condenar os outros (Jo 8,1-11).

É sempre crucial lembrar que é muito mais fácil chamar uma conduta de má (pecado material) do que fazer o julgamento de que foi cometido um pecado formal, implicando assim sua culpa. Como no caso do pecado original, o uso da expressão "pecado material" é só um uso análogo do termo "pecado", uma vez que o pecado formal que envolve o conhecimento da pessoa e sua liberdade de ação é, estritamente falando, o único pecado real. Em outras palavras, você tem de saber e conhecer livremente o que está fazendo; caso contrário, não está pecando. O *Catecismo da Igreja Católica* observa sabiamente que, embora possamos julgar, após uma análise cuidadosa, que um ato é em si um mal grave, devemos deixar o julgamento da culpa pessoal apenas para Deus (CIC, § 1861). O Papa João Paulo II lembra que "tanto na teologia moral como na prática pastoral, temos contato constante com casos em que um ato que é grave em sua substância não constitui um pecado mortal, dada a ausência de um pleno conhecimento ou do consentimento deliberado por parte da pessoa que o executou" (*Veritatis Splendor*, § 70).

Se acharmos difícil separar, de um lado, nosso julgamento sobre os atos de uma outra pessoa e, de outro, nosso julgamento da própria pessoa, basta lembrarmos das traves que bloqueiam nossa visão para sermos menos críti-

PECADO: A TRAIÇÃO DA LIBERDADE

cos a respeito dos ciscos nos olhos dos outros (Mt 7,1-5). É um ponto-cego comum de muitos católicos não reconhecerem o quanto é sério divulgar intrigas e difamar o nome de uma pessoa. Mesmo que os fatos e deficiências da outra pessoa, alvo das fofocas, sejam verdadeiros, cometemos assim o pecado material da difamação. E, se os fatos e deficiências forem falsos, chamamos o pecado material de "calúnia". Quantos de nós pecamos materialmente dessa maneira, sem ter consciência de que se trata de uma questão grave, que exige reparação, conforme a ordem da justiça? Assim que temos consciência de sua gravidade, e assim que tomamos consciência do que estamos fazendo, revelar faltas e deficiências dos outros a quem não precisa saber dessas coisas pode perfeitamente deixar de ser um de nossos pecados materiais para se tornar um pecado formal.

PECADOS DE COMISSÃO E OMISSÃO

Pecados não são apenas os atos que cometemos, mas também os atos que não realizamos. Assim, sempre fazemos uma distinção entre pecados de comissão e omissão. Em geral, podemos dizer que os pecados de comissão são mais sérios porque existe a tentativa deliberada de causar mal. Entretanto, a mesma intenção poderia existir naquela pessoa que se recusa a fazer alguma coisa. Os pecados de comissão, então, referem-se a atos que a pessoa executa e que contêm os elementos necessários a um ato plenamente humano, ou seja, conhecimento suficiente e pleno consentimento da vontade. Esses atos poderiam ser justificadamente chamados de pecados, pecados de comissão.

Por outro lado, as Escrituras falam de modo contundente dos pecados de omissão, com a famosa cena do último julgamento, em Mateus 25,31-46, em que os carneiros e cabritos são separados. Os cabritos são condenados por atos que não executaram. O que não fizeram? Não alimentaram os famintos, nem deram de beber aos sedentos, nem vestiram os nus, nem sequer visitaram os doentes ou os presos. Nosso "eu confesso", a primeira oração do rito de penitência da Missa, contém "o que fiz e o que deixei de fazer". Devemos imediatamente reconhecer que há boas coisas que deveríamos fazer e evitamos, e que essa decisão ou falta de decisão pode ser um pecado. Da mesma forma agiram o sacerdote e o levita que pecaram, porque não fizeram nada pelo homem que tinha sido roubado e espancado, enquanto ia pelo caminho de Jerusalém a Jericó (Lc 10,25-37). Podemos pecar deixando de agir.

ATITUDES E PENSAMENTOS PECAMINOSOS (CIC, § 1869)

É tentador limitar a nossa consideração do pecado a atos externos, realizados por um agente moral capaz de escolher o que faz, livremente e com conhecimento de causa. Entretanto, atos pecaminosos são executados pelas pessoas e geralmente seus pensamentos, atitudes e opiniões ajudam a explicar os pecados cometidos. Vamos supor que você nota uma série de mudanças numa pessoa que é sua amiga íntima. As primeiras mudanças são detectadas em suas atitudes, no que ela faz, nas palavras que diz e nas atitudes e palavras que omite. Infelizmente, é uma mudança para pior, porque essa amiga se torna altamente crítica em relação a todos os outros. Ela não consegue parar de denegri-los, revelando muitos de seus pontos fracos. Quando antes era generosa, agora se mostra mesquinha. Então nos perguntamos: "O que aconteceu com ela?". Podemos até julgar algumas de suas condutas como pecados materiais.

Ora, embora não seja possível ver o que se passa dentro do coração de uma pessoa, é possível que alguma espécie de deformação tenha-se processado em seu íntimo e que vaze em suas atitudes para com os outros. Talvez esteja entregando-se a pensamentos de inveja, ciúme e vingança. Quer o que os outros têm, fica triste com a sorte de alguém, pensa o tempo todo em revidar e se desforrar. Esses pensamentos podem toldar completamente a visão que a pessoa tem de si e dos outros. Os pensamentos são poderosos e podem ser pecaminosos. Assim como com a ação, o pensamento pode carecer da indispensável dose de informação e liberdade para ser tido como pecaminoso, mas sem dúvida temos a capacidade de escolher deliberadamente permanecer com os pensamentos e atos destrutivos. Esses pensamentos e atos pecaminosos terminarão por se tornar concretos, em algum momento futuro, nas nossas atitudes concretas. Para remediar essa situação, a pessoa deve de vez em quando não só prestar atenção a atos isolados que são pecaminosos, mas também confrontar uma direção ou atitude pecaminosa que tenha decidido adotar ou em que, com o tempo, tenha incorrido. Talvez seja preciso um olhar mais concentrado no espelho para enxergar tanto os pensamentos destrutivos como os atos pecaminosos.

PECADO SOCIAL (CIC, § 1869)

No final dos anos 1960, a teologia cristã desenvolveu uma nova forma de apreciação do fato de que o pecado tem repercussões sociais. Foi levantada a seguinte questão: o pecado pode ser um fenômeno social? Os teólogos começaram a cunhar os termos "pecado social" e "estruturas sociais pecaminosas". De que modo o pecado é social? Como já mencionamos, o pecado de cada pessoa afeta, de alguma maneira, todas as outras e, nessa medida, o pecado é social. Entretanto, alguns pecados podem ser considerados mais diretamente sociais quando são ataques contra nossos semelhantes. Por exemplo, nossa preguiça ou ociosidade particulares certamente afetam aqueles com quem vivemos, mas roubar ou danificar propriedades públicas são pecados com conseqüências sociais mais diretas. A natureza social do pecado se torna ainda mais óbvia quando consideramos os pecados cometidos contra os direitos básicos das comunidades, por exemplo, atos contra a liberdade de religião ou o direito à educação e ao atendimento à saúde.

Até aqui viemos, na realidade, falando das conseqüências naturais do pecado social. O termo "estruturas sociais pecaminosas" desperta a nossa consciência para a natureza social do pecado num nível ainda mais elevado. Vamos traçar um quadro de algumas estruturas sociais pecaminosas e de seu papel no pecado social. Estruturas sociais pecaminosas podem ser identificadas como aquelas instituições políticas que oprimem as pessoas e violam sua dignidade humana; que sufocam a liberdade e promovem as desigualdades. São geralmente o resultado da cobiça de alguma pessoa ou de alguns grupos, de seu egoísmo, ambição e até mesmo de sua crueldade. As estruturas e instituições sociais num país podem defender a discriminação por raça ou religião, incentivar a corrupção e a prática de suborno, eliminando todas as formas de oposição política e mantendo uma parcela da população na mais negra miséria, praticamente em estado de escravidão. Os políticos, a força policial, o judiciário e as forças armadas podem todos estar envolvidos em algum nível. Podemos dizer que essas estruturas e instituições são pecaminosas. São ainda mais insidiosas porque em geral pessoas que parecem bondosas cooperam com elas, embotando sua própria consciência e sensibilidade ou porque em si mesmas as estruturas e atitudes que promovem se tornaram lugar-comum com o passar do tempo, ou porque as pessoas têm medo de se opor ao que está havendo. Quando essas estruturas estão em vigor, é em geral muito difícil modificá-las. Só precisamos pensar no racismo e nas estruturas políticas, religiosas e econômicas, que são capazes de suportar o pecado para percebermos que as falsas visões e atitudes entranhadas nessas estruturas são difíceis de serem abaladas.

O ensinamento da Igreja a respeito do pecado social: assim como nos termos "pecado original" e "pecado material", a expressão "estruturas sociais pecaminosas" usa o termo "pecado" no mesmo sentido. Estritamente falando, estamos dizendo com isso que uma instituição ou estrutura política pode não ter uma vontade ou um conhecimento por parte de um indivíduo só. No fundo, a estrutura ou instituição pecaminosa é de fato o produto de muitos indivíduos e suas vontades e decisões, optando pelo pecado. Em outras palavras, o acúmulo de muitos pecados pessoais pode criar esse monstro injusto e opressor. O Papa João Paulo II enfatizou esse ponto várias vezes, em seu texto sobre o pecado.

> Sempre que a Igreja fala de situações de pecado, ou quando condena como pecados sociais certas situações ou o comportamento coletivo de alguns grupos sociais, grandes ou pequenos, ou até mesmo de nações inteiras e verdadeiros blocos de nações, a Igreja sabe e proclama que esses casos de pecados sociais são o resultado do acúmulo e da concentração de muitos pecados pessoais... A verdadeira responsabilidade, então, reside nos indivíduos (*Exortação Apostólica Reconciliatio et Paenitentia*, § 16).

Assim, temos de determinar se estamos ou não cooperando cegamente com estruturas e instituições causadoras de graves injustiças sociais, e devemos perguntar-nos se existe algum meio de ajudarmos a desmontar o resultado de tantas atitudes e atos pecaminosos acumulados. O Papa João Paulo II lembra-nos de que "todo pecado é pessoal e social por um lado, e todo pecado é social no sentido de que também tem implicações sociais" (*Exortação Apostólica Reconciliatio et Paenitentia*, § 15).

3. Nele há abundante redenção

Este capítulo pode parecer trabalhoso para o leitor, dada a sua pesada ênfase no pecado. Como São Paulo, porém, precisamos ser capazes de confrontar o lado escuro da vida para podermos efetivamente apreciar o que Cristo fez por nós. Em seu primeiro capítulo da Epístola aos Romanos, São Paulo descreve em tons vívidos o pecado humano: "Repletos de toda sorte de injustiça, perversidade, avidez e malícia; cheios de inveja, assassínios, rixas, fraudes e malvadezas;

detratores, caluniadores, inimigos de Deus, insolentes, arrogantes, fanfarrões, engenhosos do mal, rebeldes para com os pais, insensatos, desleais, sem coração nem piedade" (Rm 1,29-31). Felizmente, suas reflexões não terminam com o pecado. À semelhança da brisa fresca que entra e ameniza o calor abafado e sufocante, o versículo 24 do terceiro capítulo dessa Epístola anuncia: "[...] são justificados gratuitamente, por sua graça, em virtude da redenção realizada em Cristo Jesus [...]". A justiça divina se instala na sórdida imagem do pecado humano. O Deus de amor e da fidelidade salvadora é leal a nós, apesar do pecado, e Cristo é a expressão encarnada de sua amorosa fidelidade. Somos reconduzidos ao correto relacionamento com nosso Deus e os outros, por meio da redenção.

O que é a redenção? São Paulo explica a redenção em Romanos 3,24-25: "[...] são justificados gratuitamente, por sua graça, em virtude da redenção realizada em Cristo Jesus: Deus o expôs como instrumento de propiciação, por seu próprio sangue, mediante a fé". Jesus Cristo morre em nome do Pai, para que nos possamos modificar. Esse Deus da fidelidade salvadora e do amor, como o pai do filho pródigo, por intermédio da custosa morte de Jesus Cristo, modifica-nos e nos recebe de volta, mesmo que ainda sejamos pecadores. Esse trabalho maravilhoso acontece mediante a intercessão da graça do Espírito Santo, que nos exime do pecado. Somos salvos do pecado e das suas conseqüências. "Quanto mais, então, agora, justificados por seu sangue, seremos por ele salvos da ira [de Deus]" (Rm 5,9).

4. Conversão: do pecado a Deus, pela graça do Espírito Santo

Nos Evangelhos de Mateus (3,2), Marcos (1,4) e Lucas (3,7), João Batista convoca o povo para que se arrependa e se converta. O termo grego que é efetivamente empregado é *metanóia*. O próprio Jesus proclama: "Não vim chamar os justos, mas sim os pecadores, ao arrependimento [*metanóia*]" (ver Lc 5,32). Desde os episódios narrados nos Evangelhos até os dias de hoje, há inúmeros relatos de conversão. As histórias de conversão, embora diferentes nos detalhes e únicas em termos de cada personagem, têm algo em comum, a saber, são contos sobre a renúncia a algo e a conversão a Deus. Talvez nos venha à mente a vida da mulher flagrada em adultério, que largou a vida de pecados e passou a seguir o Senhor, ou a dramática conversão de São Paulo, narrada por Lucas nos Atos dos Apóstolos: a voz que veio dos céus, a luz que o impedia de ver, sua queda ao chão, a cegueira subseqüente, a viagem até o profeta, a mudança de Saulo em Paulo, a transformação de um perseguidor de cristãos em um apóstolo extraordinário, convocado a pregar a mensagem de Jesus Cristo. Santo Antônio do Egito, fundador do monasticismo, foi tocado pelo Espírito Santo quando ouviu o Evangelho sobre o jovem rico, que era lido na igreja; e muitos de nós conhecemos a história de Santo Agostinho, quando relata sua conversão em suas *Confissões* e salienta o papel das orações de sua mãe em sua luta pela mudança do filho.

Embora seja de natureza pessoal e misteriosa, a conversão é, basicamente, a experiência de viver sem restrições uma relação de amor com Deus. Assim que esse amor for aceito, vemos a vida por uma luz diferente, temos uma nova visão ou perspectiva e agimos de forma diferente. Essa experiência da conversão não é produto do esforço humano; ao contrário, é o trabalho da graça divina, do amor de Deus com que o Espírito Santo nos inundou o coração. É curioso como tantas vezes conseguimos resistir a esse amor, usando de nossa mente e vontade por uma variedade de motivos, mas geralmente devido ao apego a outros bens, contrários ao amor de Deus, ou porque temos um coração desobediente que insiste no que descrevemos como "nossa liberdade". Embora a conversão seja uma pura dádiva de Deus, precisa que os seres humanos cooperem na qualidade de indivíduos livres e inteligentes para que a transformação possa acontecer. É uma dádiva e uma resposta, a superação do medo de se entregar e permitir que Deus trabalhe em nós e nos modifique.

Muitos de nós não vivemos histórias tão sensacionais de conversão como a de São Paulo, mas esse fato não nos deve levar a concluir, equivocadamente, que não nos convertemos e nem que experimentamos um contínuo encaminhamento ao Senhor e afastamento do pecado. Pode ser nos altos e baixos que vivenciamos no dia-a-dia, nas idas e vindas, que sentimos a conversão. O movimento constante rumo a Deus, afastando-nos do pecado, pode ser gradual e silencioso como a plantação que cresce do solo, sem que se registrem quaisquer acontecimentos notáveis. Para alguns indivíduos, a leitura das Escrituras, durante um momento de quietude do dia, ilumina a mente e a torna receptiva à bondade de Deus, enquanto que, para outros, o exemplo dos santos é o que toca o coração.

Os sacramentos da Igreja são momentos especiais dessa conversão, pois é quando, como comunidade de fé, encontramos o poder de cura de Cristo. A graça do Espírito Santo, por intermédio do batismo, tem o poder não só de nos eximir do pecado original, mas também de santificar ou consagrar todo o nosso ser, para que nos tornemos novas criaturas para Deus e para os nossos irmãos e irmãs. No sacramento da reconciliação, podemos tomar consciência de nossas impurezas e pecados, enquanto comunidade, e, assim, buscar a conversão e a reconciliação com Deus e uns com os outros. Admitimos que somos pecadores, no início de cada Eucaristia, no rito da penitência, para podermos realmente celebrar a presença do Senhor e ser nutridos por seu corpo e por seu sangue. A conversão não é só entre eu mesmo e Deus; as outras pessoas na minha vida geralmente me convidam a mudar e me ajudam nisso. Muitas vezes, os obstáculos e padecimentos dos outros agem como um poderoso instrumento de Deus para obter uma conversão. Foi o testemunho de sofrimentos assim, à porta de sua casa, que transformou a vida de Madre Teresa de Calcutá. A conversão é a luta constante para nos tornar "mortos para o pecado e vivos para o Deus, em Cristo Jesus" (Rm 6,11).

5. Conclusão

A cada Quarta-feira de Cinzas, no início da Quaresma, quando as cinzas são aplicadas em nossa testa, são ditas as seguintes palavras: "Afasta-te do pecado e crê na boa nova!". Todo pecado é uma traição da dádiva da liberdade que nos foi concedida pelo nosso Criador. É uma escolha, feita com pleno conhecimento e de livre e espontânea vontade, que destrói ou pelo menos compromete nosso relacionamento com Deus, com os outros e com o nosso verdadeiro ser. Assim como São Paulo, podemos admitir que em geral não fazemos o bem, e sim o mal, que deveríamos evitar. Entretanto, tal como o grande apóstolo, podemos responder à pergunta: "Quem me salvará nesta luta?", com as palavras: "Graças sejam dadas a Deus, por Jesus Cristo, Senhor nosso" (Rm 7,25).

Seção dois

Caminhos até a verdade moral

Introdução

Algumas pessoas sugerem que as três palavras mais difíceis de serem enunciadas são "eu não sei". Talvez você estivesse esperando "eu te amo" ou "eu errei". "Eu não sei" admite as minhas limitações e inadequações, que são coisas duras de se reconhecer. Não obstante, essas podem ser as palavras mais importantes de todas, quando necessitamos da ajuda dos outros.

Quando estudamos a consciência, no capítulo três, notamos que o segundo momento da formação e do exercício da consciência consiste em juntar informações de todas as fontes à nossa disposição, para nos ajudar a elaborar um criterioso julgamento de consciência. Deixar de obter as informações e recomendações dos outros é uma atitude irresponsável e um desserviço à dádiva da consciência que nos foi concedida.

São muitos e variados os recursos para a teologia moral, ou as avenidas até a verdade moral. Para podermos analisar as questões da justiça de um ponto de vista moral, vamos precisar dos conhecimentos especializados de economistas, sociólogos, cientistas políticos e muitos outros, a fim de assimilar o impacto de determinadas questões sobre a vida das pessoas. A psicologia e outras Ciências humanas proporcionam dados sobre a sexualidade, indispensáveis à reflexão moral, justamente porque essas Ciências nos ajudam a compreender o bem humano autêntico. À medida que o progresso da Ciência e da tecnologia aumenta nossas esperanças de mais avanços na medicina, precisamos de informações sólidas dessas áreas para compreender o impacto que têm para a pessoa e, assim, colocarmo-nos em condição de efetuar um julgamento moral consistente. Finalmente, conforme a população da Terra continua aumentando e nos tornamos mais conscientes de nossa responsabilidade como bons guardiões e administradores das muitas dádivas da Criação, devemos dar atenção aos efeitos que nossos esforços desencadeiam sobre a totalidade no meio ambiente. Informações levantadas pelas Ciências, pela demografia e áreas correlatas serão necessárias para podermos avaliar que meios de desenvolvimento respeitam o bem da Criação e quais não o respeitam, priorizando em especial o bem humano.

A Igreja reconhece sua competência e suas limitações no campo científico, mas tem uma palavra importante para essas Ciências também. A Congregação para a Doutrina da Fé escreve, em sua *Instrução Donum Vitae sobre o respeito à vida humana nascente e a dignidade da procriação*: "O *magisterium* da Igreja não intervém, com base numa competência particular, na área das Ciências experimentais, mas, tendo considerado dados obtidos pela pesquisa e pela tecnologia, tem a intenção de apresentar... o ensinamento moral que corresponde à dignidade da pessoa e à sua vocação integral" (*Instrução Donum Vitae sobre o respeito à vida humana nascente e a dignidade da procriação*, "Introdução"). Assim, a Igreja não reivindica uma competência específica em termos de Ciência, mas lembra a todas as suas subdivisões que elas devem colocar-se a serviço da pessoa humana, que as Ciências são mais valiosas quando promovem o "desenvolvimento integral, em benefício de todos, e que não podem, em si mesmas, comprovar o significado da existência e do progresso humano" (*Instrução Donum Vitae sobre o respeito à vida humana nascente e a dignidade da procriação*; ver também *Constituição Pastoral Gaudium et Spes sobre a Igreja no mundo de hoje*, § 35).

Fazemos esses comentários no início da segunda seção deste livro, dedicado às vias de acesso à verdade moral. Não oferecemos, e nem poderíamos oferecer, um tratamento completo e cabal de todos os recursos disponíveis e necessários a uma análise das questões morais. Em vez disso, concentramos nossa atenção em quatro áreas: a tradição moral viva da Igreja católica romana, as Sagradas Escrituras, a lei natural e o *magisterium*, que é o núcleo pedagógico da Igreja.

Todas as reflexões da teologia moral ocorrem dentro do contexto da tradição viva da Igreja católica romana. O capítulo cinco descreve a Tradição como um rio que escorre desde a nascente — Jesus Cristo —, recebendo a verdade e transmitindo-a pelos séculos afora. As verdades são eternas, mas sua expressão sempre se dá em um tempo e lugar específicos, para que possam ser entendidas.

Mas como essas verdades são transmitidas então? Quais sãos os recursos disponíveis de uma geração à outra? A maior referência da teologia moral, naturalmente, é Jesus Cristo, a mais completa revelação de Deus. Em nossa vida litúrgica e devocional ficamos frente a frente com Deus, que nos é revelado em Jesus Cristo.

De todos, o principal lugar da revelação para a comunidade cristã são as Sagradas Escrituras. Nelas podemos captar mais plenamente o que Deus nos

INTRODUÇÃO

convocou a ser e quais são os comportamentos compatíveis com a nossa vocação. O capítulo seis fala das Escrituras como a fonte oficial da formação moral. Elas são interpretadas pelo núcleo pedagógico da Igreja, em cada contexto histórico, e dão continuidade ao incessante desenvolvimento da Tradição. A palavra de Deus inspirada, escrita em determinado contexto histórico, deve ser constantemente reinterpretada para que seja possível ouvi-la sempre atualizada, no mundo contemporâneo.

O pensamento católico romano da teologia moral também tem sido marcado pela confiança depositada na razão, cuja mais plena expressão é a tradição da lei natural. Em termos simples, a lei natural é caracterizada pelo correto raciocínio, em consonância com nossa vocação humana, que consiste em dar e receber amor. O capítulo sete traz um resumo da tradição da lei natural, ligando-a com as Sagradas Escrituras.

Por fim, o capítulo oito descreve a responsabilidade do núcleo pedagógico da Igreja, que interpreta de modo oficial as Sagradas Escrituras para a comunidade eclesiástica. Ele também se vale da tradição da lei natural e analisa as questões morais, oferecendo um ensinamento autorizado à comunidade católica.

Esta segunda seção sobre as avenidas de acesso à verdade moral deve auxiliar-nos na compreensão da revelação, que vamos absorvendo com a tradição moral viva. Essa revelação é absorvida por intermédio de reflexões sobre os documentos normativos das Sagradas Escrituras e dos ensinamentos da Igreja, no diálogo com as contribuições das Ciências, de tal sorte que a tradição moral viva da Igreja católica romana possa continuar desenvolvendo-se em fidelidade a Jesus Cristo e pelo bem da humanidade.

CAPÍTULO CINCO

A TRADIÇÃO CATÓLICA ROMANA

Contam que, durante o Concílio Vaticano I, nos debates sobre as Escrituras e a tradição da Igreja, o Papa Pio IX se voltou para um dos cardeais e disse: "Tradição! Eu sou a tradição!". São feitos apelos freqüentes à "tradição" e à "tradição viva" pela teologia católica romana e por sua teologia moral. De fato, a importância dada à Tradição, assim como às Escrituras, é tida como um sinal distintivo da Igreja católica. Como a Tradição é uma fonte importante de nosso conhecimento moral, vamos tratar desse tópico neste capítulo.

1. O que é Tradição?

Muitas comunidades apelam a suas tradições, como fonte de significado, direcionamento moral e orientação. A tradição pode ser entendida como uma estrutura fundamental da vida social e humana. Pode ser vista como a base de várias culturas em todo o mundo, ao longo de toda a história. Geralmente, o eixo central da tradição advém do que é concebido como uma fonte divina ou, pelo menos, uma fonte oficial, considerada a autoridade máxima. Pode ser constatada nos mitos dos povos, no modo como as pessoas agem, falam e têm seus cultos, secundados por textos sagrados, rituais e sua liturgia. A tradição também se expressa na maneira como as pessoas pensam e acreditam, auxiliadas pelos preceitos e doutrinas. Na realidade, a tradição tem a ver com a transmissão do significado da vida; em geral, diz respeito às questões essenciais, entre elas, como ser feliz, quem é Deus, o que causa o sofrimento e as punições, como ser salvo, como se perder. As tradições, portanto, são um guia de vida, um mapa para se atravessar o difícil território do viver, sobreviver e até mesmo prosperar, com significado e propósito. O mapa, o guia, é normativo, ou seja, pode dizer-nos o que devemos e não devemos fazer. Tem autoridade e, por isso, geralmente desenvolvemos instituições que preservem o cerne da tradição, que respeitem e façam respeitar sua autoridade, e que monitorem o que se passa dentro e fora da tradição.

A tradição tem totalmente a ver com verdades recebidas e transmitidas, a fim de, por sua vez, serem recebidas e continuarem sendo transmitidas, ao longo das gerações da humanidade. Como um rio que flui por séculos, as tradições têm a mesma fonte, embora possa ter de transportar água por um terreno novo. Estamos falando aqui de uma tradição viva, diferentemente de uma tradição morta, pois, a fim de ser considerada viva, a tradição necessita ser comunicada a novas gerações com suas novas indagações e experiências diferentes. Às vezes, uma tradição viva deve lidar inclusive com crises desestabilizadoras. Naturalmente, o cerne da verdade e da sabedoria de uma tradição deve ser preservado, caso contrário aquela tradição em particular deixaria de existir.

2. A Tradição Cristã segundo o ensinamento católico

A Palavra da Revelação de Deus, quer dizer, a manifestação de Deus e seu plano de salvação para a humanidade, é revelada por meio de Nosso Senhor Jesus Cristo. Segundo o ensinamento católico, a Tradição é uma das fontes dessa revelação divina, juntamente com as Sagradas Escrituras. "A Tradição e as Escrituras constituem um único depósito sagrado da palavra de Deus, confiada à Igreja" (*Constituição dogmática Dei Verbum sobre a Revelação Divina*, § 10; ver também CIC, §§ 80-83). Assim, a Palavra da revelação de Deus é transmitida de geração em geração, por meio das Escrituras e da Tradição. Esta sagrada Tradição inclui tudo o que os apóstolos "receberam, quer da boca do próprio Cristo, de seu estilo de vida e suas obras, quer por terem sido inteirados desse ensinamento por intermédio da intercessão do Espírito Santo" (*Constituição dogmática Dei Verbum sobre a Revelação Divina*, § 7). Os apóstolos transmitiram a Tradição por meio de seus ensinamentos, exemplos e instruções, e a Igreja, por sua vez, mediante seus ensinamentos e cultos, e a vida continua transmitindo a Tradição (CIC, § 173).

3. A "grande" Tradição e as "pequenas" tradições

Os teólogos costumam fazer uma distinção entre a grande Tradição (com "T" maiúsculo) e as pequenas tradições. A Igreja católica tem uma rica e venerável Tradição (com "T" maiúsculo), das grandes afirmações do credo de fé, do credo dos apóstolos e do credo Niceno-Constantinopolitano, passando pelos dogmas da fé, por exemplo, os da Imaculada Concepção e da Assunção de Maria aos Céus, aos ensinamentos dos concílios ecumênicos. Essa Tradição não é separada das Escrituras; é parte implícita da mensagem do Evangelho, mesmo que tenham sido necessários vários séculos para que essa parte da mensagem do Evangelho se movesse dos ensinamentos e credos implícitos para os ensinamentos e credos explícitos. "Fluindo da mesma nascente divina, ambas se fundem, por assim dizer, e rumam para o mesmo fim" (*Constituição Dogmática Dei Verbum sobre a Revelação Divina*, § 9).

Juntamente com o que podemos descrever como a Tradição da "Palavra de Deus" (Tradição com "T" maiúsculo), quer dizer, a Tradição como parte da mensagem do Evangelho de Jesus, também se desenvolveram, na Igreja, várias outras tradições (com "t" minúsculo"). Essas crenças ou práticas específicas são mantidas em determinadas regiões ou por alguns grupos étnicos da Igreja. Tocar e beijar as estátuas de Jesus, Maria e os santos podem ser uma prática antiga de algumas igrejas, um complemento das orações e da devoção, mas essa prática hoje não pode ser mais igualada à "Tradição" da Palavra de Deus, que faz parte da deposição da fé. Às vezes, essas tradições surgem, mudam e desaparecem; às vezes, precisam passar por mudanças, ser refinadas ou até mesmo deixar de existir.

4. A Tradição moral católica

Quando se trata das preocupações específicas de quem somos chamados a ser em Cristo e do que deveríamos fazer em resposta ao convite de Cristo, voltamo-nos para a nossa tradição moral. Aqueles que são conhecidos como Padres Apostólicos são mais próximos, em termos temporais, dos ensinamentos morais do Novo Testamento. Os escritos desses Padres contêm um verdadeiro tesouro para a catequese moral (ou instrução na fé), por exemplo, a *Carta de Pseudo-Barrabás*, a *Carta de Clemente de Roma*, cartas de Inácio de Antioquia, a *Carta aos Filipenses* de Policarpo de Esmirna, o autor anônimo do *Pastor de Hermas*, e o *Didaqué*, antigo livro de instruções essenciais para cristãos. Temos também os grandes Apologistas, Justino (d. 165), Irineu de Lyon (c. 130-c. 200), Tertuliano (c. 150-c. 240), Orígenes (c. 185-c. 254) e Clemente de Alexandria (c. 150-c. 211). O ensinamento moral também prosperou nos grandes movimentos monásticos, tanto no Oriente como no Ocidente. Pensamos aqui em Santo Basílio de Cesaréia (330-379), seu irmão, Gregório de Nissa (c. 336-c. 395), e Santo Antônio do Egito, pai do monasticismo ocidental e cuja vida foi narrada por Santo Atanásio (c. 295-c. 373). Desses primeiros autores, assim como de inúmeras outras fontes, a Tradição moral da Igreja continua a fluir até o presente, com a nossa atual geração de fiéis.

Vamos pegar apenas um único exemplo da Tradição moral católica, a saber, ajudar as pessoas a lidar com a dimensão pecaminosa de sua vida e com o efeito da cura do pecado, sobre o indivíduo e a comunidade. O capítulo sobre o pecado, neste livro, é testemunho dos séculos de reflexão dedicada a essa dimensão da vida cristã em nossa Tradição. Começando com os ensinamentos do Antigo Testamento (a Expulsão de Adão e Eva, entre outros textos) e do Novo Testamento (por exemplo, a história do Filho Pródigo), a Igreja desenvolveu mais um pouco seus ensinamentos sobre o pecado por ocasião do sínodo de Cartago (228 d.C.). São Cipriano, bispo de Cartago, teve de lidar com um problema particular da Igreja. O que deveria ser feito com os cristãos que, movidos pelo medo de serem perseguidos, tinham negado sua fé? Será que esse pecado poderia ser perdoado e que esses cristãos poderiam valer-se do perdão de Deus e ser acolhidos de volta ao seio da comunidade? Essas indagações causaram grande discórdia entre os membros da Igreja e foi necessário refletir de novo sobre a misericórdia divina e a mensagem do Evangelho. Com o tempo, foram desenvolvidas práticas de boas-vindas aos apóstatas e outros que teriam cometido os graves pecados do homicídio, adultério e da idolatria, contra a Igreja, ensejando-lhes assim uma experiência direta do perdão de Deus. O mundo celta, com suas extensas comunidades monásticas, também contribuiu para a luta do povo contra o pecado e sua busca do perdão, recorrendo a confissões repetidas.

Por intermédio das reflexões de mestres teólogos como Santo Agostinho (345-430) e Santo Tomás de Aquino na Idade Média (1225-1274), que contrastaram pecados e virtudes, elevadas a sua plenitude pela graça do Espírito Santo e pelas Beatitudes, a Igreja continuava refletindo sobre as experiências e conseqüências do pecado e os métodos curativos e suas conseqüências. Mais recentemente, foi dado um destaque maior às dimensões sociais do pecado, como exemplificado nas palavras do Papa Paulo VI, citadas na introdução do *Rito da Penitência*: "Graças ao mistério oculto e amoroso dos desígnios de Deus, os homens são unidos por laços de solidariedade sobrenatural, de tal sorte que o pecado de um prejudica tanto os outros quanto a virtude de um beneficia os outros" (*Rito da penitência,* "Introdução", § 5).

Evidentemente, esse exemplo não é senão um dos casos da Tradição moral católica, transmitida geração após geração ao longo dos séculos. Se fôssemos relacionar os tópicos da santidade da vida humana, da dádiva da sexualidade humana, do chamado a cuidar dos pobres, ao lado de tantos outros aspectos de nossa vida moral, continuaríamos a nos espantar diante da sabedoria que se pode encontrar na Tradição.

Embora este pequeno volume se refira constantemente a alguns dos gigantes da Tradição moral católica — Santo Agostinho, Santo Tomás e Santo Afonso de Ligório — assim como aos ensinamentos dos grandes Concílios da Igreja, dos papas e dos teólogos, também reconhecemos que a Tradição Católica pode ser encontrada e transmitida por muitos meios diferentes que não os tratados, os dogmas e o pensamento teológico formal. A maneira como as pessoas rezam e cultuam, sua vida devocional, seus sentimentos, crenças e esperanças, são todos canais por meio dos quais a Tradição Católica continua difundindo-se. Esta sensibilidade dos fiéis à verdadeira crença e à verdadeira moralidade tem um nome técnico no ensinamento católico: *sensus fidei* ou senso de fé. O Concílio Vaticano II pregava que "o corpo todo dos fiéis que receberam uma unção que vem do sagrado... não pode estar enganado quanto à sua crença. Isso demonstra tal característica por meio do senso sobrenatural da fé (*sensus fidei*) do povo inteiro quando... manifesta um consenso universal em questões de fé e moral" (*Constituição Dogmática Lumen Gentium sobre a Igreja,* § 12). Naturalmente, esse senso de fé é orientado pelos ensinamentos da Igreja. Quando se trata de pessoas que transmitiram a Tradição, algumas podem ter sido reconhecidas pela Igreja como santos canonizados, outras talvez só sejam conhecidas por seus familiares, amigos e a comunidade de sua igreja local, mas todas podem ser portadoras de nossa grande Tradição. O processo de transmitir a Tradição é um trabalho da Igreja inteira, como diz um teólogo: "Essa transmissão ocorre toda vez que um pai cateqiza um filho, toda vez que a liturgia é celebrada e o Evangelho é proclamado, sempre que os valores do Evangelho são ratificados nos hábitos profissionais e nas atitudes dos cristãos no seu local de trabalho" (*Ensinando com autoridade,* 78). De maneira semelhante, podemos usar as palavras do Concílio Vaticano II a respeito da transmissão da Tradição:

Isto se dá por meio da contemplação e do estudo dos fiéis que ponderam sobre tais coisas no íntimo de seus corações... Advém da percepção profunda de realidades espirituais que experimentam em seu interior. E da pregação daqueles que, alçando-se ao cargo de bispos, receberam o seguro carisma da verdade (*Constituição Dogmática Dei Verbum sobre a Revelação Divina*, § 8).

5. A Tradição moral viva

A Tradição Católica não é apenas uma coleção de percepções ou acontecimentos históricos do passado a serem recordados. Em vez disso, trata-se de uma realidade viva e prenhe de informações para nós agora, no decorrer de sua evolução através dos séculos. O Concílio Vaticano II nos ensinou explicitamente que a nossa Tradição Católica se desenvolve. "A Tradição que vem dos apóstolos progride na Igreja, com a ajuda do Espírito Santo. Há um aumento no entendimento das realidades e palavras que estão sendo transmitidas" (*Constituição Dogmática Dei Verbum sobre a Revelação Divina*, § 8). Duas encíclicas recentes da Igreja também salientam a importância e o desenvolvimento da tradição moral. A primeira, *Veritatis Splendor*, fala de um aprofundamento "constante" do conhecimento no que tange à moralidade (§ 4, nota de rodapé 8), e de como a reflexão moral da Igreja se tornou a teologia moral. "O papel da teologia moral consiste em levar a Tradição viva a um contato com os modos de pensamento e sentimento de diferentes culturas" (*Veritatis Splendor*, § 29).

Na encíclica intitulada *Centesimus Annus*, o Papa João Paulo II também se refere ao grande tesouro da Tradição da Igreja que contém o que é antigo, recebido e transmitido, desde o princípio de tudo, e que nos permite interpretar as coisas novas em meio às quais se desenrola a vida da Igreja e o mundo. O papa se refere às atividades de milhares de pessoas ao longo do tempo, que levaram absolutamente a sério o ensinamento da Igreja, em especial na área da justiça social, e assim enriqueceram a Tradição, a vida da fé e a sociedade em que vivem (*Centesimus Annus*, § 3). É digno de nota que a fiel e frutífera atividade das pessoas seja capaz de enriquecer nossa Tradição e ser transmitida por ela. Aliás, na relação do Concílio Vaticano II com as maneiras pelas quais o Espírito Santo continua promovendo o crescimento da Igreja na verdade, o papel dos fiéis precede o das pregações dos bispos.

A Tradição Católica Romana

Tradicionalismo e entusiasmo

Os seres humanos têm a tendência de serem atraídos pelos extremos, na vida e na fé. Talvez esses extremos pareçam menos complicados ou mais bem definidos, mas em geral são enganosos. Quando uma tradição está irrevogavelmente ligada ao passado, no sentido de que não pode incorporar nem lidar com as realidades e questões presentes, ou se, de fato, uma tradição pretende que essas realidades simplesmente não existam, temos uma situação que chamamos de "tradicionalismo". Nessas circunstâncias, não há espaço para o desenvolvimento ou o aprofundamento da tradição. Talvez o tradicionalismo se baseie no pressuposto de que os seres humanos podem dominar a verdade e oferecer-lhe uma expressão cabal, de uma vez por todas, e que não temos mais nada a aprender. Com essa espécie de mentalidade, a tradição se torna algo morto em vez de uma realidade viva da Igreja e de sua fé. Por outro lado, certos entusiastas poderiam dizer que sua tradição é uma espécie de processo evolutivo radical, dentro do qual o passado deve ser continuamente deixado para trás. Nessa mentalidade, às vezes chamada de "modernismo", só os entendimentos contemporâneos são vistos como válidos, enquanto as experiências e reflexões passadas sobre a fé têm de ser abandonadas, mesmo que isso signifique deixar de lado o cerne da tradição e mudar até mesmo sua identidade. Acerca da tradição, a Igreja adota uma perspectiva mais equilibrada e dotada de nuances, ao constatar que a comunicação e a transmissão das verdades cristãs podem tanto preservar a deposição da fé como, ao mesmo tempo, acender novas indagações e despertar novas percepções, por intermédio da Igreja viva, que se mantém alerta aos tempos e culturas atuais.

Imagens da Tradição

Alguns autores usaram as imagens da pedreira, da esponja e do prisma para garantir que levemos devidamente em conta todas as dimensões do conceito de uma Tradição viva. A imagem da pedreira destaca o aspecto do fiel que cava em busca do que já está lá, o tesouro da Tradição enterrado e a salvo, que só carece ser continuamente escavado e trazido à tona. Usando essa imagem, exploramos o veio das riquezas da longa Tradição Católica. Usando a metáfora da esponja, que é um organismo vivo, e que absorve e guarda o que é nutritivo, expelindo o que não tem serventia, vemos a Tradição viva como a assimilação das preocupações atuais e das questões, do conhecimento e da cultura de hoje. Esses

125

destaques e realidades, com o tempo, tornam-se parte da vida da Igreja. A Tradição viva desenvolve-se absorvendo as contribuições de milhares de nutrientes e descartando tudo que é desnecessário.

O prisma nos permite ver a luz por diferentes perspectivas, quer dizer, a mesma luz é vista em seus reflexos numa variedade de ângulos. Assim, a luz da Tradição viva pode refletir-se na teologia e na experiência da fé de nossos irmãos orientais da Igreja católica, ou nas grandes escolas de teologia moral ligadas a determinados santos e suas ordens ou congregações específicas, por exemplo, Santo Tomás de Aquino e os dominicanos, São Boaventura (1221-1274) e os franciscanos, Santo Afonso de Ligório (1696-1787) e os redentoristas, e Juan Azor, o professor jesuíta de Roma (1536-1603) e os jesuítas.

Todas essas imagens tentam expressar o fato de que a Tradição moral católica molda, ilumina, sustenta e dá sentido à vida moral e é transmitida por meio da Igreja viva. Essa tarefa recai no âmbito dos ensinamentos oficiais da Igreja, nas pregações dos sucessores dos apóstolos, os bispos (que chamamos de *magisterium*), assim como nas comunidades de crentes em todos os séculos, fiéis ao ensinamento de Cristo e seus apóstolos.

6. Conclusão: Tradição, a busca da sabedoria

Um dos mais influentes teólogos morais do século passado, Padre Bernard Häring, certa vez descreveu a tradição moral como um rio de vida e verdade que escorre sob a orientação do Espírito Santo, que introduz cada geração, em seu próprio contexto histórico dinâmico, a uma grande verdade de Jesus Cristo. Às vezes, devemos esforçar-nos para achar a verdade que está sendo transmitida pela Tradição moral católica. Esse foi exatamente o caso, recente, quando testemunhamos os últimos avanços da medicina e da genética. Esse esforço, entretanto, não deve abalar a nossa confiança na Tradição, e sim instigar-nos a enfrentar o desafio de permitir que nossa grande tradição moral continue transmitindo sabedoria. Ouçamos as encorajadoras palavras do Concílio Vaticano II:

A Igreja é guardiã da deposição da palavra de Deus e dela extrai seus princípios religiosos e morais, mas nem sempre tem uma resposta pronta para todas as perguntas. Mesmo assim, a Igreja se empenha ao máximo para associar a luz da revelação com a experiência da humanidade, em sua iniciativa de tentar esclarecer o curso de ação que recentemente tomou (*Constituição Pastoral Gaudium et Spes sobre a Igreja no mundo de hoje*, § 33).

Este *Manual Prático de Moral* reflete a Tradição moral católica, valendo-se da luz da revelação e da rica experiência de muitas e muitas pessoas que refletiram sobre a fé e viveram em função dela. Certamente, este volume não esgota o assunto da Tradição moral católica, nem deveria fazê-lo, assim como não lhe é possível tal façanha, pois é o mistério da fé que nos possui e não nós que o restringimos ao possuí-lo.

Capítulo seis

As Sagradas Escrituras: A alma da teologia moral

As Sagradas Escrituras são tradicionalmente consideradas a fonte oficial de formação, inspiração e instrução moral da humanidade, expressando de várias maneiras a vontade de Deus acerca do que deveríamos ser e fazer. "Toda Escritura é inspirada por Deus e útil para instruir, para refutar, para corrigir, para educar na justiça, a fim de que o homem de Deus seja perfeito, qualificado para toda boa obra" (2Tm 3,16). O Concílio Vaticano II, na realidade, recomendou que as Escrituras devem ser a alma de toda a teologia (*Decreto Optatam Totius sobre a formação dos sacerdotes*, § 16). Assim, embora em termos gerais a moralidade se ocupe da preservação e do fomento daqueles parâmetros que foram considerados necessários ao bem-estar e desenvolvimento dos seres humanos, e embora tente fornecer diretrizes e significado para a vida de cada pessoa, a moralidade cristã oriunda da fé religiosa em Jesus, como Filho de Deus e tal como o revelam as Escrituras, tem algo especial a oferecer. De que forma o nosso Salvador, crucificado e ressuscitado, revelado pelas Escrituras, influi em nossas condutas morais e em quem somos chamados a ser?

1. As Escrituras nos convocam para coisas maiores

A primeira coisa a ser dita é que o Novo Testamento nos exorta a ser sagrados. "Tornai-vos, pois, imitadores de Deus, como filhos amados, e andai em amor, assim como Cristo também nos amou" (Ef 5,1-2). A preocupação fundamental não é apenas discernir o que é permitido e o que é proibido. Em vez disso, a preocupação essencial das Escrituras, em termos de moralidade, é exortar as pessoas a ser e fazer mais do que o mínimo. As Escrituras oferecem encorajamento às pessoas, para que caminhem rumo à santidade cristã e vivam como Cristo viveu, imitando sua liberdade de coração, seu amor pelos pobres, sua castidade, bondade e compaixão. Em outras palavras, as Escrituras nos convocam a fazer mais do que simplesmente evitar certos comportamentos ou até mesmo nos satisfazer com as condutas que não prejudicam ninguém. As Escrituras nos fazem indagar: "O que levará à plenitude cristã e o que fará aumentar o amor e a esperança na comunidade cristã?". O documento *Optatam Totius* sobre a formação dos sacerdotes, apresentado pelo Concílio Vaticano II, convocava para uma renovação de todas as disciplinas teológicas. Falando de teologia moral, esse documento dizia que essa disciplina deveria consultar mais extensamente as Escrituras e falar às pessoas de sua exaltada vocação como seguidoras de Cristo, salientando sua obrigação de praticar a caridade em benefício da vida do mundo (*Decreto Optatam Totius sobre a formação dos sacerdotes*, § 16). Naturalmente, só podemos formular essa questão tão ampla e produzir o fruto da caridade se houvermos experimentado o amor de Deus.

2. As Escrituras: base do amor respondendo ao amor

A Palavra de Deus nos revela que somos amados por Deus. Seu amor por nós é tanto que ele enviou seu Filho único para redimir a humanidade e morrer por nossos pecados. Essa realidade é a base da vida moral cristã. Assim que acreditarmos em sua realidade, quer dizer, isto é assim, Deus realmente me ama em Cristo, então a mesma Palavra de Deus nos convoca ou exorta a responder. Ela declara seu imperativo: "Seja isto e faça aquilo". Essa idéia parece muito simples: ouça, medite e ore, baseando-se nos muitos textos das Escrituras que revelam que todas as pessoas são preciosas a Deus. Podemos voltar-nos para o profeta Isaías e ler que Deus já nos conhece desde o ventre de nossa mãe, que somos preciosos para ele, que estamos esculpidos na palma de sua mão (Is 49,15-16). Podemos atentar para as palavras de Jesus, por exemplo, quando diz que todos os cabelos em nossa cabeça foram contados (Mt 10,30), ou meditar sobre a suprema prova do amor, a morte de Jesus na cruz. Ao saber dessa boa nova, nós também devemos estudar as Escrituras e ver como é que devemos responder Àquele que nos ama. Nossa reação está em nos tornarmos certo tipo de pessoa, agindo de uma determinada maneira. Ordens importantes, na Palavra de Deus, são dadas a respeito do tipo de caráter que devemos formar e do tipo de condutas que devemos realizar. Entretanto, essas ordens vêm como uma resposta ao amor de Deus. "Nisto consiste o amor: não fomos nós que amamos a Deus, mas ele quem nos amou" (1Jn 4,10). Santo Agostinho sabia dessa verdade milenar quando nos perguntou se o amor provoca a obediência aos mandamentos, ou se é a obediência aos mandamentos que provoca o amor. Em outras palavras, o que é mais fundamental? Ele responde sua própria pergunta. Não havia nele a menor dúvida de que o amor vinha primeiro, pois aquele que não ama não tem um motivo real para obedecer aos mandamentos. Feitos à imagem de Deus, redimidos pelo amor de Cristo, somos convocados a levar uma vida "digna do Evangelho de Cristo" (Fl 1,27). Tornamo-nos capazes de responder porque o amor de Cristo, pelo Espírito Santo, derramou-se em nossos corações (Rm 8). Assim, podemos ser "imitadores de Deus, como filhos amados, e andar em amor" (Ef 5,1-2).

3. As Escrituras: catequese do duplo mandamento (CIC, §§ 1822-1832)

Quer indaguemos "o que fazer para herdar a vida eterna" (Lc 10,25) ou "qual é o primeiro de todos os mandamentos?" (Mt 22,36, Mc 12,28), os Evangelhos dão a mesma resposta: o duplo mandamento de amar a Deus e amar o próximo como a si mesmo. Esses grandes mandamentos são o resumo da lei e dos profetas (Mt 22,34-40), o primeiro e o segundo mandamentos (Mc 12,28-34), os meios para a vida eterna (Lc 10,25-28). Na realidade, é de fato um novo mandamento quando somos solicitados a amar os outros como Jesus nos amou (Jo 13,34). Amar a Deus e aos nossos irmãos é a melhor resposta do cristão ao amor todo-abrangente e misericordioso de Deus (Jo 13,34). Quem é o meu irmão? Qualquer pessoa necessitada: o faminto, o nu, o enfermo, o prisioneiro (Mt 25,34-46). Naturalmente, também a minha família, meus amigos, meus colegas de trabalho, os membros da minha comunidade de fé e, sim, meus inimigos e perseguidores (Lc 6,35-36). Como é que eu vou poder saber o tipo de amor que o meu irmão quer? "Tudo aquilo, portanto, que quereis que os homens vos façam, fazei-o vós a eles, pois esta é a Lei e os Profetas" (Mt 7,12). Esse amor, caracterizado pela misericórdia, deve vir antes até do sacrifício heróico e devocional a Deus de nosso tempo e energia: "Misericórdia é que eu quero e não sacrifício" (Mt 12,7); "deixe a tua oferta ali diante do altar e vá primeiro reconciliar-te com o teu irmão" (Mt 5,24). Manter nossos olhos focados no duplo mandamento impede-nos de desenvolver cisões de personalidade, quando se trata de amar a Deus e, não obstante, não nos incomodar com as necessidades de nossos semelhantes. (Será mais fácil amar a Deus, que não podemos ver, do que o nosso próximo, que podemos ver?)

São Paulo explica o que o amor é e o que não é, em seu famoso texto em 1 Coríntios 13,4-8: "O amor é paciente; o amor presta serviço; o amor é sem inveja; não se vangloria, nem se enche de orgulho. Não age com baixeza, não é interesseiro; não se irrita, não leva em conta o mal recebido. Não se alegra com a injustiça, mas se compraz com a verdade. Tudo suporta, tudo crê, tudo espera, tudo vence. O amor jamais se enfraquece".

Refletindo sobre esse texto e tornando-o o alicerce de suas preces, o patrono da teologia moral, Santo Afonso de Ligório, oferece os seguintes comentários sobre a prática do amor cristão, em seu trabalho *A prática do amor de Jesus Cristo*.

"O amor é paciente." Sendo cristãos, devemos solicitar em vez de exigir. Se precisamos corrigir alguém, devemos fazê-lo com firmeza mas não dureza, pois sempre devemos deixar com o outro uma palavra de delicadeza, de bondade, especialmente após uma discórdia ou uma discussão mais acalorada. São a solicitude e a bondade que transformam alguém, não acusações. Precisamos praticar a solicitude também conosco. Ficarmos intensamente aborrecidos com nossas próprias falhas e deficiências é uma forma de orgulho. Como será possível sermos prestativos em relação aos outros quando não somos generosos nem conosco? Nossa generosidade deve estender-se em especial aos pobres, doentes e àqueles de quem não gostamos.

"O amor é sem inveja." A inveja pecaminosa se ressente do talento e das posses materiais dos outros. Um teste certeiro para detectar a inveja, segundo o santo, é perceber se conseguimos alegrar-nos com o bem que os outros fazem, ou reparar se sentimos a mesma satisfação que teríamos caso tivéssemos sido nós a fazer o bem. Devemos invejar apenas aqueles que amam mais que nós. Esta é uma inveja sagrada.

"O amor não se vangloria." A pessoa humilde de coração sabe que todos os talentos e realizações resultam das generosas dádivas de Deus. Quem é orgulhoso de coração termina caindo no fim, porque só conta consigo mesmo. Por mais fortes que possamos parecer, precisamos lembrar-nos, continuamente, de

que contamos com a força que vem do Senhor. Se nos ofendemos por qualquer coisinha e somos tão melindrosos com respeito aos comentários das pessoas, Santo Afonso sugere que foi porque nos tornamos bambus ocos, facilmente esmagados, ou como porcos-espinhos, que eriçam os espinhos, e só porque nossa caridade não foi depurada da contaminação pelo orgulho.

"O amor não se incha de orgulho." Elogiar-se é uma forma débil de cumprimento, e a ambição desmedida tolda o verdadeiro amor cristão. O santo recomenda o conselho de São Paulo: "Com humildade, julgando cada um os outros superiores a si mesmo" (Fl 2,3).

"O amor nunca é egoísta." O amor por nós mesmos pode impedir que amemos a Deus, nosso Senhor, de todo o coração. Isso não quer dizer que não deveríamos ter um respeito saudável por nós, ao lado do apreço pelas dádivas de nosso Deus. Pelo contrário, quer dizer que devemos manter certo distanciamento do desejo de que as coisas aconteçam sempre do nosso modo, ocorrendo no momento e no lugar que queremos. Se perdermos o respeito, o reconhecimento, a fortuna, a posição social e até mesmo a saúde, perderemos também, então, a fé em Deus porque a vida não está indo conforme tínhamos planejado?

"O amor não se irrita e nem leva em conta o mal recebido." Santo Afonso nos alerta para os perigos de sermos excessivamente sensíveis às palavras, idéias e atitudes dos outros; cabe evitar enxergar ofensas em cada esquina. Ele diz que "algumas pessoas pensam que merecem honrarias proporcionais ao seu próprio orgulho!". Será que conseguimos aceitar correções razoáveis e admitir que cometemos erros ou deixamos que essas experiências nos tornem vingativos e zangados? Há modos práticos de mantermos a paz; de direcionarmos nossos pensamentos para coisas de mais importância, de nos voltarmos para Deus com uma prece curta, lembrando-nos de que tudo está passando e de que o fogo da vingatividade não aliviará o aguilhão da ofensa.

"O amor se compraz com a verdade." Aqui, o médico das orações, Santo Afonso, lembra-nos de que toda santidade consiste em fazer a vontade de Deus. A vontade de Deus é a fonte de nossa verdade e nos proporciona regozijo e paz. Devemos ter em mente que a vontade geral de Deus para nos é que sejamos salvos, que possamos desabrochar como seres humanos. Em nossas orações, a única pergunta que devemos formular reiteradamente é: "Senhor, o que quer que eu faça?".

"O amor está sempre pronto a desculpar e a confiar." Será que conseguimos compreender as limitações e os erros dos outros ou nos mostramos perfeccio-

nistas unilaterais, no sentido de esperarmos a perfeição dos outros, mas não de nós mesmos? Confiemos na mensagem do Evangelho, cuja essência são as beatitudes, e a felicidade será nossa, se trilharmos o caminho de Cristo.

"O amor está sempre pronto a esperar." É quando confiamos na bondade e na providência divina que nossas fraquezas pessoais deixam de pesar e que desenvolvemos a sensação de sermos capazes de fazer tudo aquilo que nos fortalece. Essa espécie de confiança inspira uma sensação de calma.

"O amor está pronto para suportar tudo o que acontecer." As provas aparecem sob muitos disfarces. Nosso comentarista ao texto dos Coríntios estreita seu foco aqui, quando cita as provas da tentação. Não devemos permitir que as tentações nos obriguem a reverter ao nosso antigo ser, ao ser descrente que fomos antes, desprovido de amor e de esperança. A tentação não tem de nos inquietar, pois "Deus é fiel; não permitirá que sejamos tentados acima das nossas forças" (1Cor 10,13). Assim como a água estagnada se torna inútil, da mesma maneira a pessoa que vive sem lutas e tentações pode tornar-se estagnada em razão de uma noção exagerada de suas próprias virtudes. Pode instalar-se certa presunção.

Esta análise do chamado ao amor, baseada num texto de São Paulo, e as reflexões de um santo nos preparam para o ponto máximo do ensinamento moral do Novo Testamento. Comecemos com uma catequese das beatitudes.

4. As Escrituras: catequese das beatitudes (CIC, §§ 1716-1724)

As beatitudes retratam o semblante de Jesus Cristo e descrevem sua caridade. Expressam a vocação do fiel associada com a glória de sua Paixão e Ressurreição. Lançam luz sobre as ações e atitudes características da vida cristã (CIC, § 1717). Santo Agostinho, no início da vida da Igreja, refletiu sobre o papel central das beatitudes para a vida moral cristã, em seus sermões e em seu comentário ao Sermão da Montanha, conforme narrado no Evangelho de São Mateus. Seus comentários são claros e aplicáveis a todo cristão.

"Abençoados os pobres de espírito, pois deles é o Reino dos Céus." "O que isso quer dizer?", pergunta Santo Agostinho. Simplesmente o seguinte: as pessoas

inflacionadas com o próprio orgulho não têm o coração humilde de Cristo e não podem, portanto, usufruir do Reino dos Céus.

"Abençoados os mansos, pois herdarão a terra." Se você não é fraco, então, em vez de possuir a terra, a terra o possuirá. A avareza estenderá suas sombras sobre tudo o que a terra oferece, em vez de você estender sua proteção aos necessitados. Pesquise as Escrituras para encontrar seus tesouros, aconselha Santo Agostinho, em lugar de escarafunchar a terra e os outros em busca de suas riquezas. Esta beatitude nos desafia a redefinir as nossas prioridades para podermos encontrar a verdadeira felicidade.

"Abençoados os enlutados, pois serão consolados." A conversão a Jesus Cristo envolve certa entrega. Deixamos para trás e, às vezes, perdemos coisas de que costumávamos cuidar por serem preciosas. Essa entrega pode levar-nos a um sentimento de luto, tal como a perda de uma pessoa falecida. A promessa é que seremos consolados e não nos sentiremos desolados. O Espírito Santo, o Consolador, virá a nós.

"Abençoados os famintos e sedentos de justiça, pois serão satisfeitos." Os corretos relacionamentos proporcionam a verdadeira satisfação ao coração humano, uma satisfação duradoura. Nosso verdadeiro alimento é cumprir a vontade de Deus, e a vontade de Deus para nós é que nos coloquemos em corretos relacionamentos com ele, com os outros, com nós mesmos e toda a Criação.

"Abençoados os misericordiosos, pois receberão misericórdia." Santo Agostinho nos lembra de que precisamos de misericórdia e que somos pedintes. Da mesma maneira como tratamos os pedintes, também Deus nos tratará. Aja com misericórdia em relação aos outros e que Deus possa agir com misericórdia em relação a nós.

"Abençoados os puros de coração, pois estes verão a Deus." Podemos estar agoniados para ver Deus, mas, a menos que tenhamos meios para isso, nosso desejo serão vão. Santo Agostinho usa a imagem de uma pessoa que deseja ver o nascer do Sol, mas está com os olhos turvos de sono. Nessas condições, você pode desejar com todo o coração, mas nunca poderá enxergar toda a beleza do novo dia. Assim é com aquele que deseja ver a Deus. O meio para isso é o coração puro e para ter um coração puro é preciso purificá-lo pela fé (At 15,9). Que espécie de fé é necessária? Uma fé que aja pela caridade (Gl 5,6) e resguarde a simplicidade no coração.

"Abençoados os pacificadores, pois serão chamados de filhos de Deus." Para controlar as nossas paixões ou para domar nossas emoções mais acaloradas da raiva

e do medo, para que possamos usá-las de maneira positiva, cultivemos a paz em nós e assim poderemos construir o Reino de Deus.

"Abençoados os perseguidos em nome da justiça, pois deles é o Reino dos Céus." Para Santo Agostinho, esta bem-aventurança nos devolve ao princípio em que Cristo também nos promete o Reino dos Céus quando somos pobres de espírito. A vida abençoada daqueles que existem conforme as beatitudes não pode ser dominada nem atacada por quaisquer tribulações que ocorram, pois estas são enfrentadas com firmeza de ânimo, que supera as tentações, ensejando a esperança, e a nossa esperança nunca nos abandonará (Rm 3–5).

Naturalmente, as beatitudes são apenas uma parte do Sermão da Montanha, justificadamente chamado de "a carta-patente da vida cristã". O Sermão traduz os ensinamentos essenciais de Jesus sobre a justiça. Esta parte específica do Sermão desenvolve cinco dos preceitos do Decálogo, recorrendo a um contraste vívido: "Você soube que disseram... mas eu digo para você". Aqui, Jesus explica a justiça, mas não num nível mínimo de ação exterior. Ele desce ao coração da matéria e inclui o exame de nossos pensamentos mais secretos, de tal modo que a justiça possa se revelar inclusive no amor pelos inimigos e no esforço de ser perfeito e misericordioso, tal como o Pai celestial é perfeito (Mt 5,39.44.48).

5. As Escrituras: catequese das virtudes humanas (morais) (CIC, §§ 1803-1809)

O *Catecismo da Igreja Católica* refere-se a uma catequese das virtudes humanas que nos permite apreender a beleza e a atração exercida pelas corretas disposições direcionadas à bondade. O bom caráter se baseia na aquisição de virtudes, quer dizer, em certas disposições do desejo, sentimento, pensamento e ato que encaminham à excelência, ao desabrochar humano. "Finalmente, irmãos, ocupai-vos de tudo que é verdadeiro, nobre, justo, puro, amável, honroso, virtuoso ou que de qualquer modo mereça louvor" (Fl 4,8).

Teríamos nas Escrituras instruções sobre a natureza e a aquisição dessas virtudes humanas? Consideremos a virtude da fortaleza de ânimo ou coragem, quer dizer, a virtude moral que permite aos seres humanos perseguirem o bem, com firmeza e constância, mesmo que o caminho seja forrado de dificuldades (CIC, § 1808). A coragem impulsiona a pessoa a desejar, sentir, pensar e agir de uma maneira que não é nem tímida, nem desatinada. "Quem buscar sua vida a perderá e quem perder sua vida a encontrará." Poderíamos dizer que essa afirmação de Jesus nos oferece um entendimento moral do que são o caráter e a virtude, ou seja, que sempre existe uma tensão em qualquer tomada de decisão ou ação, entre (1) o mundo da segurança e dos controles, o território conhecido, e (2) o desconhecido, o mundo da insegurança e a coragem necessária para alguém correr riscos. O Evangelho nos instrui a sermos corajosos, mas acrescenta uma nuance especial. "Aquele que perder a vida por mim a encontrará." Somos exortados a correr o risco e a ter coragem pelo bem dele e com sua ajuda. Talvez nos venha à lembrança Jesus gritando para os apóstolos, em meio ao mar tempestuoso: "Coragem, sou eu".

Em contraste com essa coragem do Evangelho, o escritor George Eliot retrata da seguinte maneira um personagem em *Middlemarch*: "A alma dele era sensível sem ser entusiasmada, lânguida demais para se excitar com algo além da consciência de si mesma e se entregar a um enlevo apaixonado, sobrevoando alvoroçada o charco onde tinha sido incubada, pensando em suas asas, mas sem jamais voar". Em seu *Retrato de uma dama*, Henry James oferece-nos o relato de certo Gilbert Osmond, sujeito muito decidido e definitivamente corajoso. "Uma mente mais engenhosa, dócil, educada e treinada em artes admiráveis ela nunca havia conhecido. Por baixo de toda essa cultura, entretanto, estendia-se seu egoísmo, oculto como uma serpente entre as flores." Ao que parece, a coragem não é suficiente para uma vida moral integrada.

Outras virtudes também se fazem presentes na pessoa moralmente madura. Mais uma vez, podemos recorrer às Escrituras para nos orientar. "Revesti-vos de sentimentos de compaixão, de bondade, humildade, mansidão, longanimidade [...]" (Cl 3,12-14). Na realidade, embora possamos falar das virtudes naturais como atributos diferentes das virtudes teológicas da fé, esperança e caridade, que são infundidas e se originam na graça de Cristo, assim que começamos a acreditar a Palavra de Deus transforma ou aprofunda o nosso conhecimento filosófico das assim-chamadas virtudes humanas e as desenvolve mais além de nossos pensamentos e esperanças humanas desassistidas.

6. As Escrituras: história à qual pertencemos

As virtudes — por exemplo — morais da prudência, justiça, fortaleza de ânimo, temperança e a capacidade de sentir compaixão são muitas vezes retratadas em histórias, imagens e parábolas nas Sagradas Escrituras. Alguns teólogos sustentam que a pessoa só pode saber o que ela deve ser e fazer se puder responder a uma questão anterior: "A que história ou histórias eu pertenço?". A história da criação, a história do êxodo, a história da vida de Cristo, sua paixão, morte e ressurreição, e inclusive as histórias que ele contou sobre o Bom Samaritano, o Filho Pródigo, o Servo Rancoroso, e a Ovelha e os Bodes são todas narrativas excepcionais às quais pertencemos. A educação e a formação moral não são apenas o conhecimento de um conjunto de princípios morais para uso em momentos de decisão sobre questões de teor moral; geralmente, são uma tentativa de descobrir o próprio caminho em meio aos contratempos, tragédias e desafios da vida, por meio das virtudes que, por sua vez, advêm de um mapa da tradição ou história cristã viva. Com que freqüência os católicos extraíram coragem da vida da Mãe de Deus, conforme é descrita nas Escrituras: o convite ou a convocação para ser a Mãe de Deus, o medo e o questionamento que esse convite provocou, a tranqüilização enviada por Deus por intermédio do arcanjo Gabriel, a aceitação do chamado pela fé, todas as tentações e provações, o imenso sofrimento e a bem-aventurança de acreditar firmemente e experimentar a realização de todas as promessas que o Senhor nos fez. Assim, quando as Escrituras nos contam a história de Israel e a história de Jesus, somos levados para o cerne dessas narrativas. Os feitos salvadores do passado tornam-se presentes em nós, de maneira eficaz.

Assim como as grandes narrativas, também encontramos anedotas ou parábolas menores que, muitas vezes, têm a incomparável habilidade de abalar as nossas suposições cotidianas, suposições que costumam estar erradas, senão vejamos a parábola do último contratado para trabalhar e que recebe o mesmo soldo daquele que tinha labutado ao Sol, desde o começo da jornada (Mt 20,1-16); ou a história de Marta, que está fazendo todo o trabalho, enquanto parece que Maria teria escolhido a melhor parte (Lc 10,38-42); e a declaração de que aos que já têm será dado mais e aos que têm pouco lhes será tirado até o pouco que têm, assim como a de que os últimos serão os primeiros e estes, os últimos (Mt 19,30).

Todas as grandes e pequenas narrativas, juntamente com as parábolas, estão incluídas no contexto da aliança de Deus com seu povo. Agora, trataremos dos mandamentos, que são a manifestação das expectativas dessa aliança com Deus.

7. Os Dez Mandamentos das Sagradas Escrituras (CIC, §§ 2052-2550)

O termo "decálogo" significa, literalmente, "dez palavras" (Êx 34,28; Dt 4,13; 10,4). Esse termo também é usado nos Dez Mandamentos que, de maneira especial, são um presente de Deus e uma manifestação da providência divina, transmitida à humanidade nos livros do Êxodo e Deuteronômio. No Novo Testamento, quando o jovem perguntou a Jesus o que ele devia fazer de bom para ter a vida eterna, Jesus citou os mandamentos relativos ao amor pelo semelhante (Mt 19,16-19): "Não matarás, não adulterarás, não roubarás, não levantarás falso testemunho; honrarás pai e mãe". Estes são conhecidos como os mandamentos sociais, aos quais Jesus deu muita ênfase. Embora os primeiros três se refiram ao amor por Deus e os outros sete digam respeito ao amor pelo próximo, todos os dez são dados e devem ser entendidos no contexto da aliança. A encíclica papal sobre a vida moral, *Veritatis Splendor*, afirma que o Decálogo exige de nós mais do que a mera obediência; requer uma resposta de fé e amor ao que é a dádiva de sabedoria, bondade e santidade de Deus.

Aqui, devemos mencionar expressamente um ponto sobre a bondade. Todos temos uma natural inclinação para a bondade; é como uma propensão essencial. Buscamos e fazemos o que é bom, não por um sentimento primário de obrigação, mas por sermos atraídos para o bem. O que é bom nos atrai e motiva a responder no amor. Qual é a diferença entre considerarmos o Decálogo basicamente não como uma lista de mandamentos ou proibições de caráter negativo ao qual devemos responder por obrigação, mas sim como uma expressão da bondade e dos cuidados de Deus por nós? Neste caso, os mandamentos são atraentes e nos oferecem meios para adotarmos a bondade que, por sua vez, nos proporcionarão alegria de viver. Quando dizemos que os Dez Mandamentos são uma parte essencial da lei de Deus para nós, estamos realmente entendendo a lei em sentido bíblico, ou seja, como manifestação das expectativas e exigências de um correto relacionamento com Deus e os outros. A sabedoria que os Dez Mandamentos oferecem corresponde, de fato, aos nossos mais profundos anseios pela bondade e a verdade. Assim, não deveria surpreender-nos que a Tradição da Igreja tenha reconhecido e salientado a importância dos Dez Mandamentos para a vida moral do fiel.

Embora a divisão e numeração dos mandamentos tenham variado ao longo da história, este capítulo adota a divisão encontrada no *Catecismo da Igreja Católica*, divisão estabelecida por Santo Agostinho.

PRIMEIRO MANDAMENTO

> *"Eu sou Iahweh teu Deus, que te fez sair da terra do Egito, da casa da escravidão. Não terás outros deuses diante de mim. Não farás para ti imagem esculpida de nada que se assemelhe ao que existe lá em cima, nos Céus, ou embaixo na terra, ou nas águas que estão debaixo da terra. Não te prostrarás diante desses deuses e não os servirás"* (Êx 20,2-5; cf. Dt 5,6-9).

Observamos que o primeiro mandamento começa chamando nossa atenção para a natureza de Deus. Nosso Deus nos resgata, salva e é cheio de misericórdia. Assim, desde o princípio do Decálogo, devemos compreender que é inútil ir em busca de outras fontes de resgate e salvação para nós. Apenas nosso Deus é todo-poderoso, misericordioso e infinitamente benévolo. Decorre disso que devemos ter uma fé completa apenas em Deus, colocando nele a nossa esperança e respondendo com amor a Deus que nos fez a sua imagem. Essa forma de reconhecimento de Deus se expressa em adoração. "Adorarás o Senhor teu Deus, e só a ele servirás." Essas são as palavras de Jesus, no Livro do Deuteronômio. Nossa adoração é praticada em orações de louvor, agradecimento, pedidos de intercessão e súplicas. Reconhecemos verdadeiramente a misericórdia de Deus sendo misericordiosos e compassivos para com os outros. Deus exige esse sacrifício da misericórdia: "Misericórdia é que eu quero, e não sacrifício" (Mt 9,13; 12,7; ver também Os 6,6).

SEGUNDO MANDAMENTO

> *"Não pronunciarás em vão o nome de Iahweh teu Deus"* (Êx 20,7; Dt 5,11).

Nós temos apenas de considerar as inúmeras maneiras pelas quais nos podemos prejudicar uns aos outros, ridicularizando-nos e difamando-nos, para constatar que o modo como nos referimos ao nome de alguém ou o empregamos indica o tipo de relacionamento que temos com essa pessoa e quanta consideração ela nos inspira. Usar uma outra pessoa, por meio de seu nome, como alvo de piadas ou manifestação de ódio é um ato de destruição. Acontece o mesmo com o nome de Deus. Se nossa língua pronuncia o nome de Deus com desrespeito ou com a intenção de convencer alguém de uma coisa que, no fundo, é uma mentira, quer dizer, prestando um falso testemunho, estamos realmente dizendo para nós mesmos e os outros que nossa relação com Deus não é importante e que Deus pode ser usado simplesmente para promover os nossos próprios interesses. Embora o uso ofensivo do nome de Deus, Maria ou dos santos possa não ser intencional e resulte apenas de maus hábitos, devemos lembrar que esse tipo de desrespeito, correta ou incorretamente, pode muito bem indicar que essas pessoas sagradas não merecem respeito.

TERCEIRO MANDAMENTO

"Lembra-te do dia do sábado para santificá-lo. Trabalharás durante seis dias e farás toda a tua obra. O sétimo dia, porém, é o sábado de Iahweh teu Deus. Não farás nenhum trabalho" (Êx 20,8-10; cf. Dt 5,12-15).

Um teólogo moral contemporâneo sugere que esse mandamento nos forma e encoraja a descansar, celebrar e nos reunir (James Keenan, *Mandamentos da compaixão*, Sheed e Ward, 1999, 15). É muito interessante saber que este mandamento era usado nos primeiros tempos da Igreja (no século VI) para banir o trabalho servil, de modo que os servos pudessem ter tempo de celebrar o Dia do Senhor por meio da Eucaristia. A tentação, atualmente, é não reconhecer as nossas limitações pessoais, a nossa necessidade de descanso para nos reunir e ficarmos juntos em família, e como uma comunidade de fé em adoração. Dedicar tempo e energia ao cuidado de familiares e parentes pode ser muito difícil nos outros dias apressados da semana. Para manter a tradição das boas obras em prol dos doentes e idosos, aos domingos, é preciso fazermos um intervalo em nossa rotina diária. O *Catecismo da Igreja Católica* chega até a se referir ao dia santo como um dia de protesto contra a servidão do trabalho e a adoração do dinheiro (CIC, § 2172). Naturalmente, para os cristãos, a celebração do Dia da Ressurreição, o Dia do Senhor, é domingo, o primeiro dia após o *sabbath* dos judeus. A celebração dominical da Eucaristia satisfaz o mandamento moral da

Antiga Aliança e dá prosseguimento à prática da assembléia cristã, datada dos primórdios da era apostólica. Esse é o dia sagrado mais importante da Igreja universal (CIC, §§ 2177-2178).

QUARTO MANDAMENTO

"Honra teu pai e tua mãe" (Êx 20,12; Dt 5,16).

Este quarto mandamento é geralmente chamado de a abertura da segunda parte do Decálogo, o que quer dizer que agora começamos a considerar nosso amor pelo próximo, no âmbito da caridade. Nossa primeira reação é nos relacionar com esse mandamento como filhos, honrando e obedecendo nossos pais. Afinal, foram nossos pais que nos deram a vida e, freqüentemente, ensinaram-nos a ter fé. Claro que há outras formas de demonstrar honra, além de obedecer. O pai ou a mãe podem não se sentir especialmente honrados, se tudo que seus filhos lhes oferecem é obediência. Além disso, os pais merecem ser honrados pelos filhos muito depois de estes terem deixado a infância para trás. Passarmos algum tempo uns com os outros, demonstrar afeto e interesse, expressar gratidão e fazer o esforço de conhecer nossos pais e nos inteirar de sua história de lutas e vitórias é realmente demonstrar honra e respeito por eles. É isso que constitui a vida familiar cristã, essa comunidade essencial de fé, esperança e amor. Ninguém duvida de que nossa experiência em família e nossa atitude com relação a ela estabelecem os alicerces da vida e do bem-estar da sociedade. Assim, esse mandamento tem conseqüências de longo alcance para a moralidade, a cooperação e a segurança pública.

QUINTO MANDAMENTO

"Não matarás" (Êx 20,13; cf. Dt 5,17).

Este mandamento se refere à nossa inclinação natural para preservar a vida e à fonte divina dessa inclinação. O *Catecismo da Igreja Católica* começa sua reflexão sobre esse mandamento com uma citação de um documento da Igreja chamado *Instrução Donum Vitae sobre o respeito à vida humana nascente e a dignidade da procriação.*

A vida humana é sagrada porque, desde o começo, envolve um ato criativo de Deus e permanece para sempre num relacionamento especial com o Criador, que é seu único fim. Deus apenas é o Senhor da vida, desde o começo até o fim: ninguém, sob quaisquer circunstâncias, pode arrogar-se diretamente o direito de destruir uma vida humana inocente (*Instrução Donum Vitae sobre o respeito à vida humana nascente e a dignidade da procriação*, "Introdução", § 5).

Evidentemente, um mandamento sobre a vida em si atinge uma ampla gama de aspectos morais, incluindo atos intencionais de homicídio, aborto, eutanásia, guerra, autoproteção, o respeito pela saúde e pela necessidade de sua manutenção, assim como o respeito pela integridade corporal (o que inclui atos tais como seqüestro, controle de reféns, terrorismo, mutilações, tortura e esterilizações diretas) e o respeito pela integridade espiritual da pessoa como um todo, que inclui evitar escândalos. Como afirmamos desde o começo, nossa vida é um reflexo da vida de Deus; somos feitos à sua imagem e recebemos a dádiva da vida. Nesse contexto, essas proibições fazem sentido para o católico praticante. Retornaremos a muitos desses tópicos específicos, em maiores detalhes, no capítulo sobre bioética.

SEXTO MANDAMENTO

"Não cometerás adultério" (Êx 20,14; Dt 5,18).

Temos corpo e somos sexuais. É por intermédio do corpo humano e da sexualidade que sentimos, que nos comunicamos, que nos relacionamos e expressamos amor e comprometimento. Assim, não deveria surpreender-nos um mandamento dedicado especificamente a um componente tão fundamental. As atitudes relativas ao nosso corpo e sexualidade afetam diversos aspectos de nossa vida, maturidade e fé. Na qualidade de cristãos, esforçamo-nos para ser virtuosos nesta área de nossa humanidade. "Castidade significa a integração bem-sucedida da sexualidade no íntimo da pessoa e, com isso, a união interior do homem com seu ser corporal e seu ser espiritual" (CIC, § 2327). Assim definidos, todos os homens e mulheres, casados, solteiros, sacerdotes ou religiosos, são convocados à virtude da castidade; e é para essa virtude positiva que o sexto mandamento nos direciona.

Embora esse mandamento pareça focalizar a vida conjugal, tratando das pessoas que juraram fidelidade uma à outra, na realidade diz respeito a todos nós. Na vida casada, uma parte do juramento feito ao outro envolve partilhar do corpo do outro, pois o corpo pode expressar muito em termos do relacionamento e do compromisso. Atitudes e atos dirigidos ao nosso corpo e ao corpo de outras pessoas atingem a própria essência de nossa identidade, de nossos relacionamentos, vínculos afetivos, compromissos e de nosso amor por Deus. Esse mandamento dá testemunho do fato de que os seres humanos devem valorizar, apreciar e respeitar a sua própria dignidade e a dos outros, como seres sexuais e corporais. As agressões à castidade listadas no *Catecismo* incluem luxúria, masturbação, fornicação, pornografia, prostituição, contracepção artificial, atos homossexuais e infidelidade conjugal (CIC, §§ 2351-2400).

SÉTIMO MANDAMENTO

"Não roubarás" (Êx 20,15; Dt 5,19).

Assim como devemos respeitar as pessoas, devemos respeitar os bens alheios. Esse mandamento existe porque esses bens, fruto do trabalho de homens e mulheres, proporcionam segurança à vida humana, constantemente ameaçada pela pobreza e a violência (CIC, § 2402). Embora essa provisão básica seja verdadeira, o cristão não deve perder de vista o fato de que Deus fez o mundo e suas riquezas não apenas para uns poucos, mas para todos os seres humanos. Essa visão suscita a questão da justiça e da eqüidade. Trabalhamos para providenciar alimento, abrigo e muitos outros bens para nós e nossas famílias, mas também temos a responsabilidade de promover o bem de toda a família humana. Este aspecto da vida cristã costuma ser geralmente esquecido ou convenientemente ignorado. Tem-se dito que o ensinamento social da Igreja é um dos segredos mais bem guardados, o que quer dizer que os católicos são em geral muito conscientes dos ensinamentos da Igreja sobre sexualidade e liturgia, mas muito ignorantes da sabedoria das reflexões da Igreja sobre justiça e eqüidade.

O desrespeito pelos bens alheios e também pelo direito natural de termos o que é básico na vida se expressa de muitas maneiras. Há furtos simples, fraudes nos negócios, pagamento de salários injustos, desleixo no trabalho, sonegação de impostos, falsificações, desperdício, dívidas não pagas, recusa a restituir ao dono bens roubados, e manipulação injusta do mercado comercial. Ainda hoje há pessoas sendo vendidas

As Sagradas Escrituras: a alma da teologia moral

como escravas, acorrentadas a máquinas em locais inóspitos, e vivendo em países assolados por dívidas. As Escrituras nos dizem que, na realidade, são os pobres, os "*anawim*", a viúva, o órfão, o pária, o estrangeiro, que são os favoritos de Deus. O *Catecismo da Igreja Católica* também inclui neste mandamento o bem-estar dos animais e do nosso meio ambiente (CIC, §§ 2415-2418). Em muitas partes do mundo, o consumismo e a cobiça têm sido a causa da dissolução de relacionamentos corretos, criando um novo deus moldado pela humanidade sôfrega.

OITAVO MANDAMENTO

"Não apresentarás um falso testemunho contra o teu próximo" (Êx 20,16; cf. Dt 5,20).

O oitavo mandamento assegura que sempre existe espaço para que a verdade possa ser contada e ouvida. Santo Tomás sabiamente concluiu que podemos pecar, nesta área, ao não revelar em medida suficiente o que é verdade e revelar em excesso o que não se sabe se é. A primeira possibilidade inclui mentiras deliberadas, falso testemunho em audiências judiciais, perjúrio sob juramento e calúnia, ou seja, comentários contrários à verdade que prejudicam a reputação e o bom nome de alguém. A outra inclui difamação e a exposição, sem razão válida e suficiente, das falhas e deficiências de alguém para terceiros que desconhecem a pessoa criticada. Todos nós temos de lidar diariamente com coisas comuns, como intrigas e exageros, e não tanto com o pecado de revelar segredos nacionais ou cometer atos de perjúrio. Ao "abandonar a mentira", devemos rejeitar "toda maldade, mentira, todas as formas de hipocrisia e de inveja e toda maledicência" (Ef 4,25; 1Pd 2,1; cf. CIC, § 2475). Mesmo que as falhas sejam verdadeiras, nem todos têm de se inteirar delas. As pessoas têm direito à privacidade em seus assuntos diários e mais ainda quando se deve esperar dos profissionais que pratiquem a confidencialidade. Será que estamos abertos a ouvir a verdade ou a nossa audição está seletivamente bloqueada, afastando tudo que abale nossos preconceitos e pressuposições? Incentivamos os outros a falar a verdade ou com nossas atitudes recriminatórias e ares de superioridade impedimos que muitas histórias sejam contadas e muitas verdades ouvidas? Em escala maior, os meios de comunicação de massa têm a alta responsabilidade de revelar ou não revelar o que é verdade, assim como os governos podem ser considerados responsáveis por alardear ou falsificar a verdade.

MANUAL PRÁTICO DE MORAL

NONO MANDAMENTO

"Não desejarás a mulher do próximo" (Êx 20,17).

A cupidez se refere aos nossos desejos, àquelas coisas pelas quais realmente ansiamos. Que grande diferença nossos desejos fazem em nossa vida, em nosso estado mental e em nossa vida espiritual! Não é difícil lembrar de desejos intensos que nos deixaram felizes, frustrados, impacientes ou decepcionados. É bom desejar algumas coisas, mas isso pode não apenas causar forte instabilidade em nossa vida moral como ainda conter o elemento do pecado, conforme o nosso desejo de certas coisas. Geralmente, relacionamos nossos desejos com uma imagem do coração, porque eles vêm de uma parte mais funda do nosso ser e de nossas emoções. Podemos amar de todo o coração, mas também "é do coração que procedem más intenções, assassínios, adultérios, prostituições, roubos, falsos testemunhos e difamações" (Mt 15,19). Segundo a tradição da catequese católica, o nono mandamento dedica atenção à concupiscência carnal (CIC, § 2514). Podemos pensar no marido ou na esposa que começam a direcionar seu desejo para o cônjuge de outra pessoa, concentrando nesse outro seu desejo e energia, que não são mais dirigidos àquela pessoa com quem se comprometeram. Essas atitudes terão conseqüências não só para o relacionamento fundamental do casamento, mas também se mostrarão destrutivas para o relacionamento da outra pessoa. O que desejamos é importante. Quantas pessoas jogaram fora relacionamentos fundamentais e de importância vital em nome de desejos e paixões fugazes. Esse mandamento lembra-nos de que não são apenas nossas condutas visíveis que pertencem à vida moral; os anseios e desejos do coração revelam onde está nosso tesouro (Mt 6,21). "Eu, porém, vos digo: todo aquele que olha para uma mulher com desejo libidinoso já cometeu adultério com ela em seu coração" (Mt 5,28). Assim parece que os desejos podem arrastar uma pessoa, levando-a a contrariar o bem, tanto quanto qualquer ato externo.

DÉCIMO MANDAMENTO

*"Não cobiçarás a casa do teu próximo..., nem o seu boi,
nem o seu jumento, nem coisa alguma que pertença
a teu próximo"* (Êx 20,17; Dt 5,21).

146

Você já viu alguém que nunca está contente com o que tem? "Ah, se eu tivesse isto ou aquilo então eu seria feliz." Somos capazes de passar tanto tempo querendo coisas que, na realidade, nunca apreciamos aquilo que já temos. O coração humano, em lugar de expressar gratidão, pode ser devorado pelo vício da inveja. A inveja é um traço humano estranho: consiste em nos sentirmos realmente tristes ao ver ou pensar nas coisas boas de uma outra pessoa, o que nos leva ao desejo de adquiri-las para nós. A inveja pode inclusive chegar ao ponto de desejar que o outro se prejudique para que as coisas dele fiquem conosco.

Não nos limitamos a invejar as pessoas pelas coisas que elas possuem. Poder, posição, prestígio e talento também podem ser objeto de inveja. A pessoa pode tornar-se tão obcecada com as coisas que cobiça, com o desejo de acumular bens sem limites, que todos os seus pensamentos e atos são dominados por essa motivação. Esse último mandamento nos pede que consideremos a fonte de nossa verdadeira satisfação. Também nos leva a parar e perguntar qual é a causa da insatisfação, e se alguém mais tem riquezas, bens materiais, poder ou prestígio que realmente nos tragam contentamento. Talvez então possamos concluir que o nosso coração precisa mirar o Senhor, dando graças por tudo aquilo que já temos.

8. As Escrituras como lente e fonte de motivação

Em nossas reflexões sobre o Decálogo, consideramos em grande medida o teor ético, quer dizer, as coisas que devem ou não devem ser feitas. Como mencionamos antes, entretanto, as Escrituras nos oferecem mais do que simples diretivas para agir do modo certo, evitando o que é errado.

As Escrituras apresentam-nos uma maneira peculiar de ver ou interpretar o mundo. Por exemplo, consideramo-nos como irmãos e irmãs em Cristo. Os não-cristãos e ateus podem ter outra atitude. Vemos a Criação e o nosso semelhante como sagrados, porque tudo é uma dádiva de Deus, que nos confiou todas as coisas para cuidarmos delas, não para termos poder sobre elas. À luz da paixão de Cristo, de sua morte e ressurreição, vemos o sofrimento como um lugar em que pode surgir uma nova luz. Assim, as Escrituras e sua interpretação, dentro da Tradição, servem-nos de lente por meio da qual enxergamos a realidade. Além disso, servem-nos de motivação em nossa vida moral.

Quais motivações as Escrituras nos dão para levarmos uma vida moral? Certamente, como já salientamos, a motivação derradeira é a resposta ao amor.

Essa motivação essencial pode revestir-se de outras formas, por exemplo, do desejo de ser como Cristo. Podemos chamar essa forma de ver as Escrituras de "modelo de imitação". Quantos não foram os santos que passaram a vida imitando as virtudes e atitudes de Cristo, porque queriam ser como ele? Também há o que podemos chamar de uma motivação escatológica na interpretação das Escrituras, ou seja, a promessa do Céu ou inferno, da felicidade ou padecimento, na próxima vida. As Escrituras também nos podem motivar, revelando o caminho para a paz e a felicidade nesta vida, se for baseada no Evangelho. Este ponto de vista, nascido das Escrituras, certamente é um aspecto importante da ética cristã, em contraste com a ética secular. As Escrituras podem dar-nos motivação para as coisas que fazemos, para os atos e pensamentos que evitamos, e para quem nos esforçamos para vir a ser. As Escrituras nos forçam a formular a questão fundamental de por que devemos, enfim, levar uma vida moral. Elas são uma fonte poderosa de motivação e inspiração.

9. As Escrituras: fonte de normas formais e materiais

O termo "norma" é usado freqüentemente, mas é raro que nos dediquemos a defini-lo. A tentativa seguinte de oferecer uma definição pode servir como base para uma compreensão mais ampla do que esse termo significa. Norma é um guia de ação que descreve as condutas a serem evitadas como moralmente erradas (proscritas) ou realizadas (prescritas), já que são moralmente corretas. As normas formais, também chamadas normais gerais, relacionam-se com nosso caráter, suas virtudes e vícios. As normas formais não nos dizem, com grandes detalhes concretos, o que deveríamos fazer, mas focalizam o tipo de pessoa que deveríamos nos tornar. Essas normais nos exortam, desafiam e encorajam, para que nos tornemos certo tipo de indivíduo. "Que vosso amor seja sem hipocrisia, detestando o mal e apegado ao bem; com amor fraterno, tendo carinho uns para com os outros, cada um considerando o outro como mais digno de estima. Sede diligentes, sem preguiça, fervorosos de espírito, servindo ao Senhor" (Rm 12,9-13).

Por outro lado, as normas materiais são particulares, comportamentais, específicas e concretas. Alguns exemplos poderiam incluir: não roubar, não fornicar, não matar, não mentir, não se divorciar e casar de novo. Por exemplo, encontramos diretivas concretas sobre o divórcio e um novo casamento nos ditos de Jesus (Mc 10,2-12; Mt 5,32; 19,3-9; Lc 16,18), e nos escritos sobre a fornicação de Paulo (1Cor 7,10-16). Mas algumas dessas normas costumam pedir uma análise mais séria quando se trata de sua aplicação a situações humanas específicas. E se, durante a Segunda Guerra Mundial, você estava vivendo na Europa e, na calada da noite, ouviu as tropas nazistas retirando os judeus em massa de suas casas, enfiando-os nos caminhões e levando-os para os campos de extermínio? Há semanas você está abrigando uma família judia no porão da sua casa. Você ouve uma batida forte e seca em sua porta e um soldado lhe pergunta: "Há algum judeu nesta casa?". Será que o mandamento bíblico para dizer a verdade e não contar mentiras se aplica neste caso? O que fazer com essa norma material específica? Podemos afirmar que as pessoas não têm obrigação de dar todas as informações e que, assim, você não precisa responder à pergunta do oficial alemão. E se esse pedido é seguido de uma ameaça real: "Responda ou sua família será levada"? Será que eu posso responder "Não há judeus nessa casa"? Esse caso ilustra por que a aplicação de normas morais materiais, até mesmo as existentes nas próprias Escrituras, vem servindo há séculos de objeto de discussão pela Tradição moral católica. Talvez a verdadeira pergunta que o soldado me fez foi: "Há, nesta casa, algum judeu que mereça ser levado a um campo de concentração e assassinado?". Entendida por este prisma, minha resposta pode ser muito diferente. Por conseguinte, é preciso levar em conta a complexidade das normas materiais, até mesmo daquelas que se originam nas Escrituras.

Ao refletir sobre o mandamento que proíbe roubar, precisamos primeiro compreender o que realmente é roubar. Não se trata apenas de pegar algo que pertence a outra pessoa. Consiste em se apossar de alguma coisa que pertence por direito a uma pessoa. O doutor da Igreja, Santo Tomás de Aquino, dizia que ninguém tem um direito absoluto à propriedade. Se meus filhos pequenos e eu estamos morrendo de fome, será roubo eu pegar um pouco de comida de uma pessoa muito rica que tem um excesso de provisões estragando nos seus depósitos e que não se dispõe a me dar de bom grado nem uma migalha? "Não matarás" também suscita algumas considerações éticas. Isso quer dizer que nunca devemos matar outro ser humano? Ou, na realidade, significa que nunca devemos matar um ser humano inocente? Mais uma vez, então, toda guerra mata seres humanos inocentes. Portanto, com base em que a nossa Tradição aceita formas legítimas de guerrear? E o que dizer a respeito da pena capital? Essa discussão não pretende negar que encontramos nas Escrituras normas materiais concretas, mas afirmamos que é preciso mais do que simplesmente citar essas normas para descobrir seu significado e aplicação. Novamente, nossa Tradição Católica nos oferece orientação nesses assuntos e uma reflexão teológica constante pode ajudar-nos a desenvolver essa tradição moral.

10. As Escrituras e o fundamentalismo

Um pastor, que queria muito construir uma nova igreja e sofria a oposição de vários paroquianos, escolheu um texto do Antigo Testamento para uma de suas homilias, precisamente no Segundo Livro das Crônicas, quando Deus diz a Salomão: "Construa-me um templo". O pastor achou que essa citação encerraria as discussões, pois já que a Bíblia diz que Deus queria que um templo fosse construído, então Deus também queria que esta nova igreja fosse erguida. Nem é necessário dizer que os paroquianos defendiam uma interpretação e uma aplicação diferentes dessa passagem em particular.

Esta simples anedota ilustra a tentação de resolvermos problemas morais recorrendo a um só mandamento, a uma só frase ou história das Escrituras. O problema dessa abordagem é que o fundamentalismo bíblico (a visão que entende literalmente as palavras das Escrituras) não leva em conta a totalidade do texto sagrado. Será que ainda continuamos obrigados a acatar as proibições de comer mariscos, apedrejar até a morte os flagrados em adultério, e ter as mulheres com a cabeça coberta, na igreja? Devemos analisar essas proibições em seu contexto apropriado. Uma frase bem-humorada que se ouve freqüentemente entre jovens estudantes de teologia é que "um texto sem contexto é pretexto!".

Os fundamentalistas acham muito desconcertantes algumas histórias aparentemente conflitantes, narradas nas Escrituras. Como reconciliar as duas histórias da Criação que constam no Gênesis e quem foi de fato que primeiro deparou com o sepulcro vazio e falou com Jesus? Por que a versão de Mateus para o ensinamento de Jesus sobre o divórcio vem com a adição da cláusula "exceto no caso de adultério", enquanto nos outros evangelistas ela não consta? Será que simplesmente esqueceram ou não sabiam dessa exceção? Além disso, o que quer realmente dizer? Até mesmo a questão central, formulada nos Evangelhos, sobre quem é Jesus Cristo e a confissão de fé de Pedro recebem tratamentos diferentes pelos evangelistas Mateus, Marcos e Lucas.

Sempre existe o perigo de se fazer um uso arbitrário das Escrituras para endossar nossos próprios argumentos ou, inclusive, apoiar nosso viés pessoal a respeito de assuntos morais. Precisamos buscar a orientação, o ensinamento da Igreja e os esclarecimentos dos estudiosos para garantir um uso responsável das Escrituras nas dimensões morais da nossa vida. Como é desconcertante assistir a debatedores, no auge de uma controvérsia moral, arremessar uns contra os outros textos das Escrituras como se fossem mísseis extraviados, geralmente tirando passagens de seu contexto original e interpretando-as equivocadamente na tentativa inútil de vencer uma discussão. Não é assim que os cristãos conquistam mais pessoas para Cristo.

11. Para uma interpretação e aplicação equilibradas das Escrituras

Embora os católicos acreditem que a Bíblia é a Palavra de Deus escrita sob a influência da inspiração divina, também acreditamos que os textos bíblicos precisam ser interpretados corretamente, de acordo com a Tradição Cristã viva e o moderno conhecimento bíblico. Os estudiosos costumam referir-se ao mundo por trás do texto, significando que o texto bíblico tem um autor, uma língua, uma cultura, uma platéia, uma história e circunstâncias e expectativas locais. Por exemplo, quando São Paulo recomenda que aqueles que não são casados devem manter-se solteiros, em sua Primeira Epístola aos Coríntios, a expectativa, nessa época, era que o mundo tal como era conhecido estava prestes a terminar. A Segunda Vinda do Senhor era iminente. Levando em consideração o mundo por trás do texto, hoje não daríamos exatamente o mesmo conselho de Paulo a respeito dessa questão. Uma recomendação diferente para os solteiros não quer dizer que esse texto não tenha sentido para nós. Certamente tem. Isto nos incentiva a colocar nossas preocupações e cuidados dentro da perspectiva correta, pois este mundo está passando e nós precisamos enxergar as questões espirituais com a mente e o coração que não esquecem a vida por vir.

Todo texto é também parte de um contexto. Por exemplo, alguns versículos tirados do Evangelho de Lucas fazem parte de um capítulo de Lucas que, por sua vez, faz parte de todo o Evangelho de Lucas. Este é um dos quatro Evangelhos. Isolar um texto particular de seu contexto mais amplo pode gerar interpretações equivocadas. Este exemplo introduz para nós o mundo que está diante do texto, ou seja, nosso mundo e nossos cuidados, além de nossas questões. Assim como a platéia original teve seu mundo e suas preocupações, nós também temos os nossos. É um mundo válido de preocupações e questões, e o texto bíblico pode levá-lo em conta e informá-lo. Mas devemos ter em mente a tentação e as fraquezas humanas, que forçam nossa ideologia, mentalidade ou idéias preconcebidas a se apossar do texto inspirado, em vez de deixar que ele atue sobre nós. Também devemos lembrar que pertencemos a uma Tradição viva, que vem interpretando a Palavra de Deus ao longo dos séculos, e temos uma Igreja e conhecimentos modernos que tanto ensinam e nos dirigem a um entendimento mais pleno da Bíblia, como nos inspiram em assuntos de teor moral.

12. Conclusão: a nova lei da graça do Espírito Santo

Como cristãos, temos e desfrutamos de uma Nova Lei. De acordo com Santo Tomás de Aquino, essa Nova Lei é o amor que Cristo derramou em nossos corações, por intercessão da graça do Espírito Santo. A Nova Lei é, essencialmente, uma lei interna, não externa. Assim, ela toca o coração e nele escreve (Jr 31,33). Mas como essa graça do Espírito Santo vem a nós, por nossa fé em Jesus Cristo? Ela vem a nós por meio de realidades tangíveis, uma vez que não somos espíritos puros, mas seres humanos. Vimos que as Escrituras são uma realidade tangível, rara e maravilhosa que, dispondo de nós para a graça do Espírito Santo, nos instrui e inspira na vida moral. Essa Nova Lei, que nos chega mediante as Sagradas Escrituras, confere à lei um significado totalmente novo e uma outra experiência, em comparação com o que geralmente compreendemos e vivemos em relação a ela. Não só se trata de uma lei interior como é um tipo de lei diferente da que rege a relação entre senhores e escravos. É uma lei entre amigos (Jo 15,15), que nos oferece uma grande liberdade porque queremos segui-la em vez de apenas achar que é nosso dever obedecê-la. É isso que significa realmente viver no Espírito Santo.

Capítulo sete

A lei natural

(CIC, §§ 474-476; *Veritatis Splendor*, §§ 50-53)

Os defensores contemporâneos da alimentação saudável sugerem o consumo de produtos "naturais", sem ingredientes artificiais, argumentando que a utilização desses itens, tanto nos próprios alimentos como na ração dos animais ou no plantio das espécies agrícolas que os produzem, podem causar sérios danos à saúde dos consumidores e prejudicar o teor nutricional do que comemos. Neste caso, "natural" é contrastado com o que é artificial. Nosso capítulo sobre ética ambiental discutirá mais extensamente o tema do respeito pela Terra e a preocupação hoje tão generalizada pela destruição da beleza natural do nosso meio ambiente, com tantas construções, experimentos científicos e assim por diante. Muitos ambientalistas defendem que estamos lidando com um organismo cósmico vivo e que os humanos não deveriam interferir tanto, nem afetar seu equilíbrio. Segundo essa perspectiva, a natureza é perfeita e a intervenção humana a compromete. Uma expressão comum, usada quando nos referimos à personalidade de alguém, é "sua natureza" ser deste ou daquele jeito. Embora pareça uma descrição precisa da personalidade da pessoa, essa expressão sugere que, constitucionalmente, ela é "cordata" ou "competitiva", por exemplo. A natureza da pessoa descreve quem ela é.

Quando usamos a expressão "lei natural", o termo "natural" se refere à natureza humana, ao que significa ser um ser humano. Referimo-nos ao termo "lei" não porque a lei natural esteja escrita em algum lugar, mas porque é como uma diretriz interior que decorre dos seres humanos e os encaminha rumo à plenitude da vida.

Dissemos anteriormente que o sentido da vida é dar e receber amor. Nossa Tradição Católica Romana diria que nossa natureza então, na qualidade de seres humanos, é dar e receber amor. A tradição da lei natural se dedica ao que entendemos ser o melhor meio de fazer isso, não só recorrendo às Sagradas Escrituras, essa via tão importante de acesso à verdade moral, mas usando também a nossa razão. A lei natural diz ainda que as conclusões alcançadas quando deliberamos sobre ela são válidas não só para os fiéis, mas para todas as pessoas, justamente porque estamos falando de natureza humana.

1. Definição de lei natural

A definição mais elementar de lei natural nos vem de Santo Tomás de Aquino, que a chama de "razão correta". Quando raciocinamos corretamente, fazemos com a nossa natureza humana julgamentos consistentes que promoverão o desenvolvimento da nossa humanidade. Segundo a nossa Tradição, a lei natural foi inscrita em nossos corações pelo Criador e consiste em nossa capacidade de captar, de alguma maneira, as idéias dele para nós. Quando discutimos as virtudes antes, dissemos que a humanidade "tende para o bem". A teoria da lei natural começa focalizando como fomos criados para tender ao bem.

Há fontes naturais em nós para proporcionar conhecimento e verdade à mente e ao coração humanos. Agora, queremos examinar as inclinações humanas básicas, plantadas no íntimo de nosso ser. Ao longo dos séculos, os pensadores e filósofos têm afirmado que essas inclinações universais da mente e do coração humanos pertencem à lei natural. Uma reflexão adequada dessas inclinações naturais as enxergará não como algo estritamente biológico, mas sempre com respeito à pessoa humana racional, que busca o que é bom a fim de atingir sua plena realização. Em outras palavras, a pessoa humana, racional por natureza, usa a dádiva da razão, que lhe foi dada por Deus, para raciocinar sobre suas inclinações naturais. Por quê? Porque ao fazê-lo, esperamos descobrir o que é bom e, quando descobrimos o que é bom, podemos atingir a nossa realização. "As inclinações naturais assumem relevância moral apenas na medida em que se referem à pessoa humana e sua autêntica realização, uma realização que sempre e apenas pode ocorrer na natureza humana" (*Veritatis Splendor*, § 50).

Desde o princípio, é vital salientarmos que a lei natural não é basicamente externa a nós, como "a natureza lá fora, em algum lugar", a nos limitar. Em vez disso, são as inclinações e anseios de nosso íntimo, da nossa própria natureza humana, que devem realmente nos atrair, iluminar, conduzir e ajudar a expressar quem somos verdadeiramente, como seres humanos em sociedade.

Quais são essas inclinações? De onde vêm? Respondendo antes a segunda pergunta, acreditamos que elas vêm de Deus que nos criou e refletem, embora limitadamente, a eterna lei ou sabedoria divina. Em outras palavras, Deus nos criou com nossa própria natureza em particular, nossa natureza humana, e essa natureza, quem nós somos como seres humanos, tem suas próprias finalidades. De que maneira entramos em contato com essa lei natural, essas inclinações, anseios e propósitos naturais que nos indicam a direção do bem? Fomos criados com o poder de raciocinar e esse dom da inteligência, refletindo sobre a Criação e a experiência humana, pode discernir esses propósitos.

> A lei natural está escrita e impressa na alma de cada pessoa, porque é a razão humana ordenando que ela faça o bem e proibindo que peque... Mas esse mandamento da razão humana não teria força de lei se não fosse a voz e o intérprete de uma razão mais elevada à qual nosso espírito e nossa liberdade devem submeter-se (Papa Leão XIII, *Libertas proetant issimum*, 597).

Temos também a Palavra de Deus que vem em auxílio de nossa razão, quando se debate em suas reflexões. Como iremos perceber, a Palavra de Deus e nossa razão, empenhando-se para discernir a lei natural, não são duas realidades distintas e desconexas. Em vez disso, são ambas dirigidas aos mesmos lampejos básicos de entendimento, provenientes da Sabedoria de Deus e de seu plano para nós.

2. O princípio primário da lei natural

Basta de teorias abstratas por ora, pois ainda não respondemos a primeira questão, a saber, quais são as inclinações naturais da mente e do coração humanos? Embora encontremos reflexões sobre a lei natural nos textos antigos de Aristóteles e Cícero e outros filósofos e teólogos, o esboço deste capítulo e o tratamento da lei natural serão baseados nos esclarecimentos de Santo Tomás de Aquino e dos teólogos escolásticos. Esse foco não significa que o entendimento da lei natural não se tenha desenvolvido desde o tempo de Santo Tomás. Na realidade, faremos referência a interpretações mais contemporâneas da lei natural, conforme avançarmos com a nossa discussão. Estamos simplesmente afirmando que a abordagem tomista nos oferece um referencial muito útil a partir do qual é possível iniciar a nossa reflexão sobre esta fonte distintamente católica de conhecimentos morais.

"A lei natural nada mais é que a luz do entendimento colocada em nós por Deus; por meio dela, sabemos o que devemos fazer e o que devemos evitar. Deus concedeu esta luz ou lei para a Criação" (Santo Tomás de Aquino, *De Trinitate*).

Santo Tomás diz que a inclinação mais básica ou fundamental que temos é "fazer o bem e evitar o mal". Esta propensão natural primária faz sentido, uma vez que nos esforçamos para alcançar a felicidade e que o caminho para sermos felizes está em saber o que é bom e participar do bem. Todos os humanos trazem essa lei primária em seu íntimo. Não se deixem, porém, confundir pela palavra "lei". Não estamos falando aqui de alguma lei externa, arbitrária. Usamos o termo "lei" para identificar nossas inclinações e propósitos naturais, uma lei interna que nos leva a fazer o bem.

Voltando à discussão de nossa inclinação essencial, o leitor pode objetar: "Se é assim, então, por que tantas pessoas fazem o mal e evitam o bem?". Há dois possíveis motivos para essa circunstância: O primeiro é que a pessoa pode cometer o erro de se afastar da inclinação elementar para fazer o bem e traduzir essa inclinação em ações específicas. Em outras palavras, ela pode cometer o erro de pensar que uma coisa expressa o bem, quando na realidade não o faz. Por exemplo, um médico aplica em moribundos e muito idosos uma injeção letal para dar fim a sua dor ou a uma vida sem qualidade. Ele pode achar que está expressando a busca do que é bom, de uma maneira muito prática. Na realidade, o que ele está fazendo é um grave equívoco. Ele não está fazendo o bem e não está evitando o mal, com suas condutas médicas. Esse médico deve fazer alguma coisa para se conscientizar de uma transição adequada e possível de sua inclinação humana básica, a saber, fazer o bem de maneiras específicas. Em outras palavras, embora esteja sintonizado com sua inclinação mais fundamental como pessoa, que é fazer o bem, alguma coisa sai dos trilhos em seus pensamentos quando se trata de decidir qual é a melhor maneira de expressar o que é bom em atos concretos específicos. Este exemplo específico será considerado com mais detalhes no final do capítulo.

O segundo é que os seres humanos podem, de caso pensado, ir contra a inclinação para fazer o bem e endossá-lo. Na teologia cristã, isso chama-se pecado. Uma decisão de contrariar a essência da inclinação básica do coração e da mente humana é muito possível, como dissemos em nossa exposição sobre o pecado. Apesar do pecado e dos erros, os grandes teólogos nos falam que essa centelha natural do conhecimento para fazer o bem e evitar o mal não pode ser seriamente enfraquecida. Usando uma imagem de São Boaventura, pode ser como um jóquei que cai do cavalo, mas que ainda se mantém ligado a ele pelas rédeas. Naturalmente, a lei natural nos oferece mais *insights* específicos do que apenas este vislumbre básico, mas geral, da natureza humana.

3. Quatro inclinações do coração e da mente humana

PRESERVAR A VIDA

Quantas vezes nós experimentamos a inclinação natural para preservar nossa vida, desde reações quase que automáticas diante do perigo até estratégias planejadas para se evitar forças e circunstâncias que ameaçam a vida? Decorre dessa inclinação o desejo natural de sermos sadios e o direito de preservarmos nossa integridade corporal. Esse desejo natural de preservar a vida se expressa também em nossa busca de garantir alimento, vestuário e abrigo. Tampouco é apenas a nossa vida que nós sabemos que devemos proteger. Na realidade, o quinto mandamento – "não matarás" – é uma expressão de nosso dever de respeitar a inclinação natural de preservar nossas próprias vidas e as dos outros.

Nossa vida não se deve limitar à dimensão física, porém. Preservar nossa vida também envolve a proteção de nossas dimensões moral e espiritual. Às vezes, esses aspectos podem tornar-se prioritários em relação ao físico, em tal medida que colocamos até a nossa vida física em perigo pelo bem dos outros, em nome da fé e pelo país. Um contundente exemplo contemporâneo desse tipo de prioridade seria o de São Maximiliano de Kolbe, que ofereceu a própria vida, no campo de concentração, para poupar a de uma outra pessoa. Essa escolha não foi um desejo de morrer e por isso não ofendeu a lei natural, ou sua inclinação natural para preservar a própria vida. Em lugar disso, foi a manifestação heróica do conhecimento de que a preservação da vida física não é um bem absoluto, a qualquer preço, e que, às vezes, é preciso que se corram riscos em nome da preservação de outros bens.

Aborto, tortura, terrorismo, eutanásia e todas as formas diretas de ataque a vidas inocentes, por outro lado, são ataques a uma de nossas inclinações naturais de proteger a vida dos outros. O índice alarmante de suicídios em alguns países desenvolvidos deveria servir de aviso de que alguma coisa está radicalmente errada nessas sociedades. O que pode debilitar o conhecimento de uma das verdades naturais mais básicas, a saber, que a minha vida tem valor e merece ser preservada? Outros atos autodestrutivos comuns em todo o globo indicam que um anseio, uma inclinação humana básica está sendo radicalmente debilitada. Abusos de drogas e álcool, dirigir perigosamente, envolver-se em práticas sexuais letais, tudo isso indica que a lei interior de proteção à nossa vida e à vida de terceiros foi sobrepujada por desejos desordenados ou descontrolados, ou por idéias distorcidas.

CASAR-SE E GERAR, PRESERVAR E EDUCAR OS DESCENDENTES

Os seres humanos também têm um desejo natural de encontrar um par, gerar filhos e cuidar da prole. Na realidade, alguns pensadores do passado sugeriram que partilhamos dessas inclinações com o mundo animal da mesma forma como partilhamos também com ele, e com toda a Criação, a inclinação para preservar nossa vida. Embora essa afirmação possa ser verdadeira, o que nos pertence como seres humanos, a partir da lei natural, precisa ser distinguido do que é natural entre os animais. A pessoa humana pode levar à perfeição o que, no mundo animal, é observado como natural. Já podemos ter visto, alguma vez, cenas perturbadoras da vida selvagem, em que um tigre ou leão mata o próprio filhote. Na qualidade de homens e mulheres feitos à imagem de Deus, não deveríamos querer imitar todas as inclinações naturais dos animais, pois somos dotados de razão e liberdade. Embora muitos de nós assistam aos programas de televisão sobre o mundo animal, maravilhados com a beleza e a complexidade da vida selvagem, logo se torna óbvio que seus padrões de sedução, acasalamento e procriação são diferentes dos nossos. Enquanto os animais vivem por instinto, fazendo o que é natural para eles, nós vivemos como criaturas dotadas de raciocínio e crenças, refletindo sobre o que realmente significa termos sido feitos à imagem de Deus.

Não é por acaso que talvez já possamos detectar uma semelhança entre os ditames da lei natural para os seres humanos e os Dez Mandamentos. Esse relacionamento existe porque os princípios da lei natural se manifestam nos Dez Mandamentos, ou Decálogo, do Antigo Testamento (CIC, § 1955). Precisamos apenas lembrar do quarto mandamento, que nos diz para honrarmos pai e mãe, aqueles que nos geraram, cuidaram de nós e nos educaram, para perceber que a Palavra de Deus expressa aquilo que já sabemos, mesmo que talvez apenas vagamente, a partir de reflexões sobre nossas experiências e natureza humana.

Podemos dizer a mesma coisa sobre o sexto mandamento, a respeito das relações sexuais e do compromisso envolvido, que deveriam ser restritas ao casamento; ou sobre o nono, que nos lembra que desejos sexuais fortes por alguém fora do casamento podem ser destrutivos em relação ao relacionamento conjugal e ao vínculo familiar.

BUSCAR A VERDADE

Da mesma forma como as plantas buscam naturalmente a luz do Sol, também nós ansiamos pelo conhecimento e pela verdade. Parte dessa busca da verdade é o desejo natural de chegarmos a Deus e conhecê-lo. Na realidade, todas as comunicações e relacionamentos se baseiam nessa inclinação humana. Conhecer alguém, fazer com que alguém me conheça, conhecer Deus que me criou e me ama constituem uma parte fundamental do empenho humano. Com Santo Agostinho, podemos espontaneamente orar: "Que eu possa conhecer o Senhor e a mim mesmo". O conhecimento não é divorciado do amor. Esse fato confere ao conhecimento uma atração particular ou um poder magnético, pois quanto mais conhecemos um amigo, o nosso cônjuge e Deus, mais os amamos. O oitavo mandamento, que diz respeito a mentir e fazer falsas promessas, sustenta essa inclinação da busca da verdade. Inspirados por esse entendimento da lei natural, também sentimos a obrigação de nos educar e educar alguém. A antiga máxima — que dizia que uma vida vivida sem reflexões não merece ser vivida — é uma tentativa de se abordar essa verdade. Talvez nunca tenhamos pensado dessa forma sobre a vida e suas reflexões, mas recusar-se a conhecer a verdade, não querer ouvir ou aprender, não se desenvolver ou se abrir, é interditar uma inclinação natural do coração e da mente humana e, portanto, impor limites a nossa capacidade de amar. As razões para isso podem ser o medo, a preguiça, o não querer mudar, os preconceitos, mas a conseqüência é uma severa limitação de nossa liberdade, pois é a verdade que nos liberta.

VIVER EM SOCIEDADE

Diriam os cínicos que os seres humanos só cooperam uns com os outros porque isso é necessário a sua sobrevivência. Se você pretende sobreviver, precisa do apoio e da proteção de pessoas à sua volta. Vivemos num mundo sujo, e a única razão para não comermos o próximo é porque sempre vai haver mais alguém que se inspire com isso e venha-nos comer! Apesar de todo esse cinismo, será que o forte anseio de estarmos com os outros e cooperarmos com eles não poderia advir de algo mais profundo que a mera necessidade da sobrevivência? Ser compreendido, ouvido, amado, perdoado, apreciado, pertencer, empatizar, confiar, ser prestativo, todas essas expressões fazem parte de nossa linguagem cotidiana e manifestam uma inclinação natural para sermos sociais. Quando frustramos essa inclinação em nós ou nos outros, e bloqueamos seu caminho, sofremos as suas conseqüências. Se nos enxergamos como indivíduos essencialmente isolados, exercendo nossa liberdade e exigindo nossos direitos pessoais no contexto de uma competição com outros seres humanos de natureza similar, o que será da amizade, da afeição, da solidariedade? Não podemos apelar aos nossos direitos individuais para exigir amizade, para experimentar a sensação de pertencer, para encorajar. A teologia contemporânea está começando a descobrir a importância que antigamente os místicos e teólogos medievais davam à amizade para a vida espiritual e moral. Quando ouvimos os mais velhos falando dos bons e velhos tempos, é possível detectar um sentimento de perda, a perda da vivência de uma comunidade, de um objetivo comum, de um vizinho confiável, de um respeito inato pelo bem comum. As formas radicais do liberalismo que preferem ignorar a importância da comunidade e da solidariedade estão encobrindo a expressão de uma inclinação ou necessidade humana; em outras palavras, vão contra uma parte da lei natural. Somos animais sociais e racionais, mas muito mais que isso. Nosso Deus também é social. Pai, Filho e Espírito Santo se comunicam e amam, e nós somos feitos conforme essa imagem trinitária. Não espanta que para nós seja natural sermos sociais!

4. Reduzindo a lei natural ao físico

Infelizmente, nem sempre é fácil determinar a lei natural quando se trata de elementos específicos. Numa saída fácil, poder-se-ia dizer: "não contrarie o que diz a natureza *física*". Será esse o sentido da lei natural? Na realidade, esse não é o significado da lei natural e, se fôssemos seguir rigidamente essa interpretação, poderíamos terminar com algumas avaliações morais realmente muito estranhas. Considere a questão de doar um rim ou de fazer um reparo em uma válvula defeituosa do coração. O que você pensaria do seguinte argumento?

A LEI NATURAL

Deus me fez com dois rins e você também. Assim, Deus não pretendia que meus rins viessem algum dia a funcionar em outra pessoa. Esse transplante seria contra o que é natural e, portanto, contra a lei natural e, por isso, moralmente errado. De maneira semelhante, se Deus me criou com um coração problemático, isso então é natural em mim. Interferir nisso seria ir contra o que é natural. Muitas pessoas ficariam incomodadas com esse tipo de raciocínio e de interpretação da lei natural. Por quê? Porque ela tenta reduzir completamente à dimensão física o que é natural em nós, a lei natural, as inclinações e os anseios naturais descobertos por nossa razão.

Na história da teologia moral, essa interpretação equivocada da lei natural tem sido denominada de "fisicalismo". Não é como se nossas leis físicas e biológicas não tivessem nada a nos dizer: elas têm. "Ouça o que o seu corpo está lhe dizendo" tornou-se uma expressão popular, o que significa sinais físicos que lhe podem dar pistas de como está indo sua vida toda. Não conseguir dormir, ter pouco apetite, chorar facilmente, estar sempre a um passo de explodir de irritação são indicadores que nos podem sinalizar muitas coisas, tanto a respeito de nosso ser interior, como de nosso ser físico. Entretanto, somos mais do que uma massa de leis e processos biológicos. Somos feitos para amar e ser amados, para descobrir e conhecer, e viver em comunidade. Essas inclinações naturais não podem ser reduzidas apenas ao plano físico.

Somos seres humanos, refletindo sobre as muitas experiências do que significa sermos verdadeiramente humanos, e foi nesse processo que descobrimos a lei natural. O documento da Igreja que reflete sobre a vida humana, *Instrução Donum Vitae sobre o respeito à vida humana nascente e a dignidade da procriação*, expressa esse ponto nos seguintes termos:

> A lei natural expressa e estipula os propósitos, direitos e deveres baseados na natureza corporal e espiritual da pessoa humana. Portanto, essa lei não pode ser concebida apenas como um conjunto de normas no nível biológico; em vez disso, deve ser definida como uma ordem racional por meio da qual o homem é convocado pelo Criador para dirigir e regular sua vida e seus atos e, em particular, fazer uso de seu corpo.

Retomemos agora nosso exemplo de doar um rim para uma pessoa que morrerá sem o transplante. Nossa inclinação natural de preservar uma vida, de viver de maneira solidária e amorosa em relação aos nossos semelhantes, é totalmente natural. Em outras palavras, as leis e funções físicas, biológicas, do corpo humano podem oferecer-nos indicações da lei natural, mas não podem simplesmente ser equiparadas a ela. Devemos refletir sobre mais do que apenas as inclinações e os propósitos estritamente biológicos. Neste caso, refletimos sobre a inclinação natural de viver com caridade e solidariedade, e podemos concluir que a obediência a essa inclinação pode ser expressa pela doação de um rim saudável.

5. O conteúdo da lei natural: princípios primários e secundários

Embora Santo Tomás tenha dito que a interpretação fundamental da lei natural, ou seja, fazer o bem e evitar o mal, é evidente por si, ele também salienta que há outros princípios auto-evidentes, além de princípios secundários baseados nela.

PRINCÍPIOS PRIMÁRIOS

Princípios primários são universalmente válidos. Um princípio primário que ressalta um aspecto particular de "faça o bem e evite o mal" é "não se deve fazer o mal a uma outra pessoa" (*Summa Theologiae*, I-II, q. 100, r. 3; ver também *Veritatis Splendor*, § 50). Observe, entretanto, que essa afirmação ainda é um princípio geral. Da mesma maneira, poder-se-ia dizer que "ame a Deus e ao seu semelhante" é um princípio primário da lei natural. Esses dois não admitem exceção. Em momento algum seria cabível dizer que é certo fazer mal a alguém e que é possível parar moralmente de amar a Deus e ao semelhante. Princípios primários são mais gerais e universalmente válidos.

PRINCÍPIOS SECUNDÁRIOS

Conforme indicamos, os princípios secundários são derivados dos princípios primários e especificam mais claramente o que a razão exige em casos específicos. Entretanto, quanto mais particulares se tornam as circunstâncias, mais difícil será para nós interpretarmos e aplicarmos a lei natural ou a inclinação natural. O próprio Santo Tomás citou esse ponto quando escreveu que os princípios secundários deveriam ser válidos "na maioria dos casos... mas, em outros, podem falhar" (*Summa Theologiae*, I-II, q. 94, r. 4).

Como exemplo, certos mandamentos que expressam a lei natural, como "não matarás", podem ser conhecidos após pequena dose de reflexão. Matar pessoas inocentes prontamente contraria nossa inclinação natural e nossa razão, na medida em que ataca o valor da vida humana. Mas e a pena capital? Seria contra a lei natural? Será que temos, ou que devemos, ter uma inclinação natural para dar cabo de uma vida humana considerada culpada? Ou seria contra a lei natural retirar os tubos de alimentação e hidratação de uma pessoa que está condenada a um estado vegetativo permanente, após um grave acidente? Esses casos exigem conclusões muito distantes da inclinação natural de preservarmos a vida. Em outras palavras, sabemos que a preservação da vida humana é, em geral, um bem a ser feito, mas será que outras circunstâncias ou a preservação de outros bens se sobrepõem a essa inclinação básica? Estamos aqui numa mata fechada. Como já dissemos, Santo Tomás reconhece que algumas decisões que respeitam nossa natureza humana requerem uma longa e cuidadosa reflexão por parte dos sábios. Como a lei natural tem sido o fundamento de uma parte tão extensa da teologia moral e, em algumas oportunidades, a fonte praticamente exclusiva de reflexões morais, a ponto de inclusive se afastar equivocadamente das Escrituras em certos momentos, os sábios refletiram e argumentaram extensamente sobre as conclusões morais mais remotas que podemos derivar da lei natural.

As atitudes relativas à escravidão, tortura e perseguição religiosa, na tradição moral, ilustrarão bem esse ponto. Nenhum teólogo católico diria, hoje, que a escravidão, tortura e perseguição de não-cristãos estão de acordo com a lei natural, mas nem sempre foi assim. Foram necessários séculos de tempo e reflexão para que justificadamente se condenassem essas práticas e atitudes bárbaras. O que deu errado com o pensamento? Talvez, no passado, os classificados como humanos e feitos à imagem de Deus fossem equivocadamente limitados aos que tinham certa aparência ou crença religiosa. Também não era incomum que os teólogos afirmassem que, quando os criminosos cometiam certas violações, deixavam de ser humanos ou perdiam sua dignidade humana e, portanto, podiam ser tratados como animais. Talvez afirmassem que as verdades do cristianismo eram racionalmente evidentes por si. Qualquer um que não as aceitasse deveria ser irracional e, portanto, não plenamente humano. Em conseqüência, seria possível torná-los objetos de perseguição. Esses e outros exemplos suscitam a questão do que é chamado de imutabilidade da lei natural. Em termos mais simples, a lei natural pode mudar? A natureza humana muda? Que mudança razoável é o bem para nós? Neste ponto, Santo Tomás faz uma distinção decisiva. Ele argumenta que a mudança pode ocorrer por meio de adição ou subtração. Quanto à adição, ele diz que nada impede que a lei natural seja plenamente conhecida pelos seres humanos. Uma reflexão e uma investigação mais profundas sobre a natureza e a experiência humanas podem efetivamente trazer à tona percepções que tenham escapado a gerações anteriores, como nos casos de tortura, escravidão e perseguição religiosa. Quanto à subtração, poderíamos dizer que uma coisa que já esteve de acordo com a lei natural não está mais? Aqui ele responde negativamente, pois de outro modo teria de admitir que as inclinações e os anseios da mente e do coração humano simplesmente mudam, conforme passam os séculos. Não podemos afirmar que aquilo que é verdadeiramente natural em uma geração, uma parte da nossa natureza humana e do projeto de Deus para nós, deixa de sê-lo para a geração seguinte.

6. Uma visão contemporânea da lei natural

Já analisamos alguns dos bens que almejamos, a saber, a preservação da vida, casar e criar filhos, viver em sociedade, buscar a verdade. Almejamos esses bens porque são os objetos ou as finalidades de nossas inclinações naturais e estas nos apontam a direção da realização humana. Enquanto Santo Tomás esboça rapidamente algumas dessas inclinações e os bens para os quais elas apontam, alguns teólogos contemporâneos identificam outros bens a serem perseguidos que correspondem a nossas inclinações naturais.

Um exemplo desses é nossa inclinação humana para a justiça e a liberdade. Em outras palavras, no fundo do nosso coração, existe um anseio natural para vivermos relacionamentos corretos, não só com alguém com quem temos coisas em comum, como algum amigo, mas também com outros com quem não temos assim tanta intimidade. Não é só uma questão de sobrevivência, como já enfatizamos antes. A justiça advém de um anseio profundo de vivermos em harmonia com outros seres humanos, e para tanto é preciso que respeitemos as pessoas e que demos a elas o que lhes é devido. Viver em paz e harmonia com os outros faz parte da lei natural, é uma parte do projeto de Deus para nós. Naturalmente, a inclinação para a harmonia não alcança sua plena realização só nas relações com outros seres humanos, pois fomos feitos para estar em harmonia com Deus também. Assim, a religião é um bem a ser perseguido, um bem que decorre de nossa inclinação natural para gozar uma vida harmoniosa, especialmente com Aquele que nos fez.

Se alguma vez você ficou maravilhado com alguma obra de arte, com a beleza de uma canção, eletrizado com uma dança, também saberá que a beleza satisfaz, em alguma medida, uma inclinação natural da pessoa humana. Numa dimensão mais prática, alcançar alguma medida de excelência cozinhando, costurando ou curando, também oferece um sentimento de realização. Essas atividades ou habilidades atendem a uma outra inclinação natural em nós, em nossa busca da totalidade como seres humanos. Na realidade, não temos de ser divas, maestros ou campeões de alguma coisa, nem mesmo num jogo que gostamos de praticar, para sermos capazes de apreciar a satisfação e o sentimento de propósito que advém de um trabalho bem-feito, ou de nos esforçarmos para acrescentar um toque de excelência em nossa vida, por menor ou aparentemente insignificante que seja. Esses esforços nos enriquecem porque são naturais em nós.

7. Ensinamentos da Igreja e a lei natural

Os ensinamentos da Igreja reivindicam para si a autoridade de interpretar não só as Sagradas Escrituras, mas também o significado da lei natural. O Papa Pio IX, em seu *Syllabus de Erros*, afirmou que a indissolubilidade do casamento estava baseada na lei natural. O Papa Leão XIII escreveu que o direito à propriedade e à posse privada se baseava num correto entendimento da natureza humana e na mais sagrada lei da natureza; o Papa Pio XII usou a argumentação da lei natural para condenar a esterilização direta e a inseminação artificial; e o ensinamento do Papa Paulo VI sobre a contracepção artificial assenta-se basicamente numa interpretação da lei natural.

A autoridade do *Magisterium* também se estende aos preceitos específicos da *lei natural*, porque a obediência a eles, exigida pelo Criador, é necessária para a salvação. Lembrando as prescrições da lei natural, o *Magisterium* da Igreja exercita uma parte essencial de seu ofício profético de proclamar aos homens o que eles realmente são e de lembrar o que devem ser perante Deus (CIC, § 2036).

Na realidade, como ilustrarão os capítulos sobre tópicos éticos específicos, a Igreja recorre freqüentemente tanto às Escrituras como à lei natural para prestar orientação nas áreas de moralidade sexual, bioética, ética ambiental e justiça. Com isso, a Igreja pode apelar a todos os homens e mulheres de boa vontade que buscam a verdade, cristãos ou não, esperando demonstrar a todos eles que a fé e a razão, em vez de atuar como adversárias, são — nas palavras do Papa João Paulo II — como as duas asas com as quais o espírito humano se eleva, na contemplação da verdade.

8. As duas asas para o espírito humano

Santo Agostinho, assim como muitos dos Padres da Igreja, referem-se a esses dois modos complementares de avaliar a sabedoria de Deus e seu plano para nós, ou seja, as Escrituras e a lei natural. Ambas revelam a imagem de Deus. Na realidade, antes de Santo Agostinho, São Paulo falou da lei não escrita, presente em todos, até mesmo os gentios, quer dizer, aqueles que não acreditavam e não tinham a lei escrita de Deus. "Quando então os gentios, não tendo Lei, fazem naturalmente o que é prescrito pela Lei, eles, não tendo Lei, para si mesmos são Lei; eles mostram a obra da lei gravada em seus corações, dando disto testemunho sua consciência" (Rm 2,14-15).

Entretanto, devido ao pecado, nossa razão, que pode descobrir essa lei não escrita, tem de se esforçar para atingir esse conhecimento moral. De acordo com os Padres, é por isso que as Escrituras também revelam, de forma escrita, o que está inscrito em nossos corações. Freqüentemente, referem-se à regra de ouro, conforme expressa no Evangelho de Mateus: "Ama o teu próximo como a ti mesmo" (Mt 22,39), ou à sua formulação negativa, tal como a encontramos no Antigo Testamento: "Não faça aos outros o que não queres que façam a ti". Esse mandamento fundamental escrito, ou essa regra de ouro, corresponde ao que já está inscrito em nosso íntimo, pelo mero fato de sermos feitos à imagem de Deus. De acordo com os Padres, essa regra geral é apresentada em mais detalhes em outras partes das Escrituras, especialmente no Decálogo, os Dez Mandamentos. Assim, poderiam traçar paralelos, por exemplo, entre nossa inclinação para casarmos e criar nossos filhos e o mandamento do Gênesis: "Crescei e multiplicai-vos" (Gn 1,28).

Os Dez Mandamentos, propriamente ditos, são traduções mais específicas da ordem geral para fazermos aos outros como queremos que façam conosco. O ponto é que, como pessoas de fé, somos sustentados pelas duas asas do conhecimento, a lei natural não escrita e a lei escrita das Escrituras. Santo Tomás também explicou que os ensinamentos morais de Jesus, no Novo Testamento, são uma expressão das virtudes que pertencem a todos os seres humanos e que, teoricamente, podem ser encontrados na lei natural. As Escrituras e a lei natural não brigam entre si; pelo contrário, ambas revelam como nos devemos aproximar das inclinações para o bem e viver a partir das inclinações que temos por havermos sido criados à imagem de Deus. As Escrituras também nos ajudam a identificar outras inclinações, tais como a agressão, o ciúme, a dominação e a raiva, que precisam ser subordinadas à nossa razão humana que pode dominá-las, a fim de causarmos o que é bom e evitarmos o que é mau.

9. A lei natural e a educação moral

Voltando ao nosso caso do médico que abrevia com uma intervenção direta a vida de moribundos e idosos, diríamos que a educação e o desenvolvimento moral são urgentemente necessários. A verdade de uma vida de santidade, fundada na lei natural, só será apreendida se a pessoa se mantiver aberta a mais reflexões e a uma experiência humana mais abrangente. Precisamos formular uma pergunta muito penetrante: será que essas pessoas, mesmo quando pedem que sua vida seja terminada por um médico, estão realmente ansiando por alguma outra coisa? Talvez, um cuidado paliativo adequado para aliviar a dor, ou a sensação de que não são um fardo para a família e a sociedade, ou de que alguém ainda se importa com elas e as amam possa vencer essa lamentável solicitação e não deixar sequer que atinja o nível da consciência. Quantos idosos ou pacientes debilitados e seriamente doentes não estão morrendo de solidão e de uma falta de afeto humano? Será isso que os leva a subestimar o valor inato de sua própria vida, e tenta os sadios a fazer o mesmo a respeito deles? Como a consciência pode ser errônea, podemos também nos equivocar em nossa interpretação das inclinações e anseios humanos e, assim, nossa obrigação é estarmos abertos para ouvir, refletir, mudar.

10. Conclusão

Como os Mandamentos, a lei natural é externa a nós. Ela nos impõe obrigações, e estas são importantes em termos da consciência e do crescimento moral da pessoa. Como acontece com os Dez Mandamentos, entretanto, as diretivas da lei natural realmente correspondem aos nossos mais íntimos e profundos anseios e esperanças. Quanto mais refletimos sobre essa experiência do ser humano, feito à imagem de Deus, mais essa sabedoria interior se difundirá por si. Além disso, quando nos abrimos para a Palavra de Deus nas Escrituras, ganhamos duas asas com as quais voar rumo ao nosso verdadeiro ser e ao nosso verdadeiro chamado.

Capítulo oito

O *Magisterium* como Ensino oficial

(CIC, §§ 888-892; 2032-2040; ver também Constituição Dogmática Lumen Gentium *sobre a Igreja, §§ 18-25)*

Em 1987, a Congregação do Vaticano para a Doutrina da Fé publicou um breve trabalho intitulado *Instrução Donum Vitae sobre o respeito à vida humana nascente e a dignidade da procriação*, abordando as tecnologias contemporâneas de reprodução, como a fertilização *in vitro* e mães de aluguel, apresentando uma avaliação moral desses métodos para a comunidade católica romana e para quem mais quisesse ler esse documento. O texto trazia como subtítulo "Uma resposta a algumas indagações de nossos dias". Foi preparado em resposta a solicitações enviadas pela comunidade católica do mundo todo, com pedidos de orientação para navegar pelas águas desconhecidas das novas propostas tecnológicas para a reprodução humana.

Ao concluirmos esta segunda seção do livro, sobre as vias de acesso à verdade moral, examinamos este recurso especialmente rico que os católicos possuem, no ofício pedagógico da Igreja, que em geral se chama *magisterium*. Em primeiro lugar, examinaremos o que quer dizer *magisterium*. Depois, nossa atenção se voltará para o ministério pedagógico oficial do *magisterium* e suas várias formas de expressão. Em terceiro lugar, estudaremos os diferentes tipos de ensinamento que o *magisterium* oferece à comunidade católica romana, assim como a natureza do consentimento exigido em cada caso. Por fim, consideraremos a possibilidade de não estender nosso consentimento a um ensinamento não-dogmático da Igreja, se e quando a pessoa atingir um julgamento de consciência diferente do ensinamento do *magisterium* pastoral.

1. O que é o *Magisterium*?

A palavra "magisterium" vem do latim *"magister"*, que significa "professor" ou mais exatamente "mestre", indicando alguém que é altamente competente numa área em particular. Dentro da comunidade cristã dos dois primeiros séculos emergiu um grupo oficial, responsável por assegurar a integridade da fé e da prática da comunidade cristã. Em outras palavras, eram incumbidos de garantir que as crenças das pessoas e suas condutas estivessem de acordo com a vida e os ensinamentos de Jesus. Hoje em dia, como outrora, os bispos da Igreja constituem o *magisterium*. São os mestres oficiais da comunidade.

Os bispos na Igreja têm o tríplice ministério de santificar, governar e lecionar para o Povo de Deus. Nosso foco recai sobre o ministério do ensino. Dar uma "interpretação autêntica (oficial) da Palavra de Deus, quer em sua forma escrita ou na forma da Tradição, foi a incumbência atribuída ao ofício pedagógico vivo da Igreja apenas. Sua autoridade nesse assunto é exercida em nome de Jesus Cristo" (*Constituição Dogmática Dei Verbum sobre a Revelação Divina*, § 10).

Observe que o *magisterium* interpreta as Escrituras e a Tradição para a comunidade. Com isso, requer outras vias de acesso à verdade moral, como a lei natural e as Ciências humanas. Na realidade, uma grande parte do ensino do *magisterium* dentro da tradição moral assenta em sua interpretação da lei natural. Na qualidade de "especialista em humanidade", a Igreja está especialmente equipada para interpretar a lei natural e oferecer uma visão autêntica do bem humano (cf. Paulo VI, Mensagem às Nações Unidas, 4 de outubro de 1965: *Insegnamenti di Paolo VI*, vol. III (1965); *Gaudium et Spes*, #4). Mas a principal competência do *magisterium* é a Tradição e as Escrituras. O *magisterium* interpreta essas duas vias de acesso a uma verdade moral de uma maneira que é fiel a elas e torna o Povo de Deus fortalecido. A Tradição é o desenvolvimento incessante do entendimento que a Igreja tem do mistério da revelação, dentro do qual se destacam a Palavra de Deus como texto normativo para a comunidade cristã e o *magisterium* como seu veículo. Por esse motivo, os próprios bispos presentes ao Concílio Vaticano II escreveram que o "*magisterium* não é superior à Palavra de Deus, mas sim seu veículo. Ele só ensina aquilo que lhe foi transmitido. Por ordem divina e com a ajuda do Espírito Santo, o *magisterium* ouve-a com devoção, observa-a com reverência e a expõe com fidelidade" (*Constituição Dogmática Dei Verbum sobre a Revelação Divina*, § 10). O *magisterium* se destaca no seio da Tradição Católica Romana e a consolida ainda mais quando interpreta as Sagradas Escrituras, em nosso mundo contemporâneo.

A Tradição Católica Romana realiza uma conexão entre os bispos de hoje e os apóstolos, chegando até o próprio Cristo. O Concílio Vaticano II ensina que os bispos, "por disposição divina, assumiram o lugar dos apóstolos como pastores da Igreja, com tanta sabedoria que, quem os ouve, ouve Cristo, e quem os rejeita, rejeita Cristo e Aquele que enviou Cristo (cf. Lc 10,16)" (*Constituição Dogmática Lumen Gentium sobre a Igreja*, § 20). Essa afirmação salienta, em primeiro lugar, o cuidado e a humildade com que os bispos devem exercer seu ofício pedagógico, cientes de serem os pastores da Igreja e os sucessores dos apóstolos. Ressalta, ainda, o respeito e a humildade com os quais o Povo de Deus deve ouvir e receber os ensinamentos do *magisterium*.

2. Variedades de expressão do *Magisterium*

Na Igreja, o *magisterium* cumpre de uma variedade de maneiras seu papel de intérprete oficial das Escrituras e da Tradição. Essas maneiras vão de uma simples carta, escrita por um bispo em sua diocese, e uma declaração feita por uma conferência nacional de bispos, até um documento aprovado pelos bispos reunidos com o papa, num Concílio Ecumênico, ou um comunicado do próprio papa. Todas essas são vozes do *magisterium*. Entretanto, podem ser reunidas em duas categorias principais: o *magisterium* extraordinário e o *magisterium* ordinário, dependendo da natureza do ensinamento e de quem o está propondo.

O *MAGISTERIUM* EXTRAORDINÁRIO

O *magisterium* extraordinário propõe ensinamentos à Igreja infalivelmente. Esses ensinamentos podem ser ministrados por todo o colégio de bispos, que só têm autoridade se comungam com o papa. Apenas o papa, como chefe do colégio de bispos e chefe universal da Igreja, pode também propor ensinamentos infalivelmente (*Constituição dogmática Lumen Gentium sobre a Igreja*, § 22). Um bispo individual, uma conferência episcopal, uma reunião de bispos sem o papa ou qualquer outro grupo afora os dois acima mencionados não podem propor ensinamentos infalivelmente à comunidade católica. Somente o colégio de bispos em uníssono com o papa ou o papa isoladamente, como chefe do colégio dos bispos, podem tomar essa atitude.

Logo adiante, diremos mais sobre o caráter específico dos ensinamentos, quer dizer, dogmas definitivos, a doutrina definitiva e a doutrina oficial não-definitiva. Por ora, façamos apenas uma distinção entre o *magisterium* ordinário e o extraordinário. O *magisterium* extraordinário é exercido raramente.

O *MAGISTERIUM* ORDINÁRIO

Como o próprio título o sugere, o *magisterium* ordinário se refere ao ensinamento comum ou habitual dos bispos da Igreja. Quando os bispos da Igreja, reunidos em Roma nos anos 60 para o Concílio Vaticano II, apresentaram dezesseis documentos, cujos tópicos variavam da liturgia à missão da Igreja no mundo moderno, esse foi um exercício do *magisterium* ordinário. Da mesma forma, quando uma conferência de bispos, de um dado país, oferece um ensinamento confirmado unanimemente pela conferência ou aprovado por dois terços da conferência com aprovação subseqüente do Vaticano, temos um exercício do *magisterium* ordinário. Qualquer ensinamento oferecido por um bispo ou bispos em sua capacidade oficial de pastor do Povo de Deus, cai na categoria de *magisterium* ordinário.

Assim, os exercícios do *magisterium* ordinário podem incluir uma declaração pessoal do papa, ensinamentos do papa com os bispos, uma conferência de bispos ou um bispo individual. Oferecem ou reafirmam um ensinamento, para o bem da comunidade, para que as implicações da fé para o entendimento e a prática cristã possam ser compreendidas com mais clareza.

3. Ensinando com autoridade

Antes de passarmos à consideração da natureza e do tipo de obediência exigida aos ensinamentos do *magisterium* pastoral, diremos uma palavra sobre o ensinamento em si e sobre como esse serviço do *magisterium* deve ser exercido. Os bispos ensinam com uma autoridade que lhes advém de sua qualidade de sucessores dos apóstolos, incumbidos por Jesus do ministério do ensino. O modo como os bispos ensinam e aprendem, entretanto, é crítico para que seu exercício da autoridade reflita genuinamente a autoridade com que Jesus falou e agiu.

O MAGISTERIUM COMO ENSINO OFICIAL

MODELOS DE ENSINO

Os professores podem lidar com seu mister de uma variedade de maneiras. Um pode entrar na sala de aula supondo que é a única fonte de conhecimentos e que todos os outros ali presentes, quer sejam alunos de primeiro ano ou candidatos a doutorado, estão ali para ouvi-lo. Os alunos não têm nada com que contribuir, é o que ele supõe; estão ali para ouvir e aprender. Essa abordagem ao ensino focaliza menos o assunto e mais o professor, como mestre da matéria. O professor é indispensável e pode ser visto como o único caminho para se chegar ao entendimento daquela área do saber.

Algumas pessoas preferem que o *magisterium* ensine desse modo, abordando sua tarefa como se fosse o único dono da verdade e o ensinasse de maneira autoritária a um passivo Povo de Deus. Esse modelo, entretanto, não é consistente com o que o *magisterium* é e nem com o que deveria lecionar.

Em outro modelo, o "professor" atua de modo semelhante a um facilitador de grupo, que abre uma discussão e então sai do centro da cena, permitindo que os alunos "levem a bola adiante", indo por onde bem entenderem. Neste caso, embora seja presumido que o professor domine o assunto, ele tem pouca oportunidade de demonstrar o seu conhecimento. Em vez disso, suas habilidades se tornam mais evidentes na formulação de boas perguntas que iniciam e incitam o debate.

Os defensores desse tipo de ensino preferem que o *magisterium* tenha o mínimo possível a dizer sobre as questões morais da Igreja. Talvez queiram que o *magisterium* apenas lembre as pessoas dos princípios gerais do Evangelho, deixando depois os integrantes da comunidade da Igreja trabalhando individualmente, e por conta própria, sobre as particularidades da questão. Esse modelo também é inconsistente com o que o *magisterium* é, dentro da Igreja.

Em uma terceira abordagem ao ensino, os professores não entram na sala de aula acreditando que detêm o monopólio da verdade e do conhecimento, nem tampouco abandonam seus alunos às suas próprias elucubrações. Em vez disso, esses professores estão cientes da extensão dos conhecimentos específicos necessários e percebem que o foco não deve recair sobre si mesmos como professores, mas no assunto. Sabem que os alunos devem sentir-se atraídos pela matéria, tanto por meio do que eles – professores – têm a dizer a respeito, como em função da maneira como a comunicam. Eles reconhecem que ocorre um bom aprendizado quando um aluno pode ser ativamente envolvido

MANUAL PRÁTICO DE MORAL

no processo da aprendizagem, e até mesmo é incentivado a falar o que já sabe sobre o assunto.

A função e o lugar do *magisterium* na Igreja são similares a esse terceiro modelo, porque, antes de qualquer coisa, todos os membros da Igreja são o Povo de Deus. O *magisterium* e os fiéis são batizados na mesma Igreja e juntos tornam-se depositários da fé. O "assunto" de nosso estudo comum, se quiserem, é, acima de tudo, a revelação que é Jesus Cristo e o modo como a pessoa do Cristo e sua Boa Nova foram manifestadas à Igreja por intermédio das Sagradas Escrituras e da Tradição. Os padres do Concílio Vaticano II se expressaram nos seguintes termos:

> A Tradição e as Escrituras constituem um único depósito sagrado da Palavra de Deus, confiado à Igreja. Mantendo-se fiel a ela, o Povo todo de Deus, unido a seus pastores, permanece sempre fiel ao ensinamento dos apóstolos, à comunhão da vida, à partilha do pão e às preces... Assim, mantendo, praticando e professando a fé que foi transmitida, existe uma interação ímpar entre os bispos e os fiéis (*Constituição Dogmática Dei Verbum sobre a Revelação Divina*, § 10).

A imagem apresentada antes captura então o esforço conjunto de todos os membros da Igreja para discernir o significado do Evangelho para a prática moral dos dias de hoje. O *Catecismo da Igreja Católica* reitera esse esforço conjunto quando nos lembra que, na tarefa de transmitir e aplicar os ensinamentos da moralidade católica, a Igreja requer a contribuição de seus pastores, o conhecimento especializado dos teólogos e o apoio de todas as pessoas de boa vontade. E acrescenta: "A fé e a prática do Evangelho proporcionam a cada pessoa uma experiência da vida 'em Cristo', que a ilumina e a torna capaz de avaliar as realidades humana e divina de acordo com o Espírito de Deus. Assim, o Espírito Santo pode usar o mais humilde de todos para iluminar os eruditos e aqueles que ocupam as posições mais altas" (CIC, § 2038).

O Espírito Santo está em ação na Igreja inteira, em seu esforço de viver o Evangelho em tempos sempre novos e desafiadores. Existe um otimismo acerca do efeito do Espírito na Igreja. A *Constituição Dogmática Lumen Gentium sobre a Igreja*, do Concílio Vaticano II, assegura a Igreja quanto à presença norteadora do Espírito: "O corpo todo dos fiéis que receberam uma unção vinda do Sagrado...

não se pode equivocar em sua fé. Ele exibe essa característica por meio do sentimento sobrenatural da fé de todo o povo quando, 'dos bispos até o último dos fiéis', ele manifesta um consenso universal em termos de fé e moral" (§ 12).

Apresentamos essa comparação relativamente extensa de modelos de ensino porque situa o papel do *magisterium* no contexto da missão da Igreja inteira, de difundir os mistérios da fé e sua implicação para a prática cristã. A dádiva especial do *magisterium* em seu processo pedagógico, contudo, é o carisma da verdade. Esse carisma não é um conhecimento infundido sobrenaturalmente, mas uma dádiva do Espírito para que possamos discernir e reconhecer a fé apostólica. Essa competência do *magisterium* é evidente em sua longa tradição de discriminar o que é ou não é consistente com o Evangelho, enriquecido com o caráter internacional do corpo que é o *magisterium* da Igreja.

4. A natureza do ensinamento da Igreja e a obediência exigida dos fiéis

Uma das mais antigas referências da Tradição Cristã para um professor, indicando vários graus de autoridade ao seu ensino, está na Primeira Epístola de São Paulo aos Coríntios, capítulo sete, quando ele fala à comunidade coríntia sobre o casamento. Em certa altura ele diz: "Ordeno não eu, mas o Senhor" (1Cor 7,10), ao proibir o divórcio. Pouco adiante, Paulo escreve: "Aos outros digo eu, não o Senhor" (1Cor 7,12). Paulo prossegue, falando de casamentos entre fiéis e infiéis. Dando-se conta do significado de sua voz como apóstolo, Paulo distingue claramente o que vem do Senhor e qual é a melhor interpretação, que ele acredita ser consistente com o que o Senhor gostaria. Ele porém tem o cuidado de salientar uma diferença.

O *magisterium* age da mesma maneira, quando propõe seus ensinamentos à comunidade católica romana. Embora não o afirme do mesmo modo que São Paulo, estabelece diferentes categorias de ensinamento, cada uma com um poder específico de esperar obediência por parte da comunidade de fiéis.

A Tradição Católica Romana faz uma distinção técnica entre dogma e doutrina. O dogma se refere aos preceitos básicos ou credos de nossa fé; presume-se que estes são revelados por fonte divina. "Doutrina" é um termo mais amplo que "dogma" e se refere aos ensinamentos da Igreja, alguns que se presume serem de origem divina, e outros que têm uma conexão menos direta com a revelação divina, mas mesmo assim são importantes para os fiéis. O dogma, então, é incluído na categoria mais ampla da doutrina. As doutrinas podem ser reveladas divinamente ou não; os dogmas sempre o são.

As três principais categorias de ensinamento, cada uma delas antecipando um tipo especial de obediência ou recepção por parte dos fiéis, são as seguintes: dogma definitivo, doutrina definitiva e doutrina oficial não-definitiva.

DOGMA DEFINITIVO

O dogma definitivo se refere aos ensinamentos "propostos pela Igreja — em julgamento solene ou no *magisterium* universal e ordinário — como revelações divinas e chamados divinos à fé" (*Profissão de fé*, Congregação para a Doutrina da Fé, em "Congregação doutrinária publica profissão de fé e juramento", *Origins* 18/40 [16 de março de 1989]: 63). Dentro desta categoria seriam incluídas as afirmações do credo da Igreja, como o Credo de Nicéia, no qual professamos nossa crença num único Deus, o Pai Todo-Poderoso, e assim por diante. Também está contida aqui a crença na humanidade e na divindade de Jesus, assim como a crença na Imaculada Concepção da Virgem Maria e sua Assunção aos Céus, entre outros dogmas.

Quando declara um dogma definitivo, a Igreja está dizendo que a verdade expressa no dogma não sofreu alteração e é imutável; pode-se inclusive dizer que é uma verdade irreversível. Por exemplo, acreditamos que Jesus é tanto humano como divino. Usamos termos emprestados da filosofia grega, para tentar explicar esse maravilhoso mistério. Falamos que Jesus tem dupla natureza, uma divina e outra humana. Se encontrarmos uma outra maneira de comunicar essa verdade, podemos fazê-lo, mas não sacrificando a verdade. Uma expressão não nos poderia levar a duvidar da divindade e da humanidade de Jesus. O que é ainda mais importante, um dogma definitivo não pode ser expresso de um modo que nos distancie do caminho da salvação. Assim, quando declara um dogma definitivo, a Igreja diz que a verdade ali expressa não foi alterada e é imutável. Às vezes, os dogmas definitivos são o resultado de uma definição solene; outras vezes, não.

Dogma ensinado definitivamente por um julgamento solene: A *Profissão de fé*, publicada pela Congregação para a Doutrina da Fé em 1989, ressalta que alguns dogmas são propostos por meio de julgamentos solenes. Esse exercício de autoridade pertence ao *magisterium* extraordinário. Vamos lembrar-nos de

O MAGISTERIUM COMO ENSINO OFICIAL

que este compreende o colégio dos bispos, ensinando em comunhão com seu chefe, o papa, ou o papa falando *ex cathedra*, como chefe do colégio dos bispos. Quando a Igreja declara um dogma definitivo infalivelmente ou em julgamento solene, obriga todos os membros da comunidade da Igreja a aceitar esse ensinamento da fé. Nesse caso, o ofício pedagógico está realmente dizendo que esse dogma é "do Senhor". Não presumimos automaticamente que todo e qualquer ensinamento oficial da Igreja tenha sido infalivelmente ensinado como um dogma. Deve ser "demonstrado de modo manifesto".

Dogma ensinado definitivamente pelo* magisterium *ordinário e universal: É muito clara a proposta do *magisterium* ou de um ensinamento extraordinário como imutável. Como diz o Código da Lei Canônica, deve ser demonstrado de modo manifesto. Menos claro, na Tradição Católica Romana, é como um dogma pode ser ensinado infalivelmente pelo *magisterium* ordinário e universal. A *Constituição Dogmática Lumen Gentium sobre a Igreja* afirma que o *magisterium* ordinário e universal pode ensinar infalivelmente quando os bispos de todo o mundo, em conjunto com o papa, oferecem um ensinamento consistente e concordam que um tema especial da fé e da moral deve ser considerado definitivo (*Constituição Dogmática Lumen Gentium sobre a Igreja*, § 25; *Código da lei canônica*, cânone 749, § 2). Recentemente, o Papa João Paulo II apresentou um outro modo de identificar quando os bispos ensinaram algo por meio do *magisterium* universal ordinário. Assim como no *Evangelium Vitae*, ele ofereceu em vários locais "a confirmação papal" de que os bispos de fato ministraram certo ensinamento infalivelmente, no *magisterium* ordinário e universal.

Talvez valha a pena salientar aqui que, em muitas ocasiões, os dogmas da Igreja foram definidos em julgamentos solenes, em épocas nas quais sua verdade estava sendo questionada. Por exemplo, a presença real de Cristo na Eucaristia sempre foi uma crença da comunidade cristã. Ao longo dos séculos, porém, houve quem questionasse a verdade desse ensinamento. Em vários Concílios da Igreja, foi definido o ensinamento da presença real de Cristo na Eucaristia, em especial no Concílio de Trento, no século XVI.

Há dogmas, entretanto, que nunca foram definidos solenemente. Por exemplo, domingo após domingo recitamos o Credo e dizemos: "Cremos na comunhão dos santos". Também acreditamos comumente na ressurreição corporal de Jesus, mesmo que saibamos, por histórias das Escrituras, que seu corpo ressuscitado deve ter sido diferente, de alguma forma. Essas crenças não foram

177

definidas em julgamentos solenes, mas são comumente reafirmadas pela Tradição Católica Romana.

Os estudiosos que escrevem sobre a infalibilidade do *magisterium* ordinário e universal sugerem que esse exercício de infalibilidade é evidente quando, no decorrer de seus ensinamentos, os bispos do mundo todo continuam ensinando e afirmando como definitivos os dogmas e as doutrinas da Igreja que não foram definidos solenemente, mas ainda são entendidos como verdadeiros. Os dois exemplos citados endossam essa posição.

Assim como em qualquer exercício do carisma da infalibilidade, o *magisterium* deve usar sua autoridade com cautela e humildade. Teria uma importância crítica comprovar a mentalidade dos bispos e do Povo de Deus, no mundo todo, e não presumir que existe unanimidade em termos de certa área, especialmente quando for controversa. Os Papas Pio IX e Pio XII estabeleceram um precedente nesse sentido, quando questionaram os bispos a respeito da fé da Igreja, antes de definirem solenemente os dogmas da Imaculada Concepção e da Assunção de Maria. Evidentemente, não se tratava de uma exigência jurídica para que fosse um exercício válido da infalibilidade papal, mas reflete a determinação do papa de assegurar que estavam ensinando a fé da Igreja.

Natureza da obediência exigida pelo dogma definitivo: A *Profissão de fé* e documentos subseqüentes salientam que o dogma definitivo deve ser recebido pelos fiéis com uma fé obediente, quer dizer, deve ser aceito "como uma revelação divina e um chamado da fé" (*Profissão de fé*). Se alguém se encontrar numa dúvida persistente sobre um dogma definitivo, pode questionar, justificadamente, se estaria de fato sintonizado com a comunidade católica romana.

Por exemplo, em nosso ministério pastoral, conhecemos pessoas que confessaram ter dúvidas quanto à presença real de Cristo na Eucaristia. Nós as encorajamos a alinhar sua fé com a fé da comunidade e a continuar comparecendo à Missa para receber a Comunhão. Após algum tempo, suas dúvidas diminuíram e mais uma vez conseguiram professar sua fé na presença real.

Contudo, se um preceito essencial da fé é a crença no Deus triuno e eu não consigo, de maneira persistente e íntegra, aceitar esse dogma da fé, talvez seja preciso que eu me retire da comunidade por fidelidade à minha própria consciência e em sinal de respeito à comunidade de fé e suas crenças.

Enquanto, no passado, a Igreja pode ter buscado ativamente localizar aqueles que não aceitavam os dogmas centrais à fé para excomungá-los, a ênfase aqui

O MAGISTERIUM COMO ENSINO OFICIAL

consiste no exercício individual da consciência e em seu ato pessoal de integridade, quanto a pertencer ou não à comunidade. Mostramos que esse seria o caso se houvessem dúvidas "persistentes", não passageiras. Dogmas definitivos, tanto os ensinados pelo *magisterium* infalivelmente como não, devem ser recebidos com fé obediente porque são revelados divinamente.

DOUTRINA DEFINITIVA

A *Profissão de fé* e o *Juramento de fidelidade* devem ser professados por aqueles que "são chamados a exercer um ofício em nome da Igreja". Os que professam sua fé devem dizer: "Eu também aceito e defendo firmemente cada uma e todas as coisas propostas pela mesma Igreja, definitivamente, com respeito aos ensinamentos sobre a fé e a moral" (*Profissão de fé*). Esta categoria de doutrina apareceu pela primeira vez em 1989, na *Profissão de fé*.

Embora se presuma que o assunto do dogma definitivo faça parte da revelação divina, o mesmo não é verdade para a doutrina definitiva. O Papa João Paulo VI escreve que as verdades da doutrina definitiva, entretanto, são um "nível mais profundo de entendimento de alguma verdade a respeito da fé e da moral" (*Ad Tuendam Fidem*, § 3). Elas são "necessárias para a sagrada preservação e a fiel explicação do... depósito da fé" (*Código da Lei Canônica*, cânone 750, § 2). Por exemplo, o ensinamento da Igreja sobre a eutanásia é definitivo, como reiterado no *Evangelium Vitae*. Não existe uma condenação explícita da eutanásia na Palavra revelada de Deus, mas parece que uma opinião contrária a esse ensinamento poderia comprometer, em alguma medida, o depósito da fé, especificamente os temas bíblicos de Deus como Criador e autor de toda a vida e de nós, como guardiões da vida. Esses temas bíblicos endossam o ensinamento da Igreja. Outros argumentos também são oferecidos, mas ressaltamos a ligação com as Sagradas Escrituras, a fim de mostrar de que modo um ensinamento particular do *magisterium* pode ser transmitido definitivamente, não em virtude de ter sido revelado divinamente, mas porque é "exigido para a sagrada preservação e explicação fiel do mesmo depósito da fé".

Em suma, o uso que o *magisterium* faz do temo "definitivo" indica que ele acredita que o assunto do ensinamento, seja sobre fé ou moral, é entendido com clareza suficiente pela Igreja e que o ensinamento a esse respeito é irreversível, ou impossível de ser reformulado. Não mudará sua substância.

A natureza da obediência exigida pela doutrina definitiva: o Papa João Paulo II escreve que a doutrina definitiva deve ser "firmemente adotada e mantida" (*At Tuendam Fidem*, § 4; *Código da Lei Canônica*, cânone 750, § 2). A *Profissão de fé* diz: "Eu também aceito e defendo firmemente" os ensinamentos propostos definitivamente.

Enquanto o dogma definitivo deve ser recebido pelo fiel com um ato de fé, acreditando que o que é ensinado é de fato uma revelação divina, a doutrina definitiva não presume um ato efetivo por parte do fiel. Em vez disso, esses ensinamentos devem ser firmemente aceitos e defendidos como verdadeiros, confiando-se no trabalho do Espírito Santo através do ofício pedagógico do *magisterium* pastoral.

DOUTRINA OFICIAL NÃO-DEFINITIVA

Um terceiro tipo de ensinamento citado na *Profissão de fé* é a doutrina não-definitiva. Esse documento se refere aos ensinamentos propostos pelo papa ou pelo colégio episcopal, "mesmo se afirmarem que esses ensinamentos são um ato que não é definitivo". Ao oferecer sabedoria moral à comunidade católica romana, o *magisterium* tenta compreender melhor a revelação divina, tenta relacionar certos ensinamentos com verdades mais fundamentais da fé, e/ou advertir a comunidade a respeito de determinadas idéias que contrariam as verdades da fé. Essas podem ser opiniões ou preceitos teológicos sobre a moralidade de determinados assuntos.

Quando transmite um ensinamento de maneira oficial, mas não-definitiva e não-infalível, o *magisterium* oferece à comunidade afirmações sábias que são sua melhor interpretação da verdade sobre a questão que está sendo considerada. Cientes da dificuldade de exagerar nossa capacidade de conhecer a verdade em todos os assuntos específicos, o *magisterium* ensina de maneira oficial, mas não definitiva. A comunidade presume a assistência do Espírito Santo também nesses ensinamentos do *magisterium*.

A natureza da obediência exigida pela doutrina não-definitiva: a *Profissão de fé*, seguindo o ensinamento da *Constituição Dogmática Lumen Gentium sobre a Igreja* do Concílio Vaticano II, diz que o fiel deve receber a doutrina não-definitiva com uma "submissão religiosa da mente e da vontade" (§ 25). Outros traduzem o termo em latim desse texto — *obsequium religiosum* — como "deferência religiosa da mente e da vontade". De todo modo, o fiel deve receber esse ensinamento para torná-lo seu, no máximo de sua competência. Novamente, eles agem assim, confiantes de que o Espírito Santo está agindo no ministério do *magisterium* pastoral e em sinal de respeito ao ofício pedagógico.

5. Conclusão: Uma tarefa comum – tendendo ao bem para a plenitude da vida

No Evangelho de João, Jesus diz: "Eu vim para que tenham vida e a tenham em abundância". Jesus promete-nos que, seguindo seu exemplo, seremos encaminhados à plenitude da vida. A tarefa do *magisterium* e a tarefa do crente individual são uma só: buscamos todos saber como seguir o Senhor no mundo de hoje, para podermos usufruir a plenitude da vida.

Embora o ofício pedagógico da Igreja deva fazer isso em certo nível para toda a comunidade da Igreja, os fiéis devem também fazê-lo, individualmente, no contexto de sua vida pessoal, dentro da comunidade cristã. Essas tarefas não são opostas, mas sim precisam uma da outra. O ofício pedagógico aprende com a experiência dos fiéis da comunidade, e esta aprende e é moldada pelo ofício pedagógico do *magisterium*.

Os fiéis devem, cada um, reconhecer suas próprias limitações conforme se empenham para entender a verdade e fazer bons julgamentos morais em suas vidas. Somos chamados para uma conversa contínua e temos muitos pontos cegos em nossa visão da verdade. Precisamos uns dos outros, da comunidade em geral, e do ofício pedagógico em especial, para nos orientar em nossa busca da plenitude da vida.

O ofício pedagógico deve também reconhecer suas limitações a respeito da habilidade de conhecer a verdade e articulá-la de uma maneira que seja apropriada à comunidade. Precisamente por esse motivo, a Igreja fala de diferentes categorias de ensinamento, associadas a vários níveis de obediência. A Igreja reconhece humildemente que a verdade moral pode não ser sempre plenamente assimilada por nós, mesmo com a ajuda do Espírito Santo. Com isso, a Igreja oferece sabedoria moral à comunidade, ajudando-a na formação e no exercício da consciência, acreditando firmemente que aqueles que obedecem a esse ensinamento atingirão a plenitude da vida.

A experiência histórica nos mostrou tanto o que o ofício pedagógico da Igreja aprendeu prestando atenção ao *sensus fidelium*, a percepção do fiel, como o fiel aprendeu prestando atenção ao ofício pedagógico da Igreja. O Evangelho e a comunidade católica romana são mais bem servidos quando esse relacionamento de mútuo enriquecimento é cultivado e usado para que se possa apreender mais profundamente a Boa Nova, no mundo de hoje.

Seção três

Teologia moral
Especializada

Introdução

Se você segurar um prisma contra a luz, verá diversos reflexos dessa mesma luz, cores brilhantes, dependendo do modo como a luz incide no prisma. Embora cada reflexo seja lindo em si, nenhum deles capta a luz toda; apenas a transforma em cores agradáveis, de maneira limitada. Jesus Cristo é a mais completa revelação de Deus. No entanto, nossa assimilação de Jesus, a luz do mundo, e do Deus que ele revela é incompleta. É limitada por conta de nossa humanidade, tanto pessoal como grupal. A noção da Tradição e o desenvolvimento de nossa compreensão de quem é Jesus indicam que até mesmo a Igreja está sempre aprendendo e se aprofundando ainda mais no mistério de Deus. Apesar dessa realidade, mas justamente por isso, continuamos a nos aproximar de Deus na fé e a estudar teologia. Como dissemos antes, a teologia é uma tentativa de sistematizar, de categorizar, o que aprendemos sobre Deus e nossa fé.

Divisões da teologia

No processo de escrever a teologia, entretanto, temos necessariamente de dividir o material estudado em várias subdivisões ou aspectos da teologia, dependendo de que parte especial da revelação estamos investigando. Conseqüentemente, falamos de teologia dogmática ou sistemática, para nos referir às verdades centrais de nossa fé, tais como o estudo da Trindade ou a pessoa do Cristo, e assim por diante. A teologia sacramental estuda a maneira como os sacramentos são manifestações particulares, "sinais externos", da reunião da vida de Deus com as nossas vidas. Também temos a teologia histórica, a teologia litúrgica, a teologia moral, a teologia pastoral, além de outras subdivisões, de acordo com o material apropriado a esse aspecto da teologia.

Sempre há o perigo de, em nossa categorização ou subdivisão da teologia, esquecermo-nos de que, na realidade, se trata de um todo unificado, tentando chegar a um entendimento mais profundo do mistério do nosso Deus Triuno. As subdivisões da teologia são meramente necessárias para seu estudo e propagação.

TEOLOGIA MORAL E SUAS SUBDIVISÕES

O que é dito da teologia como um todo é verdadeiro também para a teologia moral. Falamos que a teologia moral é aquela disciplina da teologia que estuda as implicações da nossa fé para o tipo de pessoas que nos devemos tornar, assim como para as espécies de atitudes que devemos tomar. Se a vida moral é a nossa resposta aos muitos atos de amor de Deus por nós, a teologia moral nos orienta na composição dessa resposta. A teologia moral, entretanto, criou mais algumas divisões na disciplina da teologia moral para lidar com determinadas dimensões de nossa resposta, na vida moral. Nesta terceira e última seção do livro, apresentamos uma breve revisão das quatro subdivisões da teologia moral: ética biomédica, ética sexual, ética social e ética ambiental.

TENDENDO AO BEM/A DEUS

Um tema que se repete ao longo de todo o livro, até aqui, é que a vida moral consiste em "tendermos para o bem", tendermos a Deus. Em particular, salientamos que tendermos habitualmente para o bem é a substância da vida virtuosa. Em nossa revisão dessas especializações da teologia moral, analisaremos o "bem" do ponto de vista especial do bem biomédico, do bem sexual, do bem social e do bem ambiental. Embora acreditando que haja especificações particulares do bem em cada uma dessas áreas, algumas são comuns e atuam em todas elas. Assim, em lugar de abordá-las em cada capítulo, apresentamo-las aqui em termos mais gerais. Seu caráter específico deve tornar-se evidente, na medida em que estudarmos mais de perto a teologia moral, sob o prisma de suas disciplinas distintas.

A vida humana (CIC, § 2258ss.; Evangelium Vitae): Começamos com a vida humana em si. A vida humana é o bem humano fundamental, porque sem ela não podemos gozar de mais nada de bom neste mundo. Se gostamos da nossa família, de viajar, de estudar, de praticar esportes, de músicas, de danças, o que quer que seja, a menos que estejamos vivos não podemos experimentar nada disso. A vida humana é o bem humano fundamental. Ainda mais importante, a nossa vida humana é a condição para sermos capazes de vir a conhecer e amar a Deus. A menos que tenhamos nascido neste mundo, não somos convidados a entrar no relacionamento com Deus e nem a experimentar a plenitude da vida com ele. Nas várias subdivisões da teologia moral que iremos examinar, então, presumimos um respeito incondicional pela vida humana como o bem humano fundamental.

Falar da vida humana como bem fundamental não quer dizer que seja um bem absoluto, ou seja, que nunca possa ser sacrificada. Acreditamos que nunca se deve dirigir um ataque direto contra o bem da vida humana inocente. Por esse motivo, entendemos que o homicídio, o aborto, a eutanásia e o suicídio são moralmente maus. No entanto, nossa Tradição também honra os mártires e, naturalmente, a pessoa do próprio Jesus que morreu para que nós pudéssemos ganhar a vida. Assim, embora nossa vida terrena seja de inestimável valor, não é nosso destino final. Em vez disso, estamos destinados a estar com Deus que nos fez a sua própria imagem (ver *Evangelium Vitae*, § 2).

Quando discutimos o critério de uma ação certa ou errada na teologia moral, salientamos o ensinamento encontrado na encíclica papal de João Paulo II, *Veritatis Splendor*, em que ele afirma que as ações são moralmente certas ou erradas, dependendo de se contribuem ou não para o autêntico bem humano. Em todas as subdisciplinas da teologia moral, então, tender ao bem inclui um respeito incondicional pela pessoa humana e por sua vida.

A dignidade da pessoa humana (CIC, §§ 357, 1881 e 1928-1933): Um segundo bem comum a todas as dimensões da teologia moral pode até parecer inseparável do primeiro, mas também merece uma atenção individual, e trata-se da dignidade da pessoa humana. A Tradição Católica Romana assinala a origem da dignidade humana em nossa Criação à imagem e semelhança de Deus (CIC, § 357). Simplesmente porque existimos, somos pessoas dignas. A dignidade é nossa precisamente porque somos filhos e filhas de Deus. Tornarmo-nos plenamente semelhantes a Deus seria a mais elevada expressão de nossa dignidade, nossa mais excelsa manifestação.

A dignidade humana não pode ser retirada: essa dignidade inerente ou intrínseca que possuímos não pode ser removida de nós. Essa afirmação entra totalmente em choque com outros usos do termo "dignidade". Em algumas sociedades, a dignidade atribuída a uma pessoa corresponde a sua posição na sociedade; pode-se esperar então que membros da realeza possuam mais dignidade do que plebeus. O filósofo inglês Hobbes media a dignidade de acordo com o valor público de uma pessoa. A voz do povo fala com facilidade das pessoas que perdem a dignidade por uma variedade de razões. Há quem se refira a um alcoólatra renitente, que desperdiça nas ruas a maior parte do seu tempo, como "indigno", sugerindo que perdeu sua dignidade como pessoa humana. Em debates sobre o suicídio assistido por médicos, muitas pessoas afirmam que os doentes terminais perderão sua dignidade quando não puderem mais cuidar de si mesmos e nem tomar decisões. Argumentam que é legítimo seu direito de "morrer com dignidade". Essas noções de dignidade sugerem que os seres humanos são, de alguma maneira, agraciados com a dignidade em função de sua reputação, do que realizaram socialmente e assim por diante. A Tradição Católica Romana desafia essa posição e afirma muito claramente que as pessoas têm dignidade simplesmente porque elas *são*.

Dizer que sempre temos dignidade não sugere que sempre vivemos de maneira consistente com nossa dignidade. Se somos criados pelo amor para o amor, vidas de vício e não de virtude, assim como cada ato pecaminoso, comprometem nossa dignidade como filhos de Deus. Ao contrário, a vida virtuosa expressa em atos amorosos voltados a Deus e aos outros promove nossa dignidade precisamente, porque nos tornam mais parecidos com Deus, cuja imagem serviu de molde para sermos criados.

As reflexões da teologia moral guiam nossos atos de maneira que a dignidade da pessoa é respeitada, protegida, e ela recebe um ambiente em que pode desabrochar. Um princípio fundamental é que uma pessoa nunca deve ser usada como meio para se alcançar algum fim. As pessoas são sempre valiosas em si, e não como instrumentos a serem usados para se obter alguma outra vantagem. Entre outras áreas, então, a ética social lutaria por um salário justo para os trabalhadores e por condições decentes de trabalho; se não for assim, os trabalhadores tornam-se apenas peões nas mãos dos patrões. A ética social fala de um aspecto central de nossa humanidade, como pessoas sociais e relacionais. Qualquer abuso de uma outra pessoa, de ordem sexual ou outra, degrada-a e agride sua dignidade humana. A ética biomédica garante que cada pessoa seja tratada como criatura que merece o máximo cuidado e respeito, e que todas sejam atendidas com toda espécie de atenção médica apropriada a sua enfermidade, sendo sempre honradas até seu último suspiro. A ética ambiental considera que a pessoa humana é o ápice do ato criativo de Deus e, por isso, assegura que o bem da pessoa humana seja uma prioridade, enquanto nos empenhamos em discernir como ser bons guardiões da Criação de Deus. Estes breves exemplos indicam como o bem do respeito pela dignidade da pessoa humana está em ação nas várias subdivisões da teologia moral.

A pessoa humana como ser social/relacional (CIC, §§ 371-372; 376; 1878-1880): As pessoas feitas à imagem e semelhança de um Deus triuno lembram Deus em seus relacionamentos "na verdade e no amor" (CIC, § 1878). Nós seremos mais verdadeiramente nós mesmos quando nossos relacionamentos estiverem em harmonia, quer dizer, os quatro relacionamentos da nossa existência: com Deus, os outros, conosco mesmos e com toda a Criação. O terceiro bem comum a todas as subdivisões da teologia moral estará em ação em todas as suas áreas específicas, como mostrará nossa discussão subseqüente.

Nas seções que seguem, poderíamos ser tentados a pensar que a ética social e a ética ambiental são questões morais "públicas", ao passo que as decisões sobre cuidados com a saúde e a vida sexual são "privadas". Essa classificação não se aplica, porém. Como a pessoa humana é relacional e como nossa vida moral nos molda enquanto pessoas, é pertinente dizer que realmente não existe o que se possa chamar de ato moral privado. Quer estejamos discutindo questões do relacionamento entre países desenvolvidos e em desenvolvimento, a escolha de novas técnicas de reprodução, a paternidade/maternidade responsável, ou o impacto de novos centros de urbanização em sítios selvagens, por baixo de todos esses tópicos está a questão de harmonizar os quatro níveis dos nossos relacionamentos.

O bem da Criação (CIC, §§ 339, 364-365): O bem final geral, para o qual chamamos a atenção, é o bem da Criação. Conhecemos o texto do primeiro livro da Bíblia, o Gênesis, em que Deus, o Criador, olhou para tudo o que havia criado e viu que era bom. Essa afirmação essencial do bem da Criação também tem seu impacto sobre nossas reflexões morais gerais. Embora sejamos talvez logo levados a associar esse bem com a ética ambiental, ele se aplica também às outras três áreas que iremos examinar.

Se nosso primeiro bem comum é o bem da pessoa humana, esta alegação do bem da Criação afirma o bem da pessoa humana como corpo-alma (CIC, §§ 364-365). O bem do corpo humano tanto quanto o da alma assinalam que há a obrigação moral de cuidarmos de nossos corpos e de estarmos atentos ao modo como usamos nossa corporalidade. Assim, a ética biomédica, que acima de tudo diz respeito à saúde da pessoa, e a ética sexual, que orienta nossos relacionamentos sexuais como pessoas de carne e osso, presumem o bem de toda a Criação e do corpo humano em especial. A ética social e a ética ambiental atentam ao bem de tudo o que existe, assim como cuidam da obrigação de sermos bons guardiões dos bens da Terra, garantindo que as pessoas tenham o que precisam para desabrochar como seres humanos, cultivando sua dignidade como filhos de Deus.

Poderíamos citar ainda outros "bens", no início desta última seção, sobre áreas específicas da teologia moral. Mas que esses bastem, então, e sirvam como bens paradigmáticos, aparecendo de modo explícito ou implícito nas áreas que virão a seguir. Tender ao bem na vida moral sempre incluirá um profundo respeito por esses bens, tanto em nossas atitudes como em nossos comportamentos.

Capítulo Nove

Bioética: Salvaguardando a Vida Humana, a Dignidade Humana e a Saúde

1. Introdução

As manchetes diárias anunciam novidades tecnológicas, prometendo ampliar tanto a quantidade como a qualidade da vida. No entanto, ninguém mais se surpreende com o fato de esses "avanços" geralmente deixarem-nos, além de esperançosos, também com muitas questões em aberto. Conforme vamos descobrindo mais e mais sobre os genes que constituem a pessoa humana e sobre a possibilidade de alterá-los para produzir o tipo de pessoa que gostaríamos, naturalmente surge a pergunta: "Em que ponto a mudança ultrapassa os limites?". Devemos escolher olhos azuis para o filho que planejamos? E de que sexo queremos que seja? E sua altura? Ou peso? Devemos livrá-lo de possíveis doenças?

Outras questões são: "Quantos tratamentos médicos devo fazer para lidar com a minha doença?", "Quando é que se torna legítimo interromper um tratamento médico que não parece estar mantendo minha mãe viva, somente prolongando sua morte?", "Que medidas meu marido e eu devemos tomar para ter o nosso filho biológico?". Todas essas indagações salientam a importância de se cultivar idéias claras e de se fazer uma análise lúcida dessas questões existenciais. Esse é o campo de reflexão da bioética.

A bioética é aquele ramo da teologia moral que lida com as questões da vida, sua proteção e promoção. Conseqüentemente, uma preocupação central da bioética são os aspectos do atendimento à saúde. Na busca da plenitude da vida para a qual somos convocados, a bioética estuda a qualidade moral de nossas respostas às questões atinentes à concepção e à morte e a todas as inúmeras outras indagações, situadas entre essas duas.

2. Revisão histórica

É difícil situar com exatidão o momento do "nascimento" da bioética, pois esse assunto vem sendo considerado há séculos. No entanto, podemos seguramente falar de uma explosão da bioética no início da segunda metade do século XX. Uma das mais tenebrosas descobertas sobre o regime nazista, durante o Julgamento de Nuremberg, envolveu os médicos que haviam feito experimentos em pessoas, sem seu consentimento. Supostamente para avançar o conhecimento científico, seres humanos foram usados como cobaias, com pouca ou nenhuma consideração por seu bem-estar. Houve uma poderosa reação contra o uso de pessoas em nome do progresso da Ciência, sem seu consentimento. Além disso, foram levantadas questões a respeito das condições que seriam legítimas para que o conhecimento científico pudesse avançar, assunto que é prerrogativa da bioética.

Outros desenvolvimentos do final do século XX salientaram a necessidade de refletirmos concentradamente sobre as questões que afetam a vida e a saúde humana. A promessa de transplantes de órgãos, de tecnologias de reprodução e outros progressos técnicos para auxiliar o funcionamento normal dos órgãos humanos, como a diálise renal, despertam controvérsias sobre sua legitimidade ética. A possibilidade de manter as pessoas vivas, "plugadas" em respiradores artificiais, entubadas, recebendo alimentação endovenosa, entre outras medidas, complicam mais ainda as questões sobre o fim da vida e provocam outras, sobre quando as pessoas tinham obrigações éticas a respeito do uso de tratamentos médicos e quando podiam recusá-los. Infelizmente, as descobertas da tecnologia médica também têm sido usadas para colocar um ponto final na vida, nos casos de aborto e eutanásia.

O resultado desses avanços e questões foi um florescimento da literatura, para auxiliar as reflexões sobre essas complexas questões científicas, médicas e morais. Além disso, centros especificamente dedicados a assuntos bioéticos começaram a surgir no mundo todo. A mera enormidade do volume de material, ao lado da especificidade das questões em tela, merecem a designação de uma outra área da teologia moral, a que nos referimos como bioética.

3. Tendendo ao bem na bioética

Ao largo de todo este volume, levantamos a questão do que significa ser virtuoso em sua vida moral, ou seja, como tender ao bem. Promover o desabrochar humano em cooperação com a graça de Deus, na área da bioética, implicará tender ao bem em sentidos específicos para a promoção da vida humana, a dignidade da pessoa e o bem integral de cada indivíduo enquanto união corpo/alma.

Na introdução a esta terceira seção do livro, falamos de três bens que aqui são relevantes: a vida humana, a dignidade humana e a natureza relacional da pessoa humana. Tratamos desses bens por um prisma específico, em sua relação com o bem na bioética. Além disso, chamamos atenção para três outros bens, que surgem na bioética. Primeiramente, mencionamos o bem da unidade de corpo e alma, fiel ao princípio da encarnação, e tão importante quando se considera o progresso da tecnologia e medicina. Em segundo lugar, examinamos o bem da saúde em si, cuja busca é a força motivadora por trás de uma grande parte da pesquisa científica e dos avanços tecnológicos. Por fim, mencionamos a virtude da presença compassiva em prol dos que estão sofrendo, como um sinal especial de que a equipe médica e os sacerdotes tendem ao bem, na bioética.

Respeito pela vida humana

Quando começa a vida humana? Ao longo de todo o livro, acentuamos que a vida humana é o bem fundamental para os seres humanos. É o bem humano sem o qual nenhum outro bem pode ser desfrutado. Não há dúvida de que as questões levantadas no campo da bioética dizem legitimamente respeito aos modos de produzir e preservar a vida, e a como agir responsavelmente em relação aos moribundos.

Uma questão crítica, a respeito de temas como o aborto, técnicas de reprodução, pesquisas com células-tronco em embriões, entre outros, é a seguinte: "Quando começa a vida humana?". A complexa resposta científica a essa indagação não pode ser adequadamente discutida aqui. Baseando-se em evidências científicas sólidas, a Igreja ensina consistentemente que a "vida humana deve ser respeitada e protegida absolutamente, desde o momento da concepção. A partir do primeiro instante de sua existência, o ser humano deve ser reconhecido como dotado dos direitos de uma pessoa, dentre os quais o inviolável direito à vida de todo ser inocente" (CIC, § 2270).

Algumas pessoas propõem que deveriam existir gradações em termos do respeito e proteção dados à vida humana, de acordo com seus vários estágios de desenvolvimento. Por exemplo, estes defendem que um feto de oito semanas merece maior respeito do que um óvulo recém-fertilizado. O ensinamento oficial da Igreja, contudo, considera a vida humana tão importante e inviolável que adota a postura mais estrita e moralmente segura, quanto ao início da vida humana. "Os temos *zigoto, pré-embrião, embrião* e *feto* podem indicar, no vocabulário da biologia, estágios sucessivos do desenvolvimento de um ser humano." Entretanto, o ensinamento da Igreja atribui "a eles uma relevância ética idêntica, a fim de designar o resultado (visível ou não) da geração humana, desde o primeiro momento de sua existência até o instante de seu nascimento" (*Instrução Donum Vitae sobre o respeito à vida humana nascente e a dignidade da procriação*, "Introdução"). Ou, como afirma o *Catecismo da Igreja Católica*, o óvulo recém-fertilizado deve ser tratado como uma pessoa desde o instante mesmo da fertilização, sendo protegido, cuidado, assistido e respeitado tanto quanto possível e na mesma medida que qualquer outro ser humano (CIC, § 2274).

Uma outra versão da questão "quando começa a vida humana?" é: "Quando alguém é uma pessoa?" ou "O que constitui a paternidade/maternidade?". São muitas e variadas as tentativas de se responder a essa pergunta. Embora essa questão moral seja significativa, a Igreja realmente a colocou em segundo plano em relação a um respeito mais fundamental por toda a vida humana. A Igreja não define em seus documentos oficiais quando alguém é uma pessoa, mas declara que toda vida humana deve ser tratada "como uma pessoa" desde o momento da concepção. Como o critério de atos certos e errados focaliza o efeito dos atos sobre o bem de uma pessoa, devemos considerar que tudo o que coloca em risco a vida humana inocente, da concepção até sua morte natural, é um ato moralmente ilícito, um abuso da liberdade humana.

Quando a vida humana termina? Se a Tradição Católica pede respeito pela vida humana, do útero ao túmulo, é crítico determinarmos quando alguém está pronto para o túmulo. Determinar o momento ou a iminência da morte é significativo, do ponto de vista moral, por diversos motivos. As famílias que estão precisando decidir se iniciam, continuam ou suspendem um tratamento médico vão precisar de uma opinião médica abalizada sobre a situação da saúde de seus entes queridos. Transplantes de órgãos bem-sucedidos requerem órgãos

BIOÉTICA: SALVAGUARDANDO A VIDA HUMANA

"sadios", colhidos o mais imediatamente possível depois de confirmado o óbito. Naturalmente, a morte envolve muito mais do que um julgamento médico. Embora as informações dos médicos a respeito da iminência da morte ou de sua ocorrência sirvam como uma referência objetiva para os familiares e amigos, a dimensão emocional de se dar adeus a alguém que amamos é um fator significativo quando se fazem julgamentos sobre cuidados a serem dispensados à saúde. Os sacerdotes e a equipe médica devem levar em conta todos esses fatores quando estão lidando com um paciente em estado terminal e seus familiares.

Os progressos científicos têm-nos ajudado significativamente a compreender o processo do começo da vida. A busca empreendida pela humanidade para garantir a imortalidade terrena, ao lado dos avanços tecnológicos para tentar alcançá-la, suscitaram indagações sobre quando termina a vida terrestre. A única resposta mais provavelmente definitiva é a comprovação da decomposição corporal. No entanto, não esperamos tanto.

Se, antigamente, a cessação dos batimentos cardíacos era um indicador de morte, hoje temos a tecnologia necessária para manter o coração humano batendo. Se, no passado, detectar o hálito, aferido pela condensação em um espelho colocado perto do nariz ou da boca de alguém, indicava presença de vida, hoje temos a tecnologia necessária para manter os pulmões respirando "mais além da morte". Essas tecnologias são muito proveitosas quando as pessoas precisam de uma assistência temporária, para que seu coração ou pulmões se mantenham funcionando, até que sejam novamente capazes de funcionar por si. Em outros momentos, porém, a tecnologia só prolonga a morte, não a vida.

Como determinar o momento da morte? O Conselho Pontifício para a Pastoral no campo de Saúde salienta: "A morte é vista e experimentada pelas pessoas como uma decomposição, uma dissolução, uma ruptura. Advém quando o princípio espiritual que governa a unidade do indivíduo não é mais capaz de exercer suas funções no organismo e em seus elementos que, deixados à própria mercê, se dissociam" (Conselho Pontifício para a Pastoral no campo de Saúde, *Carta aos profissionais da saúde*, § 128). Mais especificamente, o Concílio escreve: "A pessoa está morta quando perdeu, irreversivelmente, toda a capacidade de integrar e coordenar as funções físicas e mentais do corpo". Em segundo lugar, com respeito ao momento preciso da morte: "A morte advém quando: (a) as funções espontâneas do coração e da respiração cessaram definitivamente ou (b) houve a cessação irreversível de toda atividade cerebral" (§ 129). Na realidade, "a morte cerebral é o verdadeiro critério da morte, embora a parada definitiva da atividade cardiorrespiratória leve, muito depressa, à morte cerebral" (§ 129). Em última análise, o Conselho Pontifício aconselha que se dê atenção aos melhores conselhos médicos a respeito desse assunto. Determinar o momento da morte "não é uma questão de fé ou de moral, exceto para a Ciência médica... A teologia moral, na realidade, não pode deixar de admitir que a determinação biomédica é o critério decisivo" (§ 128).

Do ponto de vista moral, o valor da vida humana não é diminuído pela morte. A morte faz parte natural de nossa vida espiritual. Como declara o prefácio das liturgias fúnebres: "Senhor, para o vosso povo fiel, a vida mudou, não se encerrou". A fé introduz uma nova dimensão na realidade da morte, oferecendo esperança em meio às trevas, a esperança da ressurreição, durante o padecimento na cruz (ver também CIC, § 1012).

Tender ao bem na ética biomédica se expressa concretamente, portanto, quando a vida humana é respeitada e protegida, do útero ao túmulo, da concepção até a morte natural. Discutiremos mais adiante, neste mesmo capítulo, as implicações desse caso moral específico.

Dignidade humana:
O EQUILÍBRIO ENTRE AUTONOMIA E SOCIABILIDADE

O horror dos experimentos em prisioneiros dos campos de concentração, durante o regime nazista, despertou uma pronta condenação e o comprometimento de se respeitar a dignidade e, em particular, a autonomia da pessoa humana. "Autonomia" vem do grego *auto* (próprio) e *nomos* (lei, norma). *Autonomia* implica que a pessoa deve ser capaz de estipular, para e por si mesma, as leis que dirigem sua vida. Na linguagem que usamos no capítulo dois, a autonomia está relacionada à responsabilidade no exercício da liberdade de moldar a própria vida de acordo com a convocação de Deus para nele levarmos uma vida plena. Um dos riscos de se interpretar autonomia como "auto-regulação" é que essa interpretação poderia sugerir que as pessoas são livres para fazer o que bem entenderem. Essa visão é uma leitura imprecisa da genuína autonomia da Tradição cristã.

A bioética defende certos elementos essenciais que são necessários para se garantir que a liberdade e a autonomia da pessoa sejam respeitadas. Quer se trate de um paciente em atendimento médico ou da experimentação de novas drogas em doentes, o consentimento livre e informado da pessoa ou de seu representante legal deve ser obtido para que se possa seguir em frente. Esse consentimento informado respeita a dignidade dos seres humanos, reconhecendo que receberam o dom da liberdade a fim de moldarem sua vida à imagem e semelhança de Deus. As decisões que vierem a ter um impacto significativo sobre sua vida, do ponto de vista médico, social ou espiritual, não podem ser tomadas sem que se recebam informações suficientes para se efetuar um julgamento. A razão para esse princípio é que as pessoas devem ser informadas, a fim de fazerem um julgamento de consciência responsável. Conseqüentemente, essa ênfase no consentimento informado presume uma atmosfera de confiança e veracidade nos relatos entre o paciente e seus cuidadores, para que a dignidade e a autonomia humanas sejam respeitadas.

Uma questão crítica que surge no decorrer da reflexão sobre bioética é: "Há limites à autonomia?". Em outras palavras, o que deve orientar o uso que a pessoa faz de sua liberdade? A esse respeito, encaminhamos o leitor novamente ao capítulo dois sobre o uso responsável da liberdade. Embora a caracterização da liberdade e da autonomia seja basicamente a ausência de limites, é ainda mais essencial a ambos os conceitos à busca da excelência. Quer dizer, devemos buscar a autonomia e a liberdade que promovam o autêntico bem humano.

Assim, o complemento a uma ênfase sobre a autonomia é o foco sobre a natureza relacional da pessoa humana. Usemos um exemplo para ver como essas duas dimensões poderiam interagir. Vamos supor que Vítor, um homem casado, com três filhos menores de 15 anos, recebe o diagnóstico de um tumor cerebral. O médico de Vítor expõe algumas opções, entre elas o uso de radioterapia para diminuir o tamanho do tumor ou uma cirurgia imediata. Se prevalecesse sua autonomia absoluta, Vítor seria livre para fazer um julgamento sobre seu tratamento, sem informar nem consultar mais ninguém, a esposa e os filhos inclusive. Se a autonomia de Vítor, porém, é contrabalançada pelo reconhecimento de sua vida relacional, ele com muita certeza exercerá sua capacidade de discernimento e chegará a uma decisão sobre o tratamento médico, após conversar com a esposa e outras pessoas significativas em sua vida. Essa postura reconhece a interdependência que une as várias pessoas e, ao mesmo tempo, reafirma que, em última instância, Vítor deve tomar ele mesmo uma decisão. Uma questão ainda mais ampla, mas mais exigente, é se e quanto dinheiro deve ser investido, talvez até mesmo excedendo o uso dos meios disponíveis, num mundo em que para muitos faltam até mesmo os cuidados mais básicos.

A autonomia destaca a dignidade e o bem do indivíduo, assegurando que a pessoa não será usada como meio para algum fim. O fato de as pessoas viverem em redes de relações lembra aos agentes morais que, em seu exercício da liberdade, sempre estarão afetando os outros e que esse seu direito deveria sempre vir acompanhado do nosso chamado fundamental a dar e receber amor. No capítulo sobre a ética social, vemos esse relacionamento no equilíbrio e na tensão entre os direitos humanos individuais e o bem comum. Tender ao bem, na bioética, será caracterizado pela autonomia que é exercida nas relações afetivas.

UNIDADE DE CORPO E ALMA (CIC, §§ 362-368)

Em nossas reflexões sobre a ética biomédica, salientamos a unidade de corpo e alma como um bem humano que figura em nossa consideração do que é moralmente certo e errado. Os seres humanos são tanto "corporais como espirituais. Dada sua união substancial com uma alma espiritual, o corpo humano não pode ser considerado um mero complexo de tecidos, órgãos e funções, nem pode ser avaliado da mesma maneira que o corpo dos animais. Em vez disso, é parte constitutiva da pessoa que se manifesta e se expressa por meio dele" (*Instrução Donum Vitae sobre o respeito à vida humana nascente e a dignidade da procriação*, "Introdução", seção 3).

As conseqüências práticas dessa união de corpo e alma são a constatação de que aquilo que afeta o corpo também afeta a alma e vice-versa. Em suma, examinaremos rapidamente a experiência do sofrimento. Os pacientes de câncer de próstata ou de seio não se percebem estreitamente focalizados em determinada parte de seu corpo. Não dizem "minha próstata tem câncer" ou "meu seio tem câncer". Eles dizem "eu tenho câncer". A doença afeta a pessoa como um todo.

Da mesma forma, não é o corpo apenas que sofre; o espírito da pessoa também é envolvido. Não é incomum que a pessoa que está sob um forte estresse apresente transtornos físicos, que vão de acne a úlcera. O reconhecimento (e o respeito para) da união de corpo e alma é um outro valor que temos em mente, em nossas reflexões sobre a bioética.

SAÚDE (CIC, §§ 2288-2291)

Um bem final que mencionamos é o da saúde em si. À luz do que dissemos antes, a respeito da união entre corpo e alma, entendemos a saúde dentro de uma perspectiva holista, que se reflete na Carta aos profissionais da saúde:

"O termo e o conceito de saúde abrangem tudo aquilo que pertence à prevenção, ao diagnóstico, ao tratamento e à reabilitação para um melhor equilíbrio e bem-estar físico, psíquico e espiritual da pessoa" (*Carta aos profissionais da saúde*, § 9).

Por que cuidar da nossa saúde? Mencionamos que o bem humano básico, o bem primário sem o qual nenhum outro pode ser usufruído, é a vida humana. Para sermos bons guardiões da dádiva da vida que recebemos, devemos dar-lhe uma atenção solícita, responsável e razoável, levando também em consideração as necessidades dos outros e o bem comum (CIC, § 2288).

CUIDADOS COMPASSIVOS PELOS QUE SOFREM

Na Idade Média, era comum um aforismo para orientar os que trilhavam o caminho do atendimento à saúde, que dizia: "Cure às vezes, alivie muitas vezes, conforte sempre". Quando esse conselho era posto em prática, indicava uma prioridade: compaixão pelo sofredor. Em meio ao burburinho e afobação do moderno mundo médico e tecnológico, ficamos com a impressão de que a única ênfase que existe recai na cura. No entanto, a reflexão bioética dos últimos trinta anos vem salientando em particular não a cura, mas os cuidados, como o objetivo mais alto do atendimento à saúde. Tender ao bem na bioética nos lembra da dignidade da pessoa humana e de que o atendimento compassivo às pessoas é um valor fundamental nos cuidados à saúde e na bioética.

4. Sofrimento: ausência desses bens em graus variáveis

Quando os bens que mencionamos acima estão ameaçados ou correndo risco, mesmo que temporário, as pessoas sofrem. Tendo em mente que a saúde afeta o corpo, a mente e a alma ou espírito, podemos compreender que as pessoas também sofrem em cada uma dessas áreas.

Muitas vezes, ministramos palestras sobre o sofrimento humano e convidamos as pessoas ali presentes a expressar os sentimentos que elas mesmas ou seus conhecidos tiveram em decorrência do sofrimento. Raiva, culpa, confusão, solidão, desespero, alienação e medo, para citar apenas alguns, foram os sentimentos mais citados. O que parece quase universal, entretanto, é que o sofrimento deixa a pessoa numa situação até então desconhecida e de desorientação, tentando achar de novo o próprio rumo na vida. A experiência do sofrimento nos arremessa em um torvelinho, e não temos mais certeza do que fazer ou de como reagir.

A pergunta mais freqüentemente formulada pelos que sofrem é: "por quê?". As respostas variam da inadequada "Porque é a vontade de Deus" até "É coisa do destino". Nenhuma dessas é uma explicação satisfatória. Não acreditamos que haja uma única resposta para explicar por que as pessoas sofrem. Incapazes de apreender o porquê do sofrimento, as pessoas em geral tentam encontrar um sentido para ele. Algumas acham que estão sendo castigadas, enquanto outras esperam aprender com seu sofrimento, assim como há também aqueles que toleram o sofrimento, acreditando que algo melhor advirá no futuro.

Na Tradição cristã, muitas vezes somos lembrados de que nosso sofrimento pode redimir-nos ou salvar. Uma frase que talvez nos tenham dito muitas vezes é: "Faça do sofrimento uma oferenda", sugerindo que devemos suportá-lo pelo bem dos outros. Mas como é que o nosso sofrimento pode ser redentor?

À luz do tema que freqüentemente reiteramos neste livro, gostaríamos de sugerir que o sofrimento nos pode ajudar, de algum modo, a dar e receber amor. Quando isso acontece, é realmente redentor. Se pudermos admitir nossa dependência dos outros, por mais difícil que isso possa ser para nós, estamos aprendendo a receber amor. Se continuamos a amar enquanto estamos sofrendo, unimos nosso sofrimento ao sofrimento de Cristo, que amou até mesmo enquanto estava sendo pregado à cruz. Por outro lado, se nosso sofrimento nos leva a lutar com os outros e nos torna mais ainda absorvidos em nós mesmos, dificilmente será redentor; na realidade, será destrutivo.

A simples medida do quanto o nosso sofrimento pode ser redentor é justamente o quanto continuamos amando os outros. Seja qual for o sentido que possamos dar ao sofrimento, se ele não nos levar a dar e receber amor, não é tão redentor quanto poderia ser.

RESPOSTA AO SOFRIMENTO

De que maneira nós e os outros respondemos ao sofrimento? Gostaríamos de examinar rapidamente a resposta pessoal do indivíduo, a resposta do ministro pastoral e, por fim, a resposta médica.

Do ponto de vista pessoal, parece que a resposta mais adequada ao sofrimento é tentar integrá-lo em nossa vida e seguir em frente. Como ficamos com mais perguntas do que respostas, esperamos que a nossa experiência do sofrimento não nos deixe amargos, mas que, em algum momento, se torne uma oportunidade para podermos enxergar as nossas próprias limitações, a nossa dependência de Deus e dos outros, e para continuarmos a amar apesar do nosso sofrimento.

Do ponto de vista pastoral, a resposta apropriada ao sofrimento é simplesmente fazer companhia, estar com a pessoa que sofre, com a mesma atitude com que oramos. Para resumir o que as pessoas sentem quando estão sofrendo, poderíamos falar de uma perda da sensação de pertencer, tanto a si como aos outros. As pessoas que sofrem não estão sentindo-se ligadas nem a si, nem a mais ninguém. Pense por um momento no quanto é incômodo, às vezes, estar com alguém que está sofrendo, física ou mentalmente. As pessoas sentem o nosso desconforto e se sentem dissociadas de nós. A melhor resposta pastoral, então, é simplesmente estar com as pessoas que estão sofrendo ou recuperar para elas, em alguma medida, seu senso de pertencer a uma comunidade. Os compassivos cuidados dispensados pelo capelão do hospital, pelo médico e pela enfermeira são críticos, nesse sentido.

A resposta médica ao sofrimento é buscar a sua causa e curá-la ou remediá-la. Cabe aqui, entretanto, uma palavra de cautela ou um aviso. A busca pela causa e a cura deve ser empreendida dentro do contexto de respeito pelo bem da pessoa como um todo, reconhecendo que os cuidados compassivos estendidos a algum paciente que está sofrendo requerem mais do que uma adequada tecnologia médica. Não sugerimos que os médicos e enfermeiras e outros integrantes da equipe médica devam assumir o papel do capelão ou do psicoterapeuta, ou do parente, mas que estes reconheçam a experiência multifacetada do sofrimento e garantam que os especialistas em corpo e alma trabalhem em harmonia uns com os outros, pelo bem do paciente.

As limitações naturais da condição humana garantem que haverá sofrimento em nossas vidas. Tender ao bem, na bioética, inclui cuidados compassivos pelos que sofrem. O ramo da teologia moral conhecido como bioética presta uma atenção particular à qualidade moral das respostas ao sofrimento, na medicina e na tecnologia. Antes de examinarmos algumas questões especiais da bioética, vejamos os princípios que se desenvolveram na Tradição Católica Romana a fim de orientar as nossas deliberações a tal respeito. Veremos esses princípios em ação nas análises que seguem.

5. Princípios: auxílio ao raciocínio moral na bioética

Na discussão que vem a seguir, salientamos os princípios que deveriam orientar as respostas ao sofrimento humano, tanto as respostas específicas aos pacientes reais que estão sofrendo, como a experimentação em busca de curas para a doença. Passaremos em revista alguns princípios que se desenvolveram na Tradição Católica Romana, como parâmetros para o processo de raciocínio.

Ao estudarmos esses princípios, é importante lembrar que o princípio é formulado como resultado de uma reflexão sobre um bom julgamento. Os princípios não são criados do nada e, depois, aplicados a situações específicas. Eles decorrem de reflexões sobre a experiência. Por exemplo, embora alguém possa dizer que os teóricos da bioética poderiam ter facilmente criado um princípio que defendesse o consentimento livre e informado, por parte dos pacientes, a respeito de suas doenças, a experiência da experimentação em pessoas sem seu consentimento deu lugar a uma ênfase sobre a autonomia e o consentimento informado. Assim, surgiu o princípio da autonomia. No mesmo sentido, foram "criados" outros princípios baseados na reflexão de julgamentos sábios, que fizemos anteriormente. Os teóricos tentam examinar o que tornou a decisão sábia e formular um princípio que nos oriente em situações futuras. Às vezes, os princípios nos servirão muito bem nesse sentido; em outras oportunidades, a singularidade de uma dada situação pode sugerir que o princípio não é relevante. Não obstante, os princípios nos serviram muito bem na Tradição, e examinaremos aqui, brevemente, três deles: o princípio do duplo efeito, o princípio da cooperação e o princípio da totalidade.

O PRINCÍPIO DO DUPLO EFEITO

O princípio do duplo efeito começa com o reconhecimento da complexidade da ação moral. Às vezes, ficamos diante de respostas ao sofrimento humano que parecem combinar o bem e o mal. Por exemplo, vamos supor que seu tio-avô está com muitas dores causadas pelo câncer disseminado por seu corpo todo. A melhor recomendação médica é mantê-lo o mais confortável possível, já que nada pode ser feito para livrá-lo da doença. Entretanto, o medicamento antiálgico prescrito pode enfraquecer sua resistência e apressar sua morte. Diante do bem desejado do alívio da dor e a triste verdade de que o próprio medicamento usado para ajudá-lo é capaz de acelerar sua morte, como devemos agir? Usando os quatro pontos do princípio do duplo efeito como bússola para nos guiar em nossos raciocínios morais, podemos concluir que vamos dar ao tio Beto o remédio para lhe aliviar a dor, mesmo que isso apresse sua morte.

O princípio do duplo efeito reconhece que a pessoa não deve fazer um mal para alcançar um bem. Também presume, porém, que algumas atitudes são acompanhadas tanto por conseqüências desejáveis como indesejáveis, algumas boas, outras más. Não podemos prejudicar diretamente uma pessoa a fim de produzir algum bem. As quatro diretrizes do princípio são:

(a) A ação que se está cogitando executar deve ser ou moralmente boa ou moralmente neutra. Neste caso, ministrar um remédio para diminuir a dor de um paciente que está sofrendo é um ato moralmente bom.

(b) Não se pode ter a intenção de causar mal com a nossa atitude, mesmo que isso seja possível. Os médicos nos disseram que, se dermos para o tio Beto o remédio para a dor, o mais provável é acelerarmos sua morte. Esse efeito não é o que temos em mente, pois só pretendemos ajudá-lo a se sentir confortável, sem dor.

(c) O bem alcançado não pode resultar do mal. O alívio da dor que o tio Beto vai sentir resulta do medicamento, não de ele vir a morrer mais depressa.

(d) Deve haver um motivo razoável para se permitir que o mal ocorra.

Quando examinamos o estado do tio Beto, devemos levar em conta se mantê-lo sem dor e tão confortável quanto possível é um motivo bom o bastante para corrermos o risco de acelerar sua morte, algo tão indesejável. Ao que parece, esse motivo justifica o uso do remédio para aliviar a dor (ver também Congregação para a Doutrina da Fé, *Declaração sobre a eutanásia*; Conferência dos Bispos Católicos dos Estados Unidos, *Diretrizes éticas e religiosas para os serviços católicos de atendimento à saúde, Origins*, 31/9 [19 de julho de 2001], § 47, p. 160).

No decorrer das reflexões sobre bioética, ocorrem muitas outras avaliações morais com o raciocínio demonstrado no princípio do duplo efeito. Por exemplo, pode-se dispensar a uma gestante um tratamento médico necessário, mas que, não obstante, acarreta a morte do feto (Conferência dos Bispos Católicos dos Estados Unidos, *Diretrizes éticas e religiosas para os serviços católicos de atendimento à saúde* § 47, p. 160); ou podem-se adotar procedimentos usados para tratar um problema médico, capazes de redundar em esterilidade (*Diretrizes éticas e religiosas para os serviços católicos de atendimento à saúde*, § 53, p. 160). Na área da ética social, as pessoas justificaram o bombardeio de arsenais militares durante a guerra, mesmo que civis pudessem ter sido mortos em decorrência da destruição desses locais.

O princípio do duplo efeito reflete julgamentos prudentes, nos quais bem e mal estão presentes em determinada conduta. Com isso, resguardamo-nos de fazer uma opção direta pelo mal, embora reconheçamos a plausibilidade dos julgamentos a favor do bem que pode acarretar algum mal indireto e indesejado.

O PRINCÍPIO DA COOPERAÇÃO

Os antigos filmes de gângster costumavam apresentar um grupo de homens sentados em volta de uma mesa, arquitetando o roubo de algum banco. Depois que o esquema básico era explicado, o chefão dizia: "Vocês estão dentro ou não?", perguntando aos outros se tomariam parte no assalto. Variavam então as respostas e as respectivas tarefas para a execução do plano, entre os integrantes da gangue.

O princípio da cooperação reconhece que muitos agentes participam da ação do mal, prejudicando as pessoas. O princípio da cooperação tenta orientar-nos em nossos raciocínios morais, de modo que não causemos o mal de algum modo deliberado e consciente (esses dois fatores são importantes).

Quando discutimos o pecado no capítulo quatro, mencionamos dois tipos: os pecados formais e os materiais. O pecado material viola a ordem moral e acarreta o que é errado. Trata-se de uma descrição objetiva do pecado e seus efeitos. O pecado formal, por outro lado, refere-se ao estado subjetivo da pessoa que comete o pecado, culpada ou não.

Nesse mesmo sentido, falamos da cooperação formal e da cooperação material na causação do mal. A cooperação formal presume que alinho a minha vontade com o mal do principal agente moral; a cooperação material presume que eu não faço isso, embora não esteja isento de culpa.

Para esclarecer como o princípio opera, usemos como exemplo ajudar alguém a cometer suicídio. Começamos presumindo que tomar a própria vida e

BIOÉTICA: SALVAGUARDANDO A VIDA HUMANA

ajudar quem faz isso é moralmente errado e intrinsecamente mau, como diria a Tradição moral católica. Vamos supor que a pessoa que quer tirar a própria vida precisa da sua ajuda para conseguir uma dose suficiente de pílulas. Ela pede que você vá à farmácia comprar os remédios, com uma nova receita. Você sabe que ela quer se matar.

A cooperação formal sugere que você não só vá até a farmácia como também aprova a ação da pessoa que tira a própria vida. Você alinha sua vontade com a da pessoa que está tomando uma atitude condenável. A cooperação material sugere o que você não aprova, mas que, levado por alguns outros fatores, como uma eventual coação, uma falsa noção de lealdade para com o suicida, ou outros, resolve cooperar e obter o medicamento. Você não aprova, mas decide fazer alguma coisa para ajudar. Sem saber, o farmacêutico também cooperou materialmente ao fornecer o medicamento. Entretanto, não tem a menor idéia de que será usado pela pessoa para se matar. A sua cooperação, no entanto, é mais próxima e praticamente essencial ao ato, mais grave, e beira uma cooperação formal com o mal.

O princípio da cooperação tenta avaliar com que intensidade a pessoa alinha suas próprias intenções com a de outrem, decidido a fazer o mal. Pode ser que nunca cooperemos formalmente com o mal. Sob certas circunstâncias, poderemos cooperar materialmente, mas nunca, como no caso que apresentamos, se a nossa cooperação for indispensável à produção de um mal.

O PRINCÍPIO DA TOTALIDADE

O princípio final que abordamos é chamado de o princípio da totalidade. Novamente, ele reflete julgamentos prudentes, feitos no passado. A ação moral correta promove o autêntico bem humano. Mencionamos antes que a saúde e, conseqüentemente, o autêntico bem humano dizem respeito à integridade biológica, social, espiritual e psicológica. O princípio da totalidade reconhece que a pessoa, às vezes, pode sacrificar uma parte de sua pessoa pelo bem do todo, desde que essa escolha não seja intrinsecamente má, ou seja, prejudicial ao autêntico bem humano.

A pessoa que sofre de gangrena numa perna pode, com razão, amputar esse membro para sobreviver, enquanto conjunto. Podemos, temporariamente, perder a consciência sob o efeito de uma anestesia para passarmos por alguma cirurgia. Uma parte é sacrificada, mesmo que temporariamente, pelo bem do todo. Em termos mais gerais, um rim pode ser doado pelo bem de outrem. Mas, tal como no princípio do duplo efeito, devemos repetir que uma ação que é intrinsecamente má, como a esterilização, por exemplo, pode não ser escolhida diretamente como meio de salvaguardar o bem da pessoa inteira. Assim como com o princípio do duplo efeito, a ação escolhida deve ser ou moralmente neutra ou moralmente boa.

6. Questões da bioética: a moralidade de certas respostas ao sofrimento

Tudo o que dissemos até aqui serve de contexto para uma consideração dos temas específicos à bioética. Duas afirmações gerais, que nos ajudarão a resumir as conclusões da Tradição Católica Romana acerca dos tópicos a serem discutidos, são: até mesmo com a melhor das intenções, as pessoas nunca podem ser usadas como meios para um fim; sua dignidade exige isso. E a segunda é: os seres humanos são guardiões de suas vidas e de toda a Criação, não seus donos. O *Catecismo da Igreja Católica* expressou-se da seguinte maneira: não somos os proprietários da vida que Deus nos deu; somos apenas cuidadores e guardiões dessa dádiva. A vida não é nossa para nos descartarmos dela, quando bem o quisermos (CIC, § 2280). Voltaremos a esses dois valores gerais muitas vezes, quando estivermos examinando os tópicos específicos.

Questões do início da vida

São muitas as questões atinentes ao respeito e à proteção da vida humana, desde o momento da concepção: a fertilização *in vitro* e outras tecnologias de reprodução, a clonagem, a pesquisa com células-tronco de embriões, e intervenções genéticas. De um jeito ou outro, a Igreja julgou que a vida e/ou a dignidade humana são ameaçadas ou diretamente prejudicadas pela maioria desses procedimentos médicos e tecnológicos. As intervenções genéticas devem ser investigadas ainda mais. Por isso, em alguns casos, como veremos, a Igreja as declarou prejudiciais à vida humana e imorais.

Pontos-chave do ensinamento da Igreja a respeito do início da vida: Quando examinamos essas questões, dois pontos-chave devem ser mantidos em mente. A Igreja nos ensina que a nova vida deve ser resultante do intercurso sexual do par de cônjuges, respeitando a dimensão procriativa e conjugal da expressão sexual humana. Retirar a criação de um ser humano desse contexto significa colocar a nova vida em risco, por torná-la produto da tecnologia, e não a dádiva pessoal de um casal amoroso. Além disso, tanto a dimensão sagrada do amor conjugal como a dignidade e a vida dessa nova criatura podem tornar-se ameaçadas.

Tecnologias de reprodução (CIC, §§ 2374-2377): A Igreja ensina que as tecnologias de reprodução podem ser moralmente aceitáveis quando auxiliam, mas não substituem, o modo natural de se gerar filhos, a saber, por meio do intercurso sexual dos cônjuges. A maioria das tecnologias mais usadas atualmente, porém, substitui mas não ajuda a reprodução.

Fertilização in vitro e inseminação artificial: A fertilização *in vitro* envolve a união do esperma e do óvulo, fora do útero, numa placa de Petri, com a subseqüente transferência do ovo fertilizado para o útero da mulher que quer engravidar. Em geral, esse procedimento consiste na fertilização de diversos óvulos, que podem não ser todos implantados no útero ao mesmo tempo. Alguns podem ser congelados ou simplesmente descartados. Algumas variações da fertilização *in vitro* incluem a doação de esperma ou óvulos de algum outro doador. Atualmente, também há a opção da maternidade de aluguel, em que outra mulher, não a doadora do óvulo, engravida e leva a gravidez até o fim.

Além da fertilização *in vitro*, também há a inseminação artificial, em que o esperma do pai biológico é inserido na vagina da mulher. Esse esperma pode ser do seu marido ou de um doador.

A Igreja ensina que todas essas técnicas de reprodução são moralmente ilícitas porque, na realidade, substituem mas não ajudam o processo natural da procriação decorrente do ato conjugal. Esses procedimentos separam a dimensão procriadora da sexualidade humana de sua dimensão conjugal. É por esse motivo, e não pela artificialidade do procedimento em si, que essas técnicas de reprodução são moralmente erradas (CIC, §§ 2375-2378). O uso de mais pessoas, como doadores de esperma, óvulos e até mesmo úteros, no caso das mães de aluguel, afeta inclusive a dimensão matrimonial do ato conjugal (CIC, § 2376).

Manual Prático de Moral

Clonagem: a mídia enlouqueceu de excitação, em 1997, quando foi divulgado que uma ovelha havia sido clonada com sucesso. Seu nome era Dolly. Imediatamente começaram as especulações e dúvidas a respeito da clonagem humana. A lógica do ensinamento da Igreja a respeito da clonagem humana é semelhante à de seu ensinamento sobre a fertilização *in vitro*. No processo da clonagem humana, a dimensão procriadora da sexualidade humana é separada de sua dimensão conjugal. A Pontifícia Academia do Vaticano para a Vida chama a clonagem de "reprodução assexual e agâmica, destinada a produzir indivíduos biologicamente idênticos ao ser adulto que forneceu o material genético nuclear... Representa uma manipulação radical dos relacionamentos constitutivos e da complementaridade que está na origem da procriação humana, tanto em seus aspectos biológicos como em seus aspectos estritamente pessoais" (Pontifícia Academia do Vaticano para a Vida, *Reflexões sobre clonagem*, Libreria Editrice Vaticana, 1997). A Academia Pontifícia reconhece essa cisão entre o ato sexual humano e a procriação, obtida também pela clonagem. Existe também a falta de respeito pela nova vida que em breve existirá, não só quanto à maneira como foi concebida, mas também com um aparente pouco caso pelos desafios psicológicos, espirituais e talvez até físicos, que esperam pela nova vida produzida dessa forma. A clonagem parece tratar a nova vida como um item de mercado, mais do que como alguém que merece um profundo respeito.

Pesquisas com células-tronco de embrião: Quase que diariamente a mídia nos apresenta razões para nutrirmos ainda mais esperanças a respeito da medicina. Uma dessas esperanças tem sido a promessa de usar células-tronco para tratar transtornos como o mal de Parkinson, por exemplo, e a doença de Alzheimer, devolvendo órgãos corporais comprometidos a um estado de melhor funcionamento. Embora ainda em seus estágios iniciais, os cientistas estão prometendo grandes avanços.

A pesquisa com células-tronco de animais já vem sendo realizada há vários anos. Somente há pouco tempo, entretanto, é que a atenção se voltou para o uso das células-tronco humanas no combate às doenças. Geralmente, falamos de dois tipos de pesquisa com células-tronco: as realizadas com embriões e as realizadas com adultos.

A dificuldade moral que decorre da pesquisa de células-tronco de embriões é que a vida humana, nesse estágio, está sendo usada em experimentações e empregada com o fim de promover o conhecimento médico. "A Igreja sempre

208

ensinou, e continua ensinando, que o resultado da procriação humana, desde o primeiro momento de sua existência, deve ser objeto de um respeito incondicional, tal como o que é moralmente devido ao ser humano em sua totalidade e unidade de corpo e espírito" (*Evangelium Vitae*, § 60). Os embriões que são criados e utilizados para pesquisa com células-tronco não recebem a garantia desse respeito.

A Igreja não se opõe à experimentação como um fim em si. Mas espera que aqueles que são objeto de experimentações dêem seu consentimento informado, de livre e espontânea vontade. Obviamente, esse tipo de consentimento não é possível com embriões. Além disso, a Igreja espera que os experimentos realizados sem o consentimento da pessoa possam, no mínimo, contribuir para o seu próprio bem, de alguma maneira. Mais uma vez, isso não acontece com a pesquisa em células-tronco de embriões.

A Igreja considera essa pesquisa uma violação da dignidade da nova vida humana e se opõe a essa manipulação, mesmo que com a melhor das intenções. "*Nenhum fim entendido como bom*, tal como o uso de células-tronco para a preparação de outras células diferenciadas a serem usadas no que parecem ser procedimentos terapêuticos promissores, *pode justificar uma intervenção dessa natureza*. Um fim bom não torna correta a ação que, em si mesma, é errada" (Pontifícia Academia para a Vida, *Declaração sobre a produção e o uso científico e terapêutico das células esteminais embrionais humanas*).

Neste momento, a Igreja não adota a mesma postura com respeito às células-tronco de adultos. Estas não exigem a produção nem a destruição de embriões humanos e, conseqüentemente, "representam um método mais razoável e humano para se progredir de maneira correta e sensata neste novo campo de pesquisas e nas aplicações terapêuticas que se prometem" (Pontifícia Academia para a Vida, *Declaração sobre a produção e o uso científico e terapêutico das células esteminais embrionais humanas*).

Intervenções genéticas: Os cientistas descobriram e continuam esperando que um melhor entendimento da estrutura genética dos seres humanos leve não só a um melhor entendimento de como "funcionamos", por assim dizer, como também permita a descoberta da ligação entre genes e doenças. A questão moralmente significativa é o que fazemos com o conhecimento científico e com as informações específicas que obtemos em cada caso. As intervenções tecnológicas deveriam ser julgadas moralmente aceitáveis se, por exemplo, são feitas para se escolher o sexo de uma nova criança, a cor de seus olhos ou outros traços desse tipo? Ao lado da questão de se separar a dimensão procriadora da reprodução de sua dimensão matrimonial, devemos indagar-nos se essa criança em potencial não está sendo tratada como um produto, sendo moldada ou predeterminada de acordo com projetos de seus pais e dos técnicos. Por esse motivo, a Igreja ensina que essas "manipulações são contrárias à dignidade pessoal do ser humano e sua integridade e identidade" (*Instrução Donum Vitae sobre o respeito à vida humana nascente e a dignidade da procriação*).

Maior simpatia merecem as tentativas de descobrir a ligação genética com as doenças, para tentar erradicá-las. No entanto, isto nunca pode ser feito às custas de uma outra pessoa ou comprometendo a dignidade de uma vida humana. Têm sido registrados muitos avanços positivos e moralmente aceitáveis a esse respeito. Para citar apenas um exemplo, a descoberta do gene relacionado com a fibrose cística permitiu rápidos avanços no tratamento dessa doença. A continuidade das pesquisas poderá inclusive proporcionar mais esperanças e resultados promissores.

Uma outra questão envolve o que é chamado de mapeamento genético dos vivos, para verificar se têm propensão a uma doença em particular. Às vezes, o mapeamento e/ou um diagnóstico pré-natal são feitos no feto com a intenção de abortá-lo, caso sejam identificados defeitos. A Igreja julga o aborto um ato moralmente errado como resposta a essa situação (CIC, § 2274). Em outros casos, porém, as pessoas podem querem saber se têm chance de desenvolver alguma doença, baseando-se em sua constituição genética. Essa informação pode ser-lhes útil, permitindo que se preparem para seu próprio futuro e para o daqueles pelos quais são responsáveis.

Muitas pessoas sugeriram que o progresso tecnológico, em si, não tem muito mérito se não for acompanhado por um progresso moral. O conhecimento em genética poderia promover a busca do indivíduo "perfeito" para o qual alguns padrões, não necessariamente respeitosos da dignidade da pessoa humana, terminariam ditando intervenções genéticas. Muitos grupos de portadores de necessidades especiais temem que essa eugenia os coloque em risco ou os torne alvo de discriminação. Conforme prosseguem os estudos e a aplicação de novos conhecimentos na área da intervenção genética, deve-se continuar dando atenção à dignidade de toda a vida humana e ao nosso papel de guardiões da vida, não seus criadores.

Aborto: Em sua encíclica *Evangelium Vitae*, o Papa João Paulo II descreve o aborto provocado como um "assassinato direto e deliberado, por quaisquer meios que sejam usados, de um ser humano na fase inicial de sua existência, que se estende da concepção ao nascimento" (§ 58). Trata-se de tomar uma vida humana inocente, de uma injustiça contra a vida que recém iniciou seu percurso de desenvolvimento (§ 13). A Igreja reconhece também que há muitos motivos para se provocar um aborto, entre eles a proteção da saúde da mãe, o bem-estar de outros membros da família, e até mesmo a crença de que uma nova criança não deve nascer numa situação familiar desesperada (*Evangelium Vitae*, § 58). A despeito dessas pressões, a Igreja prega que o aborto não é a resposta moralmente correta.

Talvez seja importante ressaltar também que parte do ensinamento da Igreja consiste em lembrar as pessoas de que devem proporcionar ambientes de apoio para quem está cogitando em fazer um aborto, para que seu fardo pese menos, oferecendo-lhe um atendimento solidário.

Questões do fim da vida

Se as novas descobertas da Ciência e da tecnologia significam desafios para as criaturas que estão no início da vida, pode-se dizer o mesmo daquelas que se aproximam do fim. A Congregação para a Doutrina da Fé assinala, em sua *Declaração sobre a eutanásia*, que "a medicina aumentou sua capacidade de curar e prolongar a vida em determinadas circunstâncias, o que pode dar margem a problemas morais, em alguns casos". Consideraremos brevemente os critérios para a cessação ou a não administração de tratamentos médicos, no fim da vida, ao lado de questões específicas sobre a eutanásia e o suicídio medicamente assistido.

Nem vitalismo, nem descaso pela vida: A discussão dessas questões pode ser situada entre dois extremos: prolongar a vida a todo custo e desrespeitar a vida humana. Como cristãos, acreditamos que nossa vida na terra é uma dádiva maravilhosa de Deus, mas que terminará quando partirmos desta para a vida eterna. Por esse motivo, como já dissemos muitas vezes, a vida terrena é um bem humano fundamental, mas não um bem absoluto. Pode ser sacrificada; não nos devemos apegar a ela como se esta vida fosse tudo o que temos. Por esse motivo, rejeitamos a primeira postura, que chamaríamos de "vitalista" e que nos levaria a manter viva a pessoa, a qualquer preço. No entanto, como dissemos antes, somos guardiões da vida, não seus senhores. Portanto, temos a responsabilidade de cuidar da nossa vida e saúde e da dos outros. Devemos rejeitar toda a forma de barateamento da vida humana e de desrespeito por ela, em especial o término arbitrário de uma vida humana inocente. Como sabemos, porém, nunca são fáceis os julgamentos, quando cabe decidir entre manter a qualquer custo ou deixar que se vá a vida de alguém que amamos. Essa dificuldade fica evidente nas complexas questões em torno de não se ministrar ou interromper algum tratamento médico e na polêmica a respeito da eutanásia e do suicídio medicamente assistido.

Não administrar ou cessar a administração de tratamento médico (CIC, § 2278): Ouvimos falar de um homem que era chamado de "homem-milagre", porque sempre quando estava à beira da morte parecia recuperar milagrosamente sua saúde, até mesmo segundo diagnóstico dos médicos. Sempre que lhe perguntavam se queria que os médicos tentassem mais alguma coisa disponível para mantê-lo vivo ele dizia que sim. Por outro lado, lembramos de outra amiga, doente terminal de câncer, sofrendo de uma disfunção renal séria. Disseram-lhe que, com diálise, ela poderia viver mais. Ela se recusou a receber esse tratamento dizendo: "Chegou a minha hora". Em ambos os casos, os pacientes estavam em condição de tomar decisões por si mesmos. O primeiro pediu um tratamento agressivo; era um guerreiro. A nossa amiga simplesmente se resignou à iminência da morte e escolheu viver o restante de seus dias convivendo com seu grave quadro de saúde e deixando que a doença seguisse seu curso. Ambos agiram de forma responsável, ao que parece. Por quê?

Obrigações morais extraordinárias/desproporcionais e ordinárias/proporcionais: Muitos católicos estarão familiarizados com as expressões "meios ordinários e meios extraordinários", entendendo-se que a pessoa está obrigada a usar os meios ordinários, mas não os extraordinários. O equívoco comum das pessoas, porém, é que "ordinário" e "extraordinário" se referem, basicamente, ao tipo do procedimento. Por exemplo, em 1975 uma cirurgia de coração em que o órgão permanecia exposto era uma prática relativamente nova, que exigia uma internação hospitalar relativamente longa. Em 2000, os pacientes desse tipo de cirurgia podiam dar entrada no hospital e ter alta em uma semana. Poder-se-ia talvez dizer que, em 1975, a cirurgia com coração exposto era um meio extraordinário e que, em 2000, tinha-se tornado um meio ordinário. Essa mudança na classificação pode não ser necessariamente o caso.

Os termos "ordinário" e "extraordinário" qualificam o tipo de obrigação moral que a pessoa tem diante de procedimentos médicos. No exemplo acima, a mulher que preferiu não fazer diálise para tratar de seu problema renal rejeitou um procedimento médico relativamente simples, embora bastante demorado. No caso dessa moça, ela enxergava sua obrigação de fazer a diálise como algo eticamente extraordinário. Parece que ela tem razão. Já não se pode dizer o mesmo do paciente de 25 anos que não tem outras complicações médicas. Neste caso, até onde podemos ver, ele teria a obrigação ética ordinária de fazer a diálise para manter sua saúde.

A Congregação para a Doutrina da Fé propôs uma linguagem nova para falar dessa realidade, em seu documento de 1980, intitulado *Declaração sobre a eutanásia*. Nele, são abordados os meios proporcionais e desproporcionais. São oferecidos critérios para o julgamento do que é proporcional ou desproporcional: "O tipo de tratamento a ser empregado, seu grau de risco ou complexidade, seu custo e possibilidades de uso, comparando esses elementos com o resultado que pode ser esperado, levando em conta o estado do enfermo e seus recursos físicos e morais". Mais adiante, o documento inclui até o custo para a família e a comunidade como um dos fatores que são levados em conta, quando se trata de julgar se é melhor suspender ou manter determinado tratamento médico.

Esta análise é geralmente chamada de análise do custo/benefício, por meio da qual a pessoa tenta examinar o benefício de se dar continuidade a um procedimento médico à luz do ônus acarretado por ele. Esse ônus pode ser físico, psicológico e/ou espiritual para o paciente, sua família e a comunidade. Deve-se dizer com todas as letras que ninguém, por achar que é um peso, deve jamais tirar diretamente a vida de alguém ou a sua própria, se acreditar que onera sua família e/ou comunidade. No entanto, ninguém está obrigado a recorrer a todos os meios médicos disponíveis. A *Declaração sobre a eutanásia* resume seus ensinamentos com as seguintes palavras: "Essa espécie de recusa não é o equivalente a um suicídio. Pelo contrário, deve ser entendida como a aceitação da condição humana, ou como o desejo de evitar a aplicação de um procedimento médico desproporcional aos resultados que podem ser esperados, ou como o desejo de não impor uma despesa excessiva à família ou comunidade" (*Declaração sobre a eutanásia*, seção IV: Devida proporção no uso de remédios).

MANUAL PRÁTICO DE MORAL

Nutrição e hidratação: Uma questão especialmente espinhosa na bioética, hoje em dia, é o conflito sobre suspender ou não oferecer nutrição e hidratação. O debate gira basicamente em torno de definir o que é nutrição e o que é hidratação, e se devem ser sempre usadas. Sugerem alguns que a nutrição e a hidratação são procedimentos médicos que devem ser usados de acordo com os critérios acima citados. Outros argumentam que dar comida e água a um paciente não é absolutamente um procedimento médico, mas um cuidado básico normal do paciente. Estes não enfatizam os procedimentos médicos necessários a oferecer nutrição e hidratação, nestes casos geralmente trágicos, defendendo seu uso em praticamente todos os casos.

Não existe um ensinamento católico definitivo a respeito dessa questão até o momento em que fechamos a redação deste livro, mas alguns documentos falam de uma proposta de se usar a nutrição e a hidratação, mesmo que seja uma proposta com algumas restrições. Em 1992, o Comitê Pró-Vida da Conferência Nacional dos Bispos Católicos dos Estados Unidos emitiu um documento intitulado *Nutrição e hidratação: reflexões morais e pastorais*, em que escreviam: "Rejeitamos toda omissão da nutrição e da hidratação, cujo efeito seja causar a morte de um paciente. Defendemos a proposta de se fornecer nutrição e hidratação medicamente assistidas a pacientes que necessitam delas; defendemos essa proposta até mesmo naqueles casos em que esses procedimentos não têm nenhuma esperança medicamente razoável de prolongar a vida ou ofereçam riscos e encargos excessivos".

Pode-se perceber que os integrantes do comitê estão tentando pronunciar-se com cautela, mantendo a sutil distinção entre o respeito à dignidade e à vida do paciente e o reconhecimento de que não há obrigação de sustentar a vida, a qualquer custo. Claro que esses julgamentos sempre se tornam mais complexos em virtude das emoções experimentadas pelos enfermos e seus entes queridos.

Eutanásia e suicídio medicamente assistido (CIC, §§ 2276-2283): Recentemente, assistimos à legalização da eutanásia e do suicídio medicamente assistido em determinadas circunstâncias. "*Em senso estrito, a eutanásia* deve ser entendida como um ato ou omissão que, em si e deliberadamente, causa a morte com o propósito de eliminar todo o sofrimento. Os termos de referência da eutanásia, portanto, podem ser encontrados na intenção da vontade e nos métodos empregados" (*Evangelium Vitae*, § 65; ver também *Declaração sobre a eutanásia*). Notícias veiculadas na mídia, nos últimos vinte anos, falam dos "anjos da morte", que aplicam deliberadamente doses excessivas de medicamento com o objetivo de causar a morte de um paciente. Mais recentemente, constatamos a legalização e o aumento do número de suicídios medicamente assistidos, nos quais pessoas com conhecimento médico fornecem doses letais de drogas que podem matar. Apesar da melhor das motivações, nesses casos, esses ataques diretos contra a vida humana são moralmente errados (CIC, § 2277). Na qualidade de guardiões da vida, não seus senhores, tentamos, dentro dos limites do razoável, cuidar de nossa própria vida e saúde e da vida e saúde daqueles que nos foram confiados.

Matar e deixar morrer: o Papa João Paulo II fala de um ato ou omissão que "em si e deliberadamente causa a morte". Embora essa diferença seja controversa, a Igreja defende uma distinção legítima entre matar e deixar morrer. Quem administra uma overdose para levar a pessoa à morte se encaixa claramente na definição de eutanásia, citada antes. Assim como também se encaixa o profissional com conhecimentos médicos que se recusa a ressuscitar um paciente que assim o desejou, porque acredita que isso não é desejável. Embora possam estar certos, de um ponto de vista estritamente médico, estão agindo de forma contrária aos desejos do paciente e, portanto, escolhendo a morte ao deixar que ele morra. Sua omissão causa a morte do paciente.

Mas nem todos os casos em que se deixa que a morte sobrevenha encaixam-se na descrição de eutanásia, conforme prescrito pelo Papa João Paulo II, lembrando que a eutanásia poderia ser definida como uma omissão que, em si e deliberadamente, causa a morte. Os médicos que não ressuscitam alguém em fase terminal da sua doença e que, por razões moralmente aceitáveis, solicitou "não ser ressuscitado", não cometem eutanásia ao permitir que a pessoa morra. Em vez disso, estão honrando os desejos do paciente que aceita o fato de que sua vida na terra chegou ao fim e que não quer prolongá-la, recorrendo a intervenções médicas desproporcionais aos benefícios que se poderiam alcançar.

Em termos mais simples, toda morte direta de um inocente é moralmente errada. Alguns casos em que "deixamos morrer" são moralmente errados, outros são moralmente certos. Nos casos em que "deixamos morrer", a atenção à intenção do agente moral tem uma importância crítica. Se voltarmos ao princípio do duplo efeito, citado antes neste capítulo, poderemos analisar melhor o quadro. Se temos como intenção direta a morte do paciente, nossa ação é moralmente errada. Por outro lado, se nossa ação é moralmente boa ou neutra, com um efeito colateral positivo e outro negativo, podemos seguir em frente com a ação, quer dizer, omitir certa intervenção médica e deixar que a pessoa faleça.

7. Parâmetros para a consideração de questões bioéticas

Este capítulo abordou, com uma brevidade inevitável, questões específicas da bioética. À medida que novas questões vão surgindo e que seguimos refletindo sobre o acerto ou o erro das novas descobertas científicas, tecnológicas e médicas, vamos ser beneficiados, mantendo em mente os bens que esboçamos como reais contribuições ao autêntico bem humano. Lembremos os quatro bens gerais que estão sempre em ação na teologia moral: o valor da vida humana, a dignidade da pessoa humana, a natureza relacional da pessoa humana e a bondade de toda a Criação. Focando o bem bioético, salientamos ainda o equilíbrio entre a autonomia e a condição relacional das pessoas, sua unidade de corpo e alma, a saúde em si e o atendimento compassivo dos enfermos. Com esses vetores como contexto, podemos pautar-nos pelas seguintes indagações para nos lembrar dos valores fundamentais em jogo, quando examinamos as questões a essa luz:

1. Está a vida em si correndo algum risco, conforme a questão que estamos considerando? Em nossa resposta a essa questão, somos os guardiões da Criação ou seus senhores? Estamos evitando os extremos do vitalismo e do barateamento da vida humana?

2. Está a dignidade da pessoa humana correndo algum risco, devido a essa questão? Estariam sendo negados os direitos do indivíduo? Os seres humanos estão sendo usados como meios para algum fim? A aprovação dessa questão poderia representar um obstáculo ao exercício da liberdade individual que defenderia sua dignidade?

3. Está-se respeitando a unidade de corpo e alma? Nas questões da tecnologia da reprodução, o procedimento que estamos considerando ajuda ou substitui o processo natural da reprodução? Estão sendo respeitadas as dimensões procriadora e conjugal da sexualidade humana?

4. Qual o efeito dessa questão sobre a dimensão social da pessoa humana? Existe algum equilíbrio adequado entre a autonomia e a sociabilidade, entre o bem individual e o bem comum?

5. Será que nossa resposta ao sofrimento está expressando, acima de tudo, um atendimento compassivo das necessidades de quem sofre?

8. Conclusão

O subtítulo deste capítulo é: "Salvaguardando a vida humana, a dignidade humana e a saúde". A força motriz que impulsiona tantas descobertas da ciência, tecnologia e medicina, é o desejo de aliviar o sofrimento e oferecer às pessoas melhor qualidade de vida. Em nosso empenho nesse sentido, porém, nunca devemos perder de vista o significado da vida, que é dar e receber amor.

Neste capítulo, descrevemos a grande importância que têm os bens da vida humana, da dignidade humana, da união de corpo e alma, da saúde e do atendimento compassivo dos que sofrem, em especial no campo da bioética. Constatando que o sofrimento aumenta quando esses bens estão ausentes, citamos os vários tipos de resposta ao sofrimento, salientando a importância de estarmos presentes para aqueles que se sentem abandonados e perdidos. As respostas ao sofrimento humano devem respeitar esses aspectos do bem humano autêntico. Sugerimos alguns princípios que se destacaram na Tradição Católica Romana para guiar a nossa reflexão sobre o que são respostas apropriadas ou impróprias. Em nossa discussão das questões, fomos daquelas que dizem respeito ao início da vida até as que se referem aos moribundos. Vimos o profundo respeito pela vida humana e pela dignidade da pessoa em todas essas questões. As transgressões ocorrem e a vida humana é prejudicada quando, em nosso afã por mais progresso, esquecemo-nos de nossa responsabilidade por todas as vidas humanas, especialmente os mais fracos. O Papa João Paulo II disse, certa vez: "A qualidade de uma sociedade e de uma civilização é medida pelo respeito demonstrado pelos mais fracos de seus membros" (*Declaração para o Ano Internacional dos Portadores de Necessidades Especiais*, 1981).

Ao lado dos claros ensinamentos oferecidos pela Igreja a respeito dessas questões, ela também serve de canal para a misericórdia divina por aqueles que pecam e falham em seus esforços para dar e receber amor. Como dissemos no capítulo dois, a Igreja reconhece que nós nem sempre agimos em completa li-

MANUAL PRÁTICO DE MORAL

berdade e com total conhecimento de causa, em nossa vida moral. Sendo assim, um julgamento da Igreja acerca da gravidade moral dessas questões não implica uma condenação daqueles que, por um motivo ou outro, agem de modo contrário a esses ensinamentos. Em vez disso, são confiados à generosidade do Deus doador de vida, que nos concedeu primeiro a dádiva de existir e que nos conclama a sermos os protetores e guardiões uns dos outros.

9. Bibliografia recomendada sobre os ensinamentos da Igreja acerca de bioética

Conferência dos Bispos Católicos dos Estados Unidos. "Diretrizes éticas e religiosas para os serviços católicos de atendimento à saúde", *Origins* 24/27 (15 de dezembro de 1994): p. 450-462.

Congregação para a Doutrina da Fé. *Declaração sobre a eutanásia*, 1980.

_____. *Declaração sobre o aborto provocado*, 18 de novembro de 1974.

_____. *Instrução Donum Vitae sobre o respeito à vida humana nascente e a dignidade da procriação*, 1987.

Papa João Paulo II. *Evangelium Vitae*, 1995.

Pontifícia Academia para a Vida. *Reflexões sobre a clonagem*, 1997.

Pontifícia Academia para a Vida. *Declaração sobre a produção e o uso científico e terapêutico das células esteminais embrionais humanas,* 24 de agosto de 2000.

Pontifícia Academia de Ciências. *Declaração sobre o prolongamento artificial da vida e a exata determinação do momento da morte*, 1989.

Conselho Pontifício para a Pastoral no campo de Saúde. *Carta aos profissionais da saúde*, 1995.

Capítulo Dez

Homem e Mulher, Deus os Criou: A Tradição Católica e a Sexualidade Humana

(CIC, §§ 2331-2400, §§ 2514-2533)

Diante da mera menção da sexualidade, as pessoas costumam pensar em atos sexuais, quando, na realidade, a sexualidade se refere a muito mais. Ela é aquele componente fundamental que alicerça nossa capacidade de nos relacionar, cultivar amizades, amar, sentir, procriar e vivenciar a intimidade. Com base nessa dimensão da personalidade humana, duas pessoas podem ser capazes de se comprometer exclusivamente uma com a outra, por toda a vida, por meio do casamento. Nossa própria identidade, psicológica e espiritual, decorre de nossa sexualidade em sua interminável luta para alcançar a maturidade humana.

Este capítulo começa com a suposição de que o crescimento de um indivíduo, quanto ao entendimento da sexualidade humana, não termina na puberdade e nem mesmo com o casamento, mas sim envolve o apelo cristão a amar e ser amado e se mantém em desenvolvimento ao longo da vida inteira, por intermédio das reflexões, experiências e da graça de Deus. Assim, nossa discussão da sexualidade humana na Tradição Católica não se limitará a atos sexuais específicos e nem a sua avaliação moral, embora esses aspectos certamente façam parte de nosso objetivo. Nossa abordagem advém da crença de que a sexualidade faz parte do mistério do que quer dizer ser humano, e ser humano é algo que está intimamente ligado com o Deus que nos criou e nos convoca a amá-lo, amar a nós mesmos e amar aos outros.

1. A dádiva e o poder da sexualidade

É porque nossa sexualidade atinge todas as áreas vitais de nossa existência que é uma dádiva tão poderosa e preciosa do Criador. Primeiramente, toca o aspecto relacional do ser humano. Nós nos relacionamos como seres sexuais; não é como se de repente pudéssemos tornar-nos neutros quando, como machos ou fêmeas, nos relacionamos com outros machos ou fêmeas. Assim, a nossa sexualidade faz parte da nossa identidade, quer dizer, de quem somos, juntamente com todos os nossos desejos, anseios, esperanças, medos e limitações. Como os relacionamentos determinam a maneira como nos comunicamos ou não nos conseguimos comunicar, e vice-versa, o modo como entendemos e aceitamos nossa natureza sexual desempenhará um papel importante em nossa busca de ser cristãos realizados, capazes de se comunicar. Esses relacionamentos são essenciais ao cristão porque fornecem o contexto em que nos tornamos quem Deus quer que sejamos, ou seja, pessoas que podem dar e receber amor, de e para Deus, de e para cada um de nós. O objetivo de dar e receber amor é como realizamos o nosso apelo a espelhar a Trindade, molde do nosso ser.

No capítulo sobre "A comunidade humana", na *Constituição Pastoral Gaudium et Spes sobre a Igreja no mundo de hoje*, lemos:

> Sobretudo, o Senhor Jesus, quando rezou para o Pai para "que possam ser um só... assim como nós somos um" (Jo 17,21-22), abriu novos horizontes para a razão humana, indicando que há uma similaridade entre a união existente entre as pessoas divinas e a união dos filhos de Deus na verdade e no amor. Decorre, portanto, que se os seres humanos são as únicas criaturas na terra que Deus quis para benefício delas, elas só podem descobrir plenamente sua verdadeira natureza quando se dão de forma altruísta e sincera (§ 24).

João Paulo II confirma essa declaração do Concílio Vaticano II. "A sexualidade é um enriquecimento da pessoa toda — seu corpo, emoções e alma — e manifesta seu mais essencial significado ao levar a pessoa à dádiva de si mesma, no amor" (Exortação Apostólica *Familiaris Consortio sobre a função da família cristã no mundo de hoje*, § 37).

2. Chamo vocês de amigos

Tanto a filosofia antiga como o relato da Criação no Gênesis ponderam sobre o fato de que, de alguma maneira, não somos inteiros nem estamos contentes apenas em nós mesmos. Ansiamos por e precisamos de alguém que nos complete. Por assim dizer, somos apenas uma metade de nós. Somente os relacionamentos com outras pessoas e com o Outro podem proporcionar-nos a sensação de estarmos inteiros. Um dos relacionamentos que aprendemos a prezar nesta vida é o da amizade. A amizade requer que sejamos confiáveis, pede para que haja uma mútua disponibilidade para partilhar alegrias e dificuldades e para se expor, e abertura para colocarmos a felicidade do outro no alto da lista de nossas prioridades. A amizade também está intimamente relacionada e ligada com a nossa atitude perante a solidão, com o que fazemos com ela, com o modo como enfrentamos a sensação de que não somos inteiros. Nossa amizade com as pessoas do sexo oposto ou do mesmo sexo depende da necessidade de termos intimidade com alguém. Esse próprio anseio de ser íntimo de outro ser humano, de sentir afeto por outrem, de desejar o melhor para alguém, brota da nossa sexualidade. Estamos realmente falando aqui do que é conhecido como "sexualidade afetiva", quer dizer, agimos à base dos sentimentos e necessidades que fluem de nossa dimensão sexual, e esses sentimentos e necessidades promovem a amizade e a comunhão entre as pessoas. Essa sexualidade afetiva deve ser distinguida da sexualidade genital, que é uma outra expressão da sexualidade, reservada para o casamento e que, no contexto matrimonial, está intimamente ligada à sexualidade afetiva.

Nos Evangelhos, encontramos abundantes testemunhos das amizades de Jesus. Lembramos de episódios sobre Maria, Marta, Lázaro, Pedro, Tiago e João, o "discípulo bem-amado". Jesus confiava nessas pessoas, revelava a elas seu poder e seus temores, encorajava-as e recebia apoio delas. Ele as amou e também foi amado por elas. Fez tudo isso como Deus encarnado, Deus feito gente, não como um ser neutro; como homem, igual a nós, em todos os aspectos, menos no pecado. Também podemos lembrar do grande afeto entre Davi e Jônatas no Antigo Testamento, e da ligação entre São Francisco e Santa Clara de Assis. Veja a profundidade do afeto que Santo Agostinho tinha por um de seus amigos mais chegados, recém-falecido.

Fiquei admirado de os outros homens continuarem vivos porque ele, que eu amara como se ele nunca fosse morrer, estava morto. Fiquei admirado de, sendo eu a outra metade dele, eu pudesse viver estando ele morto. Bem se expressou alguém quando disse que seu amigo era a metade de sua alma, pois eu pensei que a alma dele e a minha eram uma só, em dois corpos. Portanto, minha vida para mim tornou-se um horror, porque eu não viveria inteiro, mas como metade de mim (Santo Agostinho, *As confissões de Santo Agostinho*, trad. [para o inglês] John K. Ryan, Livro IV, capítulo seis [Nova York: Doubleday Image Books, 1960], p. 100).

O próprio fato de que Deus nos fez à sua própria imagem, a inter-relação das três pessoas e a escolha do Verbo em se encarnar elevam a sexualidade humana a um novo patamar de dignidade e bondade.

3. Sexualidade e sexo

Devemos ter percebido que existe uma diferença entre sexo e sexualidade. O sexo pode referir-se aos aspectos biológicos do macho ou da fêmea, como nos questionários com uma pergunta sobre o sexo de quem o responde ou, como no linguajar comum, pode referir-se a expressões específicas da sexualidade, geralmente a atos genitais que podem resultar em orgasmo. A sexualidade é muito mais abrangente, como indicam as seguintes citações, extraídas de recentes documentos com ensinamentos da Igreja.

A pessoa humana é tão profundamente afetada pela sexualidade que esta deve ser considerada um dos fatores que dão a cada vida individual os traços principais que a distinguem (Congregação para a Doutrina da Fé, *Declaração Persona Humana sobre certas questões relativas à ética sexual*, § 1).

A sexualidade é um componente fundamental da personalidade, um dos modos do ser, de manifestar-se, comunicar-se com os outros, sentir, expressar e viver o amor humano. Portanto, é uma parte integral do desenvolvimento da personalidade e de seu processo educativo (Congregação para a Educação Católica, *Orientações Educativas sobre o Amor Humano*, § 4).

A sexualidade diz respeito ao núcleo íntimo da pessoa (Conselho Pontifício para a Família, *Sexualidade humana: verdade e significado*, § 11).

Assim, desde o começo das nossas reflexões sobre a sexualidade humana, é imperativo que iniciemos com uma atitude positiva a respeito de nosso corpo, de nossos desejos e atrações. Naturalmente, um poder tão forte em nós, com seus desejos e atrações, pode ser usado tanto para o bem como para a destruição do indivíduo e dos outros. Não obstante, nosso ponto de partida é que Deus viu tudo o que tinha criado, incluindo nossa dimensão sexual, e achou muito bom. Essa opinião não tem sido uma unanimidade. Há uma história, sobre os antigos manuais de teologia moral em latim que, quando foram primeiramente traduzidos para o inglês, mantiveram em latim as seções que abordavam o sexto e o nono mandamentos (relativos a matérias de teor sexual), para que os jovens seminaristas não ficassem escandalizados com seu conteúdo. Sua suposição era que a nova geração de seminaristas não seria capaz de ler latim, o que se mostrou apenas meio verdadeiro. Os títulos dos dois tomos levavam em latim os nomes do sexto e do nono mandamentos, a saber, "*De sexto*" e "*De nono*". Parecia óbvio, aos novos estudantes de teologia moral que isso simplesmente queria dizer "sexo: não, não", para o ensinamento católico. Essa percepção sem dúvida reflete uma distorção da Tradição Católica viva e em desenvolvimento.

4. Sexualidade e prazer

Enquanto estamos discutindo as concepções equivocadas do ensinamento católico sobre a sexualidade, digamos logo uma palavra sobre o prazer. É verdade que, ao longo dos séculos, a atitude cristã acerca do prazer sexual tem sido geralmente desconfiada. Uma heresia, chamada maniqueísmo, surgida nos primeiros tempos da Igreja, chegou até a ponto de negar a importância do corpo e de todo o prazer associado a ele. Essa heresia foi apenas uma manifestação da luta dos seres humanos quando lidam com o fato de sermos compostos por corpo e alma. Em outros séculos, os filósofos e até mesmo os fiéis cristãos adotaram a postura extrema oposta, defendendo o corpo e seus prazeres como sumamente importantes. Sempre existe a tentação de repartir a pessoa humana em duas partes distintas: corpo e alma, experiência humana *versus* experiência espiritual, negar uma parte e exaltar a outra. Não somos anjos e não somos apenas corpos. Almejamos a integração. Para ressaltar a inseparabilidade de corpo e alma, uma professora do ensino fundamental, nossa conhecida, costumava escrever "corpo", no quadro-negro, e "alma" bem em cima de "corpo". Sua mensagem era clara: somos almas encarnadas ou corpos com almas, e estes dois não podem ser separados em caráter permanente.

O prazer pode ser bom, assim como também pode ser desregrado. O prazer desregrado e inapropriado pode reduzir a pessoa a um mero buscador da vida carnal, do prazer, às custas dos outros e apesar do que custar. Por outro lado, Santo Tomás de Aquino confirma que não só experimentar o prazer sexual pode não ser pecado (aqui, está falando do prazer sexual concomitante às relações conjugais), como pode ainda ser meritório; em outras palavras, faz parte da vida virtuosa equilibrada. A pessoa pode usufruir do prazer sexual no casamento, desde que esteja atrelado ao bem-estar da pessoa humana. O santo vai, inclusive, a ponto de afirmar que frustrar deliberadamente essa forma de prazer seria contrariar a natureza, levando a pessoa a desenvolver o vício da *insensibilitas* ou ausência de sensibilidade (*Summa Theologiae*, II.II, c. 142, a 1).

Evidentemente, buscamos uma integração completa entre o físico e o espiritual, entre o prazer e o autocontrole, entre dar e receber. Seria um erro ignorar o fato de que o prazer, até mesmo o prazer sexual no casamento, não consegue satisfazer as ilimitadas necessidades do coração humano, pois os momentos de transcendência passam e a sede sempre reaparece. Seria igualmente um erro pretender que o prazer sexual no casamento não tenha importância.

5. A virtude sexual

No capítulo dois, discutimos as virtudes da vida cristã. Dissemos que a virtude tende ao bem e se expressa por um correto sentir, pensar e julgar, escolher e, por fim, agir. Também existe uma virtude sexual; é chamada castidade. Muitas pessoas pensam, no mesmo instante, que castidade é uma virtude especial reservada para os religiosos, sejam eles irmãos, irmãs ou sacerdotes. Essa visão tacanha não é como a Igreja entende essa virtude.

HOMEM E MULHER

O *Catecismo da Igreja Católica* diz que a verdadeira castidade envolve a unidade interna da existência corporal da pessoa com sua existência espiritual. A verdadeira castidade reúne, de modo bem-sucedido, a sexualidade e a pessoa (CIC, § 2337). Além disso, a Congregação para a Educação Católica diz que a "castidade consiste em autocontrole, na capacidade de encaminhar o instinto sexual para servir ao amor e se integrar ao desenvolvimento da pessoa" (*Orientações Educativas sobre o Amor Humano*, § 18).

Assim, a castidade é a virtude pela qual a pessoa integra sua sexualidade de acordo com as exigências morais de sua situação de vida. Consiste em várias dimensões de nosso ser sexual, quais sejam, integrar, relacionar-nos, comunicar-nos, sentir, desejar, apreciar, acreditar, agir e, enfim, amar. O homem e a mulher casados são convocados à virtude da castidade da mesma maneira como o solteiro ou a freira, vivendo reclusa no convento. Todos se empenham em alcançar essa integração, de acordo com os requisitos morais de sua situação de vida. A castidade oferece caminhos apropriados de expressão para o impulso sexual humano. Por exemplo, mesmo que todos estejamos em busca de amizades e relacionamentos, pode ser impróprio para o advogado que regularmente atua em julgamentos em certo tribunal tornar-se amigo do juiz que costuma presidir esses casos. Mesmo que o desejo da amizade seja legítimo, a prudência e a castidade podem determinar que certo relacionamento não é bom. Pode-se dizer o mesmo a respeito das amizades entre homens casados e outras mulheres. A castidade recomenda uma especial vigilância a respeito de amizades que são apropriadas e outras que não o são. Tendo dito isso, não podemos negar que:

> A virtude da castidade desabrocha em *amizade*. A castidade mostra ao discípulo como seguir e imitar aquele que nos escolheu como seu amigo... A castidade expressa-se mais notadamente na *amizade com o seu semelhante*. Quer se desenvolva entre pessoas do mesmo sexo ou do sexo oposto, a amizade representa um grande bem para todos. Ela leva à comunhão espiritual (CIC, § 2347).

Assim, todos os cristãos são convocados a praticar a virtude da castidade, da mesma forma como todos são chamados a observar a virtude da justiça. É um erro igualar castidade com a supressão de todas as coisas sexuais, como a abordagem "não, não" à sexualidade humana. Vamos examinar em mais detalhes o que significam o correto sentir, pensar, julgar, escolher e agir para diferentes pessoas, em diferentes estágios da vida, na área da sexualidade.

O hábito da modéstia está intimamente associado com a virtude da castidade. No contexto da sexualidade, a modéstia é o hábito de enxergar as outras pessoas como seres humanos, e não como objetos sexuais a serem usados. A outra metade da modéstia consiste em ajudar os outros a nos verem como pessoas humanas, e não como objetos sexuais. Conseguimos isso comportando-nos, falando e nos vestindo de maneiras que levem em consideração os desejos e as emoções dos outros. Naturalmente, na prática, o que a modéstia significa varia conforme a cultura e a situação, mas, essencialmente, o *Catecismo da Igreja Católica* diz que a modéstia defende o íntimo da pessoa, mantendo oculto o que deve permanecer oculto, e protege a dignidade da pessoa, orientando-a em como olhar os outros e comportar-se em relação a eles (CIC, § 2521).

6. A virtude cristã

Enquanto cristãos, abordamos a virtude da castidade com os olhos da fé. "A sexualidade humana é uma dádiva, compreendida à luz da fé" (Conselho Pontifício para a Família, *Sexualidade humana: verdade e significado*, § 3). Embora a virtude da castidade tenha sido altamente prezada ao largo de toda a história humana, essa virtude natural adquire uma dimensão sobrenatural com a fé. A castidade torna-se uma dádiva de Deus com um poder que permite à vontade não suprimir a sexualidade, mas, pelo contrário, tornar o impulso sexual parte da personalidade cristã (Congregação para a Educação Católica, *Guia para a Formação no Celibato Sacerdotal*, § 27). Tudo isso pode acontecer por meio do poder do Espírito Santo evocado pela oração, que nos permite integrar a dimensão sexual em nós, a fim de conseguirmos desenvolver a capacidade de nos doar, fiéis à vocação de nossa vida pessoal.

Não começamos nossa reflexão sobre a sexualidade humana com a análise dos pecados da impureza, os desejos carnais ou a lascívia. Segundo os mais recentes ensinamentos da Igreja, reconhecemos que a moralidade sexual católica nunca está limitada aos ensinamentos sobre os pecados sexuais. Começamos reconhecendo o bem da dádiva da sexualidade humana e reconhecendo que somos chamados a desenvolver a virtude positiva da castidade, ou seja, uma parte sagrada e misteriosa de nossa vida que traz em si a verdadeira alegria (*Se-*

xualidade humana: verdade e significado, § 122). Em suma, trata-se de articular um relacionamento entre nossa natureza sexual com seus desejos, anseios e sensações, e o poder do chamamento cristão a amar e sermos amados.

7. Os sexos: macho e fêmea

Cada um de nós experimenta sua própria natureza sexual dentro de certas limitações. Uma delas, a mais óbvia, é o nosso próprio sexo, quer dizer, se somos machos ou fêmeas, devido à nossa estrutura cromossômica. À mentalidade católica não resta dúvida de que machos e fêmeas são iguais, tendo ambos sido feitos à imagem de Deus.

O *Catecismo* ressalta que tanto os homens como as mulheres são representantes da ternura e do amor poderoso de Deus. Ambos são iguais quanto à dignidade, embora de maneira diferente (CIC, § 2335). A Congregação para a Educação Católica afirma que "os sexos são complementares: ao mesmo tempo similares e dissimilares; não idênticos, mas os mesmos, quanto à dignidade da pessoa. Homens e mulheres são companheiros, para que possam entender-se mutuamente, sendo diversos em sua recíproca complementação" (*Orientações Educativas sobre o Amor Humano*, § 22).

8. A igualdade das mulheres

Com toda a honestidade, devemos admitir que os sexos nem sempre foram tratados de forma igual. Esse fato tem sido comprovado pelos ensinamentos de João Paulo II. Mais do que qualquer outro papa, ele escreveu em defesa da dignidade e da igualdade das mulheres. Em sua *Carta às mulheres*, apresenta as seguintes reflexões:

> A dignidade das mulheres muitas vezes não foi reconhecida e suas prerrogativas foram ignoradas. Freqüentemente, foram relegadas às margens da sociedade e até mesmo obrigadas a aceitar posições servis... Certamente, não é uma tarefa fácil apontar os culpados por isso... E se uma culpa objetiva, especialmente em certos contextos históricos, tem pertencido a não poucos membros da Igreja, lamento sinceramente por isso (Papa João Paulo II, *Carta Apostólica Mulieris Dignitatem*, § 3).

Em sua Carta Apostólica *Mulieris Dignitatem* (*A dignidade das mulheres*), no trecho sobre uma prolongada reflexão sobre o relato da Criação no Gênesis, o Papa cita: "Teu desejo te impelirá ao teu marido e ele te dominará" (Gn 3,16), e explica que essa atitude dos homens em relação às mulheres é resultado do pecado e não de como deve ser o relacionamento. Ao mesmo tempo, ele quer salvaguardar a diferença entre os sexos.

> Conseqüentemente, até mesmo a legítima oposição das mulheres ao que é expresso na frase bíblica "e ele te dominará" (Gn 3,16) não deve, em circunstância alguma, levar à "masculinização" das mulheres. Em nome da libertação da "dominação" dos homens, as mulheres não devem apropriar-se de características masculinas, contrárias a sua originalidade feminina (*Mulieris Dignitatem*, § 10).

Muitas questões da justiça baseiam-se em um correto entendimento da sexualidade humana. Uma dessas questões é a diferença entre o sexismo e a complementaridade. O sexismo é a crença de que os sexos são desiguais e se expressam de modo preconceituoso, com discriminações injustas, enquanto a complementaridade defende que os sexos são iguais diante de Deus, apesar de diferentes. A estrada para a libertação do sexismo é longa e complexa, mas é um percurso que deve ser feito com determinação, por quem se sente chamado pela virtude da castidade. Em sua Mensagem ao Dia da Paz de 1995, o Papa João Paulo II, comentando sobre o processo da libertação das mulheres, oferece-nos encorajamento.

> A jornada tem sido difícil e complicada e, às vezes, pontilhada por sua parcela de erros. Mas, substancialmente, tem sido positiva, mesmo que ainda não tenha sido concluída, devido aos muitos obstáculos que... ainda impedem que as mulheres sejam reconhecidas, respeitadas e apreciadas em sua própria e especial dignidade (João Paulo II, *Mulheres: professoras da paz*, Mensagem para o Dia Mundial da Paz, *Origins*, 24/28 [22 de dezembro de 1994]: § 4, p. 467).

PAPÉIS SEXUAIS

A citação anterior, extraída do texto do Papa João Paulo II intitulado *Mulheres: professoras da paz*, levanta uma interessante distinção entre os sexos (machos ou fêmeas) e as expectativas sociais a respeito da masculinidade e da feminilidade. Surge então a questão: o que é verdadeiramente masculino e verdadeiramente feminino?

As sociedades estipulam certas convenções e padrões apropriados de comportamento para meninos e meninas, homens e mulheres. Muitos desses padrões de comportamento e convenções podem mudar, conforme a sociedade e, ao longo do tempo, até mesmo dentro de cada uma delas. Os antropólogos dizem que os homens, nas sociedades primitivas, em razão de seu volume corporal e musculatura, eram os caçadores e guerreiros, enquanto as mulheres eram encarregadas dos jovens e da "casa". Entretanto, em muitas sociedades cristãs contemporâneas, homens e mulheres não desejam traçar divisões tão rígidas de papéis e qualidades. Temos apenas de comparar o que fazem os jovens pais de hoje em dia e o que faziam nossos avós ou bisavós. Atualmente, os pais dão banho nas crianças, alimentam-nas, vestem-nas, preparam refeições e revelam seu talento como cuidadores. As mães ocupam empregos de responsabilidade e tomam importantes decisões familiares. Falsas dicotomias entre a passividade das mulheres e a ativa dominação dos homens são continuamente desafiadas nos lares cristãos, hoje. Não é que homens e mulheres sejam idênticos, pois não são; mas há o reconhecimento de que sua complementaridade é mais complexa e fluida do que se pensava antigamente.

A vida dos santos em nossa Tradição Católica Romana são um testemunho da expressão de São Paulo, em sua epístola aos Gálatas, quando diz que, em Cristo, não há escravos nem libertos, judeus ou gregos, homens ou mulheres. Algumas santas, como Santa Perpétua, revelaram coragem e força física diante dos animais selvagens na arena, que rivalizariam com as de qualquer homem. Santa Tecla cortou todo o cabelo e vestiu-se como homem, para que pudesse viajar sem ser molestada, dando continuidade a sua obra de caridade. A delicadeza de São Francisco de Assis e as qualidades de muitos dos fundadores das ordens religiosas para homens confirmam a nossa crença de que homens e mulheres são criados como imagens de Deus, "com igual dignidade, expressa de maneira diferente" (CIC, § 2335).

9. Amor e vida conjugal

Ao refletir sobre os relatos da Criação, no Gênesis (Gn 1,1-2,3, 2,23-25), e o significado da lei natural, a Igreja focalizou continuamente duas questões em particular sobre o amor e a vida conjugal. A primeira é que não é bom, para a pessoa humana, ficar sozinha (Gn 2,18), e a segunda é que nossos primeiros pais receberam ordem de ser fecundos e se multiplicar (Gn 1,28). Não ficar só e ter filhos acarretam implicações: "Por isso, um homem deixa seu pai e sua mãe e se une a sua mulher, e eles se tornam uma só carne" (Gn 2,24). "Tornam-se uma carne só" indica que há uma união exclusiva do homem com a mulher, união que tem uma notável profundidade de compromisso e relacionamento. "Tornar-se uma carne só" inclui a união sexual e essa expressão sexual é reservada ao homem e à mulher que não estão mais sozinhos e se mostram abertos à dádiva da procriação, no relacionamento vitalício e exclusivo que é o casamento.

10. Unidade conjugal

Quais são as características dessa união? No documento do Concílio Vaticano II, a *Constituição Pastoral Gaudium et Spes sobre a Igreja no mundo de hoje*, os bispos com o Papa Paulo VI resumiram o ensinamento da Igreja sobre o casamento e a sexualidade.

A íntima parceria da vida e do amor conjugal foi estabelecida pelo criador e qualificada pelas leis de Deus. Está alicerçada no pacto conjugal de um consentimento irrevogável. Portanto, por meio desse ato humano em que os cônjuges mutuamente se dão um ao outro e se aceitam, nasce um relacionamento que, pela vontade divina e também aos olhos da sociedade, é duradouro. Pelo bem dos cônjuges e seus descendentes, assim como pelo da sociedade, a existência dessa sagrada ligação não depende mais apenas da decisão humana (§ 48).

Assim, a vida conjugal é uma íntima parceria de amor, um pacto irrevogável pelo bem do casal, seus descendentes e a sociedade. O documento prossegue acentuando que essa união especial entre o homem e a mulher é para sua mútua santificação e a glória de Deus. O amor conjugal é uma dádiva mútua e livre dos dois cônjuges um ao outro, para a constituição de um só espírito e uma só carne.
Talvez possamos, agora, entender o ensinamento central da Igreja acerca da relação sexual ou da manifestação sexual genital. Somente o compromisso, a fidelidade e o amor matrimonial constituem o contexto apropriado para a

relação sexual, pois é somente nesse contexto que a relação sexual alcança seu verdadeiro significado, a saber, torna-se um ato de união amorosa, um ato aberto à procriação. A Igreja está dizendo que existe algo sobre a manifestação sexual genital que a torna reservada ao casamento. Não se trata apenas de um ato biológico, como o que é realizado por outras espécies animais. É ordenado pelo Criador para que seja um ato íntimo, expressando a total doação da pessoa, com respeito pela procriação e abertura a ela. Na década de 1930, o teólogo Dietrich von Hildebrand disse que o ato sexual, em comparação com outros aspectos da experiência corporal, é essencialmente profundo e envolve intensamente a alma em suas paixões e anseios, atingindo o nosso cerne espiritual e psicológico.

Nenhum ato sexual entre seres humanos realmente lhes acontece sem que deixe sua marca. Eles são profundamente atingidos, de maneira positiva ou de maneira destrutiva e negativa. De todo modo, são tocados. Sem dúvida, já lemos, e talvez até tenhamos experimentado pessoalmente, o deplorável estrago causado à vida humana e ao seu futuro, por episódios de abuso sexual. O abuso de outra pessoa, especialmente de menores, traumatiza não só a vítima e compromete seu futuro, como também atinge as famílias das vítimas e aqueles que estão associados com o agressor.

A Igreja ensina que o Criador inscreveu na relação sexual dois significados inseparáveis: o primeiro é o amor e o segundo é uma nova vida. A linguagem mais técnica de alguns documentos da Igreja referem-se ao elo indissolúvel entre os dois aspectos da relação sexual humana, a saber, o conjugal e o procriador. A relação sexual é a linguagem ou o símbolo do amor e da doação total de si mesmo, não por um só momento ou por amor apenas a uma pessoa, no presente. O Papa João Paulo II expressa nos seguintes termos a visão da Tradição moral católica: "O único lugar em que a doação de si mesmo em toda a sua verdade é possibilitada é o casamento, o pacto do amor conjugal feito em liberdade e escolhido voluntariamente, por meio do qual o homem e a mulher aceitam a íntima comunalidade da vida e do amor desejados pelo próprio Deus" (*Exortação Apostólica Familiaris Consortio sobre a função da família cristã no mundo de hoje*, § 13).

11. A fecundidade do casamento (CIC, §§ 2366-2379)

A total doação do eu não termina com o casal, mas está ligada com o Criador, que coopera com os cônjuges para que dêem vida a um novo ser humano.

Os casais casados partilham com Deus do mesmo poder de criação e paternidade (CIC, § 2367).

> Os casais casados devem considerar como sua missão transmitir a vida humana e educar seus filhos; devem tomar consciência de que, assim, estão cooperando com o amor de Deus, nosso Criador, e, em certo sentido, são seus intérpretes. Eles cumprirão seu dever com uma noção da responsabilidade cristã e humana (*Constituição Pastoral Gaudium et Spes sobre a Igreja no mundo de hoje*, § 50).

Os filhos, então, brotam do próprio cerne da mútua auto-entrega do casal: são o fruto dessa entrega. Por esse motivo, a Igreja constantemente ensina que "cada ato matrimonial deve permanecer aberto à vida" (*Humanae Vitae*, § 11). "Esta doutrina particular, exposta em numerosas ocasiões pelo *magisterium*, baseia-se na conexão inseparável, estabelecida por Deus, e que o homem não pode romper por sua iniciativa pessoal, entre os significados matrimonial e procriativo, ambos inerentes ao ato conjugal" (*Humanae Vitae*, § 12).

Prosseguiremos com nossa reflexão sobre essa doutrina em particular quando tratarmos das questões específicas da moralidade sexual, especialmente o ensinamento da Igreja sobre métodos artificiais de contracepção.

12. Lutas diárias

Claro que os casais lutam com os ideais da auto-entrega total, amorosa, e a dimensão procriativa da relação sexual. Essa luta requer paciência, aprendizagem, mudanças, escuta. Envolve erros e remorsos, assim como alegrias. Apesar das lutas, a relação sexual continua sendo uma das maneiras mais importantes para o casal cultivar seu amor conjugal e a auto-entrega.

> Esse amor expressa-se de forma ímpar e perfeita no ato conjugal. As relações sexuais dentro do casamento, por meio das quais o casal é casto e intimamente unido, são nobres e dignas. Realizadas de maneiras verdadeiramente humanas, essas relações significam e promovem a mútua auto-entrega por meio da qual os cônjuges en-

riquecem um ao outro com suas decisões tomadas no espírito da alegria e gratidão (*Constituição Pastoral Gaudium et Spes sobre a Igreja no mundo de hoje*, § 49).

13. Relação sexual fora do amor conjugal

Limitar a relação sexual ao casamento pode parecer tanto impopular como irreal. A Conferência dos Bispos Católicos dos Estados Unidos cita estatísticas de 1991, em que, nesse país, mais da metade dos adolescentes americanos tiveram relações sexuais antes dos 17 anos e mais de um milhão de meninas adolescentes não casadas engravidam a cada ano. Segundo esse mesmo documento, por ano, mais de 400.000 adolescentes fazem aborto (*Sexualidade humana: uma perspectiva católica para o aprendizado vitalício*, § 35). Evidentemente, sentir, pensar, julgar e agir de maneira responsável na área da sexualidade, quer dizer, a promoção da castidade, não é algo fácil. Exige educação, bons exemplos, autodisciplina, orações e uma consciência do sofrimento e da tragédia que podem advir da falta de integração da dimensão sexual em nossa vida. Na segunda parte deste capítulo, discutiremos brevemente alguns casos dessa falta de integração sexual que, no *Catecismo da Igreja Católica*, se referem às ofensas contra a dignidade do sacramento do casamento (CIC, §§ 2380-2391).

14. Orientação sexual e comportamento sexual

Precisamos considerar dois outros aspectos da sexualidade, antes de refletirmos sobre questões sexuais específicas, a saber, a orientação e o comportamento sexual. Orientação sexual refere-se a que gênero (masculino ou feminino) nos atrai e desperta sexualmente. Os adultos podem ser heteroeróticos, ou seja, sentir atração pelo sexo oposto, que funciona como sua principal fonte de desejos sexuais. Podem ser homoeróticos, quando são pessoas do mesmo sexo que funcionam como sua principal fonte de desejos sexuais. Alguns adultos são bieróticos, ou seja, acham os dois sexos igualmente atraentes. Em termos da orientação sexual da pessoa, geralmente dizemos que são heterossexuais, homossexuais ou bissexuais. O comportamento sexual, por outro lado, refere-se às ações sexuais concretas e não necessariamente correspondem à orientação sexual da pessoa. Por exemplo, ela pode ter uma orientação heterossexual, mas mantém comportamentos homossexuais. Ou pode ter uma orientação homossexual, mas prefere manter comportamentos heterossexuais. Normalmente, circunstâncias específicas podem convidar as pessoas a um comportamento diverso de sua orientação. Repare que, nessas explicações, estamos reduzindo o comportamento sexual a atos sexuais, ao passo que, na realidade, somos sexuais em todas as dimensões de nossa vida. Estamos sugerindo que a orientação sexual da pessoa influencia mais do que a atração e os atos sexuais. A orientação da pessoa pode influir decisivamente no que ela pensa e em como responde, cria e estrutura sua vida e o seu mundo.

A psicologia moderna também indica que nós não podemos apenas dividir toda a população humana em carneiros e bodes, significando que as pessoas têm uma orientação ou 100% heterossexual ou 100% homossexual. Nós, humanos, somos criaturas complexas, e o que nos atrai e excita pode ser igualmente complexo.

15. A família cristã

O casamento e a família são duas das nossas mais preciosas instituições. O Papa João Paulo II refere-se à família como a primeira comunidade que anuncia o Evangelho a uma pessoa e a encaminha a uma plena educação cristã e humana. A família pode ajudar-nos a discernir a nossa própria vocação, a aceitar nossas responsabilidades em busca de mais justiça e nos ensinar o sentido do amor em nossos relacionamentos interpessoais (*Familiaris Consortio*, § 2). Como os pais são os primeiros educadores de seus filhos, a família desempenhará um papel vital na educação dos jovens em termos da sexualidade humana. Na realidade, os pais têm um papel fundamental. O exemplo, a paciência, a afirmação, a fé de uma família são os sólidos alicerces em pedra sobre os quais as pessoas podem esperar construir uma sexualidade integrada e corretos relacionamentos em sua vida.

Dessa maneira, a família forma aquela comunidade primária em que podemos aprender a amar e receber amor, a confiar e ter fé. É freqüentemente nessa comunidade familiar que aprendemos a conquistar confiança, nutrir desejos e desenvolver as habilidades necessárias a participar da comunidade mais ampla da sociedade humana, partilhando da própria vida e da missão da Igreja.

16. Algumas questões específicas da moralidade sexual

Na primeira parte deste capítulo, esboçamos algumas das atitudes e dos princípios básicos que constituem a base dos ensinamentos da Igreja sobre a sexualidade humana. Assim, estamos agora em melhores condições para considerar algumas questões específicas. Evidentemente, essas questões têm de se limitar a certo número. No entanto, deveria ficar claro que as atitudes e os princípios essenciais podem ser aplicados a muitas outras questões específicas sobre a sexualidade humana.

MÉTODOS ARTIFICIAIS DE CONTRACEPÇÃO

A encíclica do Papa Paulo VI, *Humanae Vitae* (*Sobre a vida humana*), é geralmente considerada um documento gerador de grande controvérsia na Igreja, devido a seus ensinamentos sobre os métodos contraceptivos. Os preceitos veiculados por essa encíclica, que também fez reflexões sobre a beleza do casamento, davam continuidade ao pensamento dos Papas Pio XII e Pio XI sobre métodos de contracepção. O Papa João Paulo II, em sua Exortação Apostólica *Familiaris Consortio sobre a função da família cristã no mundo de hoje*, de 1981, oferece mais reflexões sobre esses preceitos. Mesmo assim, em 1968, pouco antes de *Humanae Vitae* ser publicada, muitos católicos, entre leigos e teólogos, previam uma mudança no ensinamento que, como sabemos, não ocorreu. Dada a história do alto perfil do ensinamento durante os últimos trinta e cinco anos, examinemos essa doutrina mais detalhadamente.

O significado do casamento: o contexto geral para o ensinamento sobre os métodos contraceptivos é o significado e a natureza do casamento. O casamento é entendido como uma parte do plano de Deus porque reflete o amor do Criador por nós. Para que o casamento reflita verdadeiramente o amor de Deus, é necessária uma união total de corpo e espírito entre o marido e a esposa, união que é exclusiva, vitalícia e fecunda. Esse último atributo do amor conjugal, a fecundidade, é uma cooperação com o Criador para a geração e educação de novas vidas (*Humanae Vitae*, § 8). Como já mencionamos, essas duas finalidades do casamento, que são a união exclusiva e vitalícia de marido e esposa e a dimensão procriativa, têm um elo inseparável. A encíclica defende que a conexão inseparável é desejada por Deus (*Humanae Vitae*, § 12), e o desejo de Deus expressa-se por meio da lei natural (*Humanae Vitae*, § 11). Em outras palavras, ao refletir sobre a natureza do ato conjugal, que é a relação sexual, podemos discernir significados inerentes à sua própria estrutura, quer dizer, a união de marido e esposa e a abertura a novas vidas. É com base nisso que a Igreja ensina que interferir nesses propósitos ou separá-los vão contra a lei natural e o sentido do ato conjugal, de acordo com o Criador. E implica ainda que impedir a concepção por meios artificiais seria prejudicial ao casal, causando um dano pessoal a ambos os cônjuges.

A natureza como professor moral: temos a impressão de que a constituição física de nossos corpos tem um significado moral para a compreensão do propósito das relações sexuais no casamento. A natureza do ato sexual em si nos diz que é destinado a duas pessoas, dedicadas uma à outra, numa união conjugal exclusiva e vitalícia. Esse ato também nos diz que é voltado à procriação de uma nova vida, assim como ao crescimento da união conjugal. Viver a união física da relação genital sem a abertura à procriação, ou ter abertura à procriação sem a união, compromete o próprio sentido do ato conjugal na relação. Ter relações sexuais no casamento sem abertura para a geração de uma nova vida prejudica a auto-entrega total dos cônjuges um ao outro, no ato conjugal. Em outras palavras, a relação sexual tem o poder de expressar a mútua e total entrega de si mesmo, que é o ideal do casamento, somente quando se abre à possibilidade de uma nova vida (*Familiaris Consortio*, § 32). Por essa razão, "cada ato conjugal deve permanecer aberto à transmissão da vida" (*Humanae Vitae*, § 11).

Atos a serem excluídos: com base nos esclarecimentos acima a respeito das relações sexuais, a encíclica chega à conclusão do que deve ser excluído: "Todo e qualquer procedimento que, antecipando-se ao ato conjugal, acompanhando-o ou no desenrolar de suas conseqüências naturais, proponha como meio ou fim tornar impossível a procriação" (*Humanae Vitae*, § 14). Nessa declaração, o Papa Paulo VI refere-se a procedimentos de esterilização, seja permanente, seja temporária, voluntariamente desejados; ao aborto induzido (*Humanae Vitae*, § 14) e, também, a outros métodos de controle artificial da natalidade (*Humanae Vitae*, § 17). Ele considera os procedimentos contraceptivos uma "desordem intrínseca" e, "portanto, indignos da pessoa humana, mesmo quando sua intenção é salvaguardar ou promover o bem-estar individual, familiar ou social" (*Humanae Vitae*, § 14).

Planejamento familiar: O Papa Paulo VI antecipa uma objeção a seus ensinamentos:

Homem e mulher

> ... surge a objeção... de que é prerrogativa do intelecto humano dominar as energias oferecidas pela natureza irracional e orientá-las a um fim confortável ao bem da pessoa humana. Agora, podem perguntar: na atual situação, não é razoável em muitas circunstâncias recorrer a um controle artificial da natalidade se, por esses meios, garantimos a harmonia e a paz de uma família e melhores condições de educação às crianças que já nasceram? (*Humanae Vitae*, § 16)

A resposta a essa pergunta tem um duplo aspecto. Em primeiro lugar, o Papa reconhece que a nossa inteligência humana deveria ser aplicada às relações sexuais e à procriação. Se há sérias razões para espaçarmos os nascimentos, essas devem decorrer das condições físicas ou psicológicas do marido e/ou da esposa, ou de condições externas. "A Igreja prega que, então, é lícito levar em conta os ritmos naturais imanentes à função procriadora do ato conjugal, que se realizará somente nos períodos inférteis, sem transgredir os princípios morais mencionados antes" (*Humane Vitae*, § 16). A encíclica defende que existe uma diferença essencial entre contracepção natural e a artificial.

Diretrizes pastorais concluem a encíclica do Papa Paulo VI. Nessas declarações finais, os pastores são lembrados de que se devem comportar como o Redentor compassivo, e esse ensinamento deve ser acompanhado por paciência e bondade, e um eco da voz amorosa desse mesmo Redentor.

Resumo: a Igreja ensina que o ato conjugal da relação sexual tem um propósito especial, que lhe é dado pelo Criador. Esse ato une o casal numa mútua e total auto-entrega, permitindo que se traduza na geração de uma nova vida. Esses dois aspectos da relação sexual conjugal refletem ambos o amor de Deus e permitem que o casal colabore com o Criador na geração e educação de uma nova vida. A pessoa humana, portanto, deve sempre respeitar e nunca anular a inseparável conexão, desejada por Deus, entre os valores conjugal e procriativo das relações sexuais do casal. O conhecimento dos biorritmos naturais da fertilidade pode ser usado como meio de planejar responsavelmente o aumento da família, sem contradizer o significado e o propósito das relações sexuais. Por outro lado, a contracepção artificial é intrinsecamente desonesta, porque contradiz o sentido e o propósito das relações sexuais do casal, conforme os desígnios de Deus.

Coabitação e sexo pré-marital

Apesar do número crescente de pessoas que têm relações sexuais antes do casamento, não deve surpreender o leitor, à luz do que já dissemos antes, que a Igreja continua ensinando que toda atividade sexual, incluindo as relações genitais, deve reservar-se ao casamento. Por quê? Porque a manifestação sexual genital entre dois seres humanos é destinada a sinalizar que ambos estão preparados para se entregar um ao outro com todo o seu ser, não só para sentir e proporcionar prazer. Devem partilhar suas esperanças e sonhos, decepções, saúde e doença, medos, fracassos, mau humor, o seu futuro e suas alegrias. Tudo isso deve ser vivido como parte de um pacto de amor exclusivo e vitalício.

As estatísticas atuais indicam que muitos casais ainda não casados, mas comprometidos, vivem juntos, com um relacionamento sexual, antes de firmarem seu compromisso no casamento. Alguns afirmam que perto de 50% dos casais que se apresentam para o casamento na Igreja católica, nos Estados Unidos, já coabitam. Naturalmente, esses números causam uma grande preocupação à Igreja. Por que tantos casais decidem viver juntos antes do casamento? Talvez muitos adiam o casamento por razões financeiras ou sociais; outros acham que precisam testar o relacionamento. Pode também haver o receio de um relacionamento de longo prazo. Para outros, mudou a importância do casamento e o reconhecimento público e da Igreja para sua união tem pouco significado.

Momento de ensino: muitos pastores acreditam que, quando esses casais se apresentam à Igreja para oficializar o casamento, vivemos um significativo momento de ensino. Em outras palavras, em vez de recriminar o casal ou de lhes negar a bênção da Igreja para sua união, o pastor sensível pode usar esse encontro para encorajar o casal a refletir sobre sua situação presente e sobre o significado do casamento. Com as perguntas certas e uma orientação delicada, esse homem e essa mulher podem, enfim, avaliar a natureza dos cuidados da Igreja, seus ensinamentos sobre a expressão sexual humana e o propósito e o significado de um casamento cristão. "O casamento entre duas pessoas batizadas é um símbolo real da união do Cristo com a Igreja, uma união que não é apenas temporária ou experimental, mas que busca ser eternamente fiel" (*Familiaris Consortio*, § 81).

HOMEM E MULHER

ABUSO SEXUAL

Nos últimos vinte anos, tem havido um aumento acentuado no número de casos relatados de abuso sexual em nossas comunidades, em geral. Sem dúvida, estamos cientes também do aumento no número desses casos dentro da própria Igreja, o que tem sido causa de uma grande angústia e vergonhosos escândalos.

A expressão "abuso sexual" descreve precisamente a imoralidade desse tipo de ação. Trata-se, literalmente, de um abuso da sexualidade da pessoa, de uma ofensa à dignidade da vítima. Em vez de sugerir o uso da sexualidade para a mútua auto-entrega no casamento, o abuso sexual envolve a manipulação do outro, geralmente às custas de algum tipo ou nível de violência. Não existe entre esses adultos a mutualidade que deveria ser característica da expressão sexual genital. Em muitos casos, os autores do abuso são geralmente pessoas com alguma autoridade ou poder em relação às vítimas. É notável que as estatísticas comprovem que, em sua maioria, as vítimas conhecem os agressores. Elas também apontam que, nos Estados Unidos, antes dos 16 anos, um em cada seis meninos sofre algum tipo de abuso, e que uma em cada quatro meninas também passa por uma situação desse tipo.

A vergonha está tão intimamente relacionada com os casos de abuso sexual que muitos deles nem são denunciados, às vezes por muitos anos. É difícil, porém, avaliar se está ou não havendo um aumento no número de condutas criminosas, ou um aumento no número de casos relatados. Seja qual for a verdade, o abuso sexual é uma questão moral premente para a sociedade contemporânea e a Igreja, uma questão que merece atenção permanente, especialmente em virtude da extensão dos seus danos, pois as vítimas permanecem traumatizadas por vários anos.

É imensa a responsabilidade pastoral da Igreja quando o ataque refere-se à dignidade e ao bem-estar da pessoa, especialmente quando as vítimas são crianças e jovens. Embora a liderança da Igreja e o clero não possam oferecer uma ajuda psicológica especializada nem às vítimas e nem aos agressores, ainda assim podem convocar os préstimos de membros experientes da comunidade para que trabalhem com esse problema e proporcionem toda a ajuda que puderem, com a competência que sua especialização permitir. Com isso, a resposta pastoral da Igreja conta com a experiência clínica de seus integrantes e com o atendimento espiritual contínuo de toda a comunidade cristã.

Já os casos de abuso no seio da própria Igreja requerem uma resposta pastoral mais específica. Há, pelo menos, duas obrigações: a primeira consiste em fornecer ajuda emocional, e a segunda diz respeito à prevenção.

Em termos de ajuda emocional, a Igreja deve oferecer compreensão e tratamento ou terapia às vítimas do abuso sexual, para que as feridas possam fechar e sarar. As famílias de vítimas de abuso sexual, assim como a comunidade, precisarão de assistência para enfrentar a mágoa, a raiva e a confusão, enquanto que o agressor deve ser encaminhado para as autoridades civis legítimas e, se possível, obrigado a submeter-se à avaliação e intervenção médicas pertinentes ao caso.

Quanto à prevenção, a Igreja deve fazer tudo o que for possível para assegurar que todos, especialmente crianças e jovens, sejam protegidos de uma possível vitimização. A prevenção também deve incluir a suspensão dos deveres religiosos do suposto agressor, quando as alegações forem endossadas por evidências suficientes.

A Igreja deve continuar lutando para não ser parte do problema, e sim parte da solução para o contexto mais amplo dos crimes de abuso sexual.

PESSOAS DE ORIENTAÇÃO HOMOSSEXUAL
(CIC, §§ 2357-2359)

Um número significativo de homens e mulheres descobre que sua preferência sexual se encaminha, principalmente, para pessoas do mesmo sexo. Às vezes, em nosso entusiasmo para fazer julgamentos acerca dessa espécie de orientação ou para agir com base nessa preferência, podemos esquecer de um outro ensinamento central da Igreja, a saber, que toda pessoa tem uma dignidade intrínseca porque foi criada à imagem de Deus e, portanto:

> A comunidade cristã deve estender sua compreensão e um atendimento pastoral a seus irmãos e irmãs homossexuais (NCCB, *Always Our Children*, 1997-1998); "todo sinal de discriminação injusta dessas pessoas deve ser evitado" (CIC, § 2358); "as pessoas homossexuais têm os mesmos direitos que todas as demais, inclusive o direito de não serem tratadas de maneira ofensiva a sua dignidade pessoal" (Congregação para a Doutrina da Fé, *Algumas considerações ligadas a Resposta a propostas de lei sobre a não discriminação das pessoas homossexuais*, 1992, § 3), e "os homossexuais, como todas as demais pessoas, são convocados à castidade" (CIC, § 2359).

Embora reconheça que as causas da homossexualidade — sejam elas genéticas, hormonais, psicológicas ou sociais — ainda não estão claras, em seus pronunciamentos, a Igreja se apresenta claramente sobre a avaliação moral dos atos genitais homossexuais. Baseando-se nas Escrituras (Gn 19,1-29; Rm 1,24-27; 1Cor 5,10; 1Tm 1,1-10) e na interpretação da lei natural, a Igreja ensina que esses atos são "intrinsecamente desordenados" (CIC, § 2358). Esse ensinamento é consistente com o entendimento da Igreja sobre o casamento, a saber, que somente no casamento heterossexual é que o ato sexual é não somente uma forma de unir o casal no amor e na auto-entrega total, como também significa uma abertura para a dádiva de uma nova vida.

Alguns documentos oficiais da Igreja também têm comentado a orientação homossexual em si, afirmando que, embora não seja propriamente um pecado, a propensão homossexual é "objetivamente desordenada". Para compreendermos o que quer dizer essa descrição da orientação, vale a pena citar um trecho do documento intitulado *Carta sobre a cura pastoral das pessoas homossexuais – Homosexualitatis problema:*

> Devemos aqui salientar dois pontos. Falar da inclinação homossexual como "objetivamente desordenada" não quer dizer que, em si, a pessoa homossexual seja ruim ou má. Além disso, a pessoa homossexual não é a única com tendências ou inclinações desordenadas. Todos os seres humanos estão sujeitos a alguma tendência desordenada (Congregação para a Doutrina da Fé, *Carta sobre a cura pastoral das pessoas homossexuais – Homosexualitatis problema*, § 3).

Resumo: Em suma, podemos dizer que os bens que a Igreja se propõe defender em seus ensinamentos sobre a homossexualidade são: (a) a dignidade dos seres humanos, seja qual for sua orientação sexual, incluindo o reconhecimento das responsabilidades e dos direitos humanos; (b) que a sexualidade genital tem seu verdadeiro sentido somente no pacto do casamento heterossexual, que implica a complementaridade dos sexos e uma abertura à transmissão de uma nova vida; (c) o amor, que pode ser partilhado, cultivado, rejeitado e até mesmo perdido. A família, que possui um ou mais membros homossexuais, tem uma oportunidade adicional de partilhar e aceitar o amor da maneira como o homossexual faz em relação a si mesmo.

17. Conclusão: a necessidade e a obrigação do atendimento pastoral

Em todas essas áreas específicas da sexualidade humana, o ensinamento da Igreja deve ser acompanhado de um atendimento pastoral e de sensibilidade. A discussão dos cuidados dispensados aos casados e às famílias, às pessoas homossexuais e aos solteiros em geral, assim como àqueles que foram vítimas de abuso sexual, deve evidentemente transcender o fórum da publicação de encíclicas e cartas pastorais. No intuito de corresponder aos ideais do ensinamento da Igreja, as pessoas precisam de estruturas de apoio prático, tanto quanto da experiência de serem atendidas por seus líderes espirituais, pastores e irmãos de fé.

Após a publicação de *Humanae Vitae*, a Conferência Nacional dos Bispos Católicos dos Estados Unidos, em sua carta pastoral, acentuou a necessidade de uma adequada preparação dos futuros esposos, o estabelecimento de centros diocesanos da vida familiar, uma teologia moderna válida para a espiritualidade do casamento e atitudes encorajadoras e compassivas por parte dos pastores (*A vida humana nos tempos atuais*, 1968, §§ 55—60). O Papa João Paulo II, em sua Exortação Apostólica *Familiaris Consortio*, convoca à instalação de programas pastorais de apoio àqueles cujo casamento terminou em separação ou divórcio. Sugestões pastorais concretas são sempre feitas nos documentos da Igreja abordando a homossexualidade. Por exemplo, o estabelecimento ou promoção de programas pastorais autênticos que possam ajudar os homossexuais em todos os níveis da vida espiritual (*Carta sobre a cura pastoral das pessoas homossexuais – Homosexualitatis problema*, § 15), grupos de apoio aos parentes e pais de homens e mulheres homossexuais (NCCB, *Sempre nossos filhos*), orações, ensinamentos e aconselhamento eficientes, advindos de um sólido conhecimento da homossexualidade e dos ensinamentos da Igreja (NCCB, *Sempre nossos filhos*). Ninguém nega, atualmente, a urgente necessidade de um atendimento pastoral às vítimas de abuso sexual. Dentro da própria Igreja, honestidade, desculpas, apoio emocional e políticas bem engendradas são medidas imperativas, quando o propósito é lidar com o abuso sexual.

O cuidado pastoral visa o bem e a dignidade da pessoa, de modo que ela possa alcançar os bens e a realização para os quais foi criada enquanto ser humano. Embora esse cuidado seja a missão da Igreja estruturada, também é nossa missão cuidar de nós mesmos e dos outros, porque somos convidados a relacionamentos de intimidade, santidade, compromisso, castidade, novas vidas e alegrias, como pessoas com sexualidade.

18. Diretrizes para a consideração de questões de ética sexual

Sem dúvida, o leitor poderia levantar muitas questões de ética sexual que não foram especificamente tratadas neste capítulo. Tentamos apenas chamar atenção para alguns dos valores básicos que formam os alicerces de uma ética sexual cristã. Os valores defendidos pela Tradição Católica Romana levam-nos a fazer as seguintes perguntas:

1. Aceitamos nossa sexualidade humana como parte da boa Criação de Deus e como componente integral de nossa própria identidade?

2. Será que cometemos o erro de igualar sexualidade a atos sexuais, pensando que apenas o controle de nossos atos sexuais nos proporcionará uma sexualidade integrada?

3. Todo cristão é convidado a vivenciar a virtude da castidade. Qual a forma concreta que a castidade deve assumir na minha situação de vida?

4. Será que uso ou abuso de outras pessoas, tornando-as objetos de meu prazer sexual, reduzindo-as à condição de objetos sem dignidade, e não mais as tratando como criaturas dignas de respeito?

5. Será que as atitudes sexistas da cultura que nos cerca tornaram-se parte de meu modo de pensar e do meu comportamento, e eu injustamente discrimino uma pessoa devido à sua orientação sexual?

6. Qual é a minha resposta aos ensinamentos da Igreja de que o compromisso conjugal, marcado pela fidelidade e pelo amor, é o contexto apropriado à manifestação sexual, e que as relações sexuais genitais têm dois significados inseparáveis, a saber, o mútuo amor dos cônjuges e uma abertura a novas vidas?

7. Assim como o fez Nosso Senhor, também eu valorizo e cultivo meus amigos para que esses afetos incentivem e animem os outros e para que minhas amizades me ajudem a moldar-me à imagem de Cristo?

19. Bibliografia recomendada sobre os ensinamentos da Igreja sobre ética sexual

Pio XI, *Casti Connubii sobre o matrimônio cristão*, 1930.

Documentos do Vaticano II, *Constituição Pastoral Gaudium et Spes sobre a Igreja no mundo de hoje*, 1966.

Paulo VI, *Sacerdotalis Caelibatus (Celibato dos sacerdotes)*, 1967.

Paulo VI, *Humanae Vitae sobre a vida humana*, 1968.

Congregação para a Doutrina da Fé, *Declaração Persona Humana sobre certas questões relativas à ética sexual*, 1975.

Congregação para a Educação Católica, *Guia para a Formação no Celibato dos Sacerdotes*, 1976.

João Paulo II, *Exortação Apostólica Familiaris Consortio sobre a função da família cristã no mundo de hoje*, 1981.

Congregação para a Educação Católica, *Orientações Educativas sobre o Amor Humano*, 1983.

Congregação para a Doutrina da Fé, *Carta sobre a cura pastoral das pessoas homossexuais – Homosexualitatis problema*, 1986.

Congregação para a Doutrina da Fé, *Instrução Donum Vitae sobre o respeito à vida humana nascente e a dignidade da procriação*, 1987.

João Paulo II, *Carta Apostólica Mulieris Dignitatem sobre a dignidade e a vocação da mulher por ocasião do ano mariano*, 1988.

Conferência Nacional dos Bispos Católicos dos Estados Unidos, *Sexualidade humana: perspectiva católica para a educação e o aprendizado permanentes*, 1991.

Congregação para a Doutrina da Fé, *Algumas considerações ligadas a Resposta a propostas de lei sobre a não discriminação das pessoas homossexuais*, 1992.

Conselho Pontifício para a Família, *Sexualidade humana: verdade e significado*, 1996.

Comitê dos Bispos Católicos dos Estados Unidos para o Casamento e a Família, *Sempre nossos filhos: aos pais de filhos homossexuais*, 1997.

Capítulo Onze

Ética social

(CIC, §§ 1877-1948; §§ 2207-2213; §§ 2234-2246; §§ 2263-2267; §§ 2306-2317; §§ 2401-2414; §§ 2419-2449)

1. Introdução

A ética social refere-se àquela área da teologia moral que lida com as implicações de nossa fé para o tipo de pessoa que devemos ser e as espécies de atitudes que devemos ter, em particular nos âmbitos político, econômico e social. Algumas pessoas poderiam sugerir que essa área da teologia moral se situa fora do âmbito de preocupações da Igreja. Não somos trabalhadores sociais. Não somos políticos. Não temos na Terra a nossa cidade eterna. Desde o início deste livro, entretanto, falamos que a nossa resposta a Deus é tornarmos nosso o amor de Deus, que não se mantém distante de sua Criação e nem alheio a ela. Podemos ou não ser trabalhadores sociais ou políticos, mas o bem da comunidade humana é a nossa preocupação, enquanto seguidores de Jesus. Essa preocupação com o mundo foi manifestada com grande veemência no documento do Concílio Vaticano II, em que os bispos refletiram sobre o papel da Igreja no mundo moderno. Ali escreveram: "As alegrias e esperanças, o sofrimento e a angústia dos povos do nosso tempo, especialmente daqueles que são pobres ou oprimidos, são as alegrias e esperanças, o sofrimento e a angústia também dos seguidores de Cristo" (*Constituição Pastoral Gaudium et Spes sobre a Igreja no mundo de hoje*, § 1).

O ensinamento social católico concentra-se na dimensão social do Evangelho. É gerado pelo *magisterium* e guiado pelo Espírito Santo, em suas interpretações dos eventos atuais, no contexto de toda a revelação de Jesus Cristo. "O ensinamento social da Igreja propõe princípios à reflexão; fornece critérios para julgamento; dá diretrizes para a ação" (CIC, § 2423).

2. Revisão histórica

Muitas pessoas consideram as últimas décadas do século XIX como o início do moderno ensinamento da Igreja sobre ética social, citando especificamente a encíclica do Papa Leão XIII, *Rerum Novarum sobre a condição dos operários*, em que ele focalizava mais em particular a situação dos trabalhadores no final da década de 1880 (CIC, § 2421). Desde então, os papas, de Pio XI a João Paulo II, têm escrito encíclicas comemorando a publicação de *Rerum Novarum*, usando o aniversário de sua publicação como uma oportunidade para interpretar os sinais dos tempos e apresentar o ensinamento da Igreja, em resposta às prementes necessidades sociais de então. O ensinamento social foi desenvolvido também em outros documentos, tanto pela Igreja universal como pela local.

3. Em busca da justiça

O objetivo óbvio do ensinamento social da Igreja é a promoção da justiça, especialmente a mudança de estruturas para que se garanta a aplicação da justiça. Embora tenhamos discutido essa virtude no capítulo dois, vale a pena repetir aqui também o entendimento fundamental da justiça, segundo a Tradição Católica.

4. Tipos de justiça: legal, comutativa e distributiva

A justiça consiste em dar a Deus o que é de Deus e a César o que é de César (CIC, § 1807). Claro que o desafio consiste em determinar o que é devido a cada qual e como essas demandas devem ser atendidas. A Tradição Católica Romana tem usado as categorias comuns da justiça comutativa, justiça legal e justiça distributiva (CIC, § 2411). A justiça comutativa refere-se a honrar contratos ou acordos entre pessoas, corporações, instituições e congêneres. Para ser justa, a pessoa deve cumprir o que concordou em fazer. Por exemplo, se tomo dinheiro emprestado de um amigo, devo pagar de volta. A justiça comutativa exige que eu pague a minha dívida, honre contratos e cumpra com as obrigações com as quais concordei. A justiça legal inclui a obrigação dos indivíduos para com sua comunidade, talvez mais estritamente, os deveres dos cidadãos para com seu Estado. Os membros individuais de uma comunidade ou sociedade são justos quando se pautam pelas normas que regem a vida nessa sociedade. Por fim, a justiça distributiva refere-se à obrigação da comunidade ou Estado para com o indivíduo. A comunidade é justa quando dá aos seus cidadãos o que lhes é devido em resposta às legítimas necessidades de cada indivíduo ou em reconhecimento aos seus méritos.

Embora essas descrições da justiça ajudem-nos a determinar o que é "devido" a alguém ou por alguém, devemos lembrar que a noção todo-abrangente de justiça é a dos corretos relacionamentos entre as pessoas. Às vezes, a exigência mínima da justiça — que tecnicamente pode atender aos requisitos da justiça comutativa, legal e distributiva — não corresponde completamente ao que a justiça, entendida como um correto relacionamento, pode esperar dos seguidores de Cristo. No cerne do ensinamento social da Igreja, estão a dignidade da pessoa humana na comunidade e a preocupação de que as condições políticas, econômicas e sociais sejam capazes de facilitar o crescimento do indivíduo como filho de Deus, evitando apresentar obstáculos ao desenvolvimento humano.

5. Tendendo ao bem social

Ao estudarmos o que significa a justiça social dentro da Tradição Católica Romana, apontamos quatro áreas especiais que merecem atenção. O ensinamento social da Igreja propõe que, se as pessoas pretendem alcançar sua plena estatura como pessoas, se a dignidade humana deve ser respeitada e cultivada, é preciso prestar atenção nas virtudes da solidariedade, do bem comum, da opção pelos pobres e do bem do indivíduo garantido pelos direitos humanos. Atentar a esses bens específicos salientará dois outros bens humanos mais gerais, sobre os quais falamos na introdução do capítulo sobre as subdivisões da teologia moral: a dignidade da pessoa humana e sua natureza social. Esses dois bens, na realidade, estão no cerne mesmo da ética social segundo a Tradição Católica Romana.

A SOLIDARIEDADE ENTRE TODOS OS POVOS
(CIC, §§ 1939-1942; §§ 2437-2449;
VER TAMBÉM SOBRE A QUESTÃO SOCIAL, EM ESPECIAL §§ 38-42)

Um dos milagres da tecnologia moderna é podermos assistir a eventos do mundo todo, no conforto da nossa sala de estar. Milhões, ou até mesmo um bilhão, de espectadores de diversos países assistiram aos Jogos Olímpicos, enquanto estavam sendo disputados. A Missa do Galo é transmitida do Vaticano, e podemos acompanhar sua liturgia melhor do que se estivéssemos na Basílica de São Pedro. Contudo, não são apenas eventos esportivos ou celebrações religiosas que são transmitidos para dentro de nossos lares. Também podemos ver os estragos dos desastres naturais, de atos terroristas, da guerra. Todos os dias, os jornais exibem notícias de tragédias que comovem espectadores do mundo todo.

De que maneira respondemos às "alegrias e esperanças, ao sofrimento e angústia" das pessoas, de nossa vizinhança ou família, do nosso país ou do outro lado do mundo? Será que, como anunciou o Concílio Vaticano II, tornamos nossas todas essas emoções? A resposta defendida pelo ensinamento social da Igreja é cultivar a virtude da solidariedade, em nossa vida moral.

Solidariedade "é uma determinação firme e perseverante de se comprometer com o bem comum, quer dizer, com o bem de cada um e de todos os indivíduos porque, na realidade, nós todos somos responsáveis por todos" (*Sollicitudo Rei Socialis sobre a questão social*, § 38). A descrição do Papa João Paulo II contém tanto a virtude como a manifestação da solidariedade. O ensinamento social da Igreja começa com a suposição de que somos uma família humana. Nesse sentido, somos todos confiados uns aos cuidados dos outros. Afora qualquer ação concreta que possamos empreender em benefício de outrem, o ensinamento social da Igreja aborda o que está em nosso coração. O Papa João Paulo II descreve a atitude de solidariedade como "o compromisso com o bem do seu semelhante, com a disposição, no sentido proposto pelo Evangelho, de 'se entregar' pelo bem do outro em vez de explorá-lo, e de 'servi-lo' em vez de oprimi-lo em benefício próprio" (*Sollicitudo Rei Socialis*, § 38). A solidariedade está em ação quando "os membros da sociedade reconhecem-se uns aos outros como pessoas" (*Sollicitudo Rei Socialis*, § 39); ou, ainda, "todos devem olhar para seu semelhante (sem exceção) como um outro si mesmo" (*Constituição Pastoral Gaudium et Spes sobre a Igreja no mundo de hoje*, § 26; ver também CIC, § 1931).

A solidariedade presume uma mútua interdependência entre os membros da família humana. Como sugere a definição de solidariedade oferecida pelo Papa João Paulo II, ela está intimamente relacionada com o bem comum.

O BEM COMUM (CIC, §§ 1905-1912)

A *Constituição Pastoral Gaudium et Spes sobre a Igreja no mundo de hoje* descreve o bem comum como "a soma total das condições sociais que permitem às

ÉTICA SOCIAL

pessoas, individualmente ou em grupo, alcançar mais plena e facilmente a sua realização" (§ 26; ver também *Sobre o cristianismo e o progresso social*: § 65). Nesse sentido, o bem comum serve como corretivo aos extremos do individualismo e do coletivismo. Enquanto o individualismo salienta excessivamente a autonomia da pessoa às custas de suas obrigações individuais para com a comunidade humana maior, o coletivismo pode sacrificar o bem do indivíduo em nome da sociedade.

É possível imaginar um extremo de individualismo representado pelo principal executivo de uma empresa, que pouco se importa com o bem-estar de seus funcionários, desde que seus negócios dêem lucro. As pessoas que trabalham para ele são apenas dispositivos facilmente descartáveis, no maquinário da empresa. Esse executivo está preocupado consigo mesmo e não enxerga nada de errado em fazer o que for preciso para garantir que continue rico e em situação confortável. O extremo do coletivismo poderia ser visto no Estado que se apossa da empresa legítima de um empreendedor criativo, para manter todos os membros da sociedade num patamar econômico relativamente nivelado, enquanto o governo se apossa dos recursos arduamente conquistados por uma boa pessoa.

O foco da Tradição Católica Romana sobre o bem comum reconhece a natureza social da pessoa humana e admite direitos e responsabilidades recíprocas entre o indivíduo e a comunidade e/ou sociedade.

Falando da virtude da solidariedade na comunidade internacional, o Papa João Paulo II escreve: "Uma condição essencial à solidariedade global é a autonomia, a livre autodeterminação, também no seio de associações como as indicadas. Mas, ao mesmo tempo, a solidariedade exige prontidão para que se aceitem os sacrifícios necessários ao bem de toda a comunidade mundial" (*Sollicitudo Rei Socialis*, 45). Mais uma vez, percebemos o duplo foco sobre o bem comum: o bem do indivíduo em equilíbrio com o bem da comunidade maior, quer seja esta uma pequena comunidade local ou a mais larga, a saber, a família humana.

Três elementos essenciais do bem comum: O *Catecismo da Igreja Católica* aponta os três elementos essenciais contidos no bem comum e que expressam seu duplo foco, ou seja, o indivíduo e a comunidade: respeito pela pessoa, bem-estar e desenvolvimento social, e paz (CIC, §§ 1907-1909). Em primeiro lugar, o bem comum deve reconhecer a dignidade da pessoa e trabalhar em prol de tudo aquilo que promova o seu crescimento; ao mesmo tempo, o *Catecismo* reconhece que existe o dever de assegurar o desenvolvimento da sociedade como um todo. Neste caso, as autoridades legítimas podem precisar discernir quando os desejos dos indivíduos devem ceder diante do bem da sociedade, embora nunca, evidentemente, ao preço da dignidade da pessoa. Finalmente, o bem comum requer uma atmosfera de paz em que possa ocorrer esse mútuo desenvolvimento.

Participação no bem comum (CIC, § 1914): o bem comum requer, corretamente, a participação dos membros de uma sociedade em iniciativas comuns. A contribuição dos indivíduos de uma comunidade para o bem comum ocorre tanto em nível público como pessoal.

Pessoalmente, os membros de uma sociedade participam do bem comum e o enriquecem, na medida em que cuidam de seu próprio desenvolvimento e do daqueles que estão confiados aos seus cuidados. Nesse desenvolvimento, podemos incluir a busca de uma boa educação, um emprego decente, a participação em obras de caridade e quaisquer outros envolvimentos do indivíduo na vida comum. Agindo assim, cada um promove o bem de todos.

A participação na vida pública também é uma importante contribuição que os membros individuais da sociedade fazem ao bem comum. Essa participação se evidencia mais nas sociedades democráticas, em que os cidadãos podem estar envolvidos na vida política de sua terra. Como dissemos antes, o bem comum inclui de um lado o compromisso da sociedade com o bem da pessoa humana e os atos concretos nesse sentido, e de outro as obrigações do indivíduo em relação à sociedade.

Tanto o convite da virtude da solidariedade ao senso de responsabilidade pelos outros, como a ênfase sobre o bem comum nas estruturas que servem de ambiente propício ao desenvolvimento humano, despertam certo tipo de cuidado pelos desfavorecidos e marginalizados da sociedade, em especial os pobres.

A OPÇÃO PREFERENCIAL PELOS POBRES (CIC, §§ 2443-2449)

A primeira declaração explícita do *magisterium* sobre a opção preferencial pelos pobres veio dos bispos da América Latina, num documento divulgado após um encontro em Puebla, no México, em 1979. Escandalizados com a pobreza em que a maioria do povo vivia, os pastores espirituais convocaram a Igreja como um todo para que fizesse uma opção preferencial pelos pobres. Os bispos se envolveram diretamente em seu desafio à Igreja:

ÉTICA SOCIAL

Nem todos nós da Igreja latino-americana nos comprometemos o suficiente com os pobres. Nem sempre estamos preocupados com eles ou lhes estendemos a nossa solidariedade. O serviço que lhes deve ser prestado pede uma conversão e uma purificação constantes, em todos os cristãos. Isso deve ser feito para que possamos, a cada dia, atingir uma mais plena identificação com o Cristo pobre e os nossos próprios pobres (Conferência dos Bispos Latino-Americanos, *Evangelização no presente e no futuro da América Latina: documento final* [Maryknoll, NY: Orbis Books, 1980], p. 264).

O Papa João Paulo II acrescentou mais elementos sobre os pobres, ampliando os que já estavam sob sua tutela. Enquanto o chamado profético dos bispos da América Latina veio como resultado de terem exposto a pobreza econômica de vários povos da região, o Papa João Paulo II entendeu como pobres não só os materialmente desfavorecidos como aqueles que também padecem de privações culturais e espirituais (ver *Centesimus Annus*, § 57).

Se um dos objetivos principais do ensinamento social da Igreja é garantir que os ambientes político, econômico e social sejam tais que os seres humanos possam desenvolver-se, faz sentido dedicar uma atenção especial aos que estão privados dos meios necessários a uma plena participação em seu próprio desenvolvimento, tomando atitudes concretas em benefício dessas pessoas. Essencialmente, o que nos mobiliza nesse sentido não é tanto um senso de caridade, mas de justiça. É como São João Crisóstomo disse: "Não permitir que os pobres partilhem de nossos bens é roubá-los e privá-los da vida. Os bens que possuímos não são nossos, e sim deles".

Intimamente ligada com a solidariedade e o bem comum, a opção preferencial pelos pobres caracteriza os seguidores de Cristo, que o enxergam nos pobres e vêem nestes "um outro si mesmo". A opção preferencial pelos pobres é uma terceira condição do respeito pela dignidade da pessoa, dentro da ordem social.

O BEM DO INDIVÍDUO GARANTIDO PELOS DIREITOS HUMANOS

Um pressuposto final da ética social e do ensinamento social da Igreja focaliza o bem comum do indivíduo, especialmente na medida em que é garantido pelos direitos humanos. Salientamos antes que o bem comum implica um equilíbrio entre a obrigação da sociedade para com o indivíduo e o dever de cada um para com a sociedade. A virtude da solidariedade, o bem comum e a opção preferencial pelos pobres focalizaram, embora não exclusivamente o bem da comunidade e as obrigações do indivíduo em seu seio. Aqui, damos atenção às reivindicações dos membros individuais da sociedade. Depois de mencionar, nos comentários introdutórios a esses capítulos, o respeito devido à pessoa humana graças à sua dignidade, focalizamos agora os direitos humanos, que são a maneira concreta pela qual a sociedade honra e protege a dignidade humana.

Idealmente, a virtude da solidariedade e o senso de união que envolve todos os integrantes da família humana deveriam ser suficientes para garantir que as pessoas tivessem um ambiente propício para se desenvolver como filhos de Deus. Entretanto, em nosso mundo de pecados, esse em geral não é o caso. Mesmo tendo sido criados pelo amor e para o amor, costumamos não viver usando o melhor de nosso potencial; como o atestam a história e os eventos atuais, as pessoas sofrem nas mãos umas das outras. O ensinamento social da Igreja dedicou uma atenção considerável aos direitos que deveriam ser estendidos às pessoas, de modo que pudessem prosperar e viver de acordo com sua dignidade. A enumeração desses direitos, naturalmente, não assegura que as pessoas prosperem, da mesma forma como insistir na necessidade de se respeitar sua dignidade não garante que as pessoas de fato vivam com dignidade. A citação desses direitos, neste momento, simplesmente explicita a estrutura e nomeia as condições nas quais as pessoas deveriam viver para que pudessem gozar da possibilidade de se desenvolverem plenamente.

Direitos humanos a serem garantidos: o *Catecismo da Igreja Católica* destaca que o respeito pela dignidade da pessoa humana envolve aceitação e respeito por aqueles direitos que procedem de sua dignidade como filhos de Deus. "O papel da Igreja consiste em lembrar as pessoas de boa vontade de que tais direitos existem, distinguindo-os das alegações falsas ou injustificadas" (CIC, § 1930). Nos ensinamentos sociais católicos, o Papa João XXIII foi o primeiro pontífice a articular a lista dos direitos que a sociedade deveria garantir a seus membros. Em sua carta encíclica de 1963, *Pacem in Terris*, o Papa João relacionou e comentou os direitos e deveres das pessoas, nas sociedades. O mais essencial deles, naturalmente, é o "direito à vida, à integridade corporal e aos meios que se fizerem necessários e adequados a um desenvolvimento apropriado da vida. Esses meios são, antes de tudo, alimento, vestuário, abrigo, repouso,

ÉTICA SOCIAL

atendimento médico e, por fim, os indispensáveis serviços sociais" (*Pacem in Terris*, § 11). O Papa João ainda falou dos direitos atinentes à cultura, ao culto espiritual e à vida social, econômica e política dos indivíduos. Pouco mais de 15 anos depois, o Papa João Paulo II, num discurso perante as Nações Unidas, forneceu uma lista ampliada dos direitos que a Igreja apresenta à humanidade como essenciais ao desenvolvimento humano. Ele mencionou os seguintes:

> O direito à vida, à liberdade e à segurança da pessoa; o direito ao alimento, a vestimentas, habitação, atendimento suficiente em saúde, repouso e lazer; o direito à liberdade de expressão, à educação e à cultura; o direito à liberdade de pensamento, consciência e religião; o direito de manifestar a própria religião, individualmente ou como parte de uma comunidade, seja em público ou em particular; o direito de escolher uma condição de vida, de criar uma família e de desfrutar de todas as condições necessárias à vida familiar; o direito à propriedade e ao trabalho, a condições trabalhistas adequadas e salários justos; o direito à assembléia e à reunião; o direito à liberdade de movimento e à migração interna e externa; o direito a uma nacionalidade e à residência; o direito à participação política e à participação na livre escolhe do sistema político para o povo ao qual se pertence (João Paulo II, *Discurso à 34ª Assembléia Geral das Nações Unidas*, 2 de outubro de 1979, § 13).

Se nos lembrarmos que o propósito dos direitos é garantir que as pessoas tenham acesso a condições adequadas ao seu desenvolvimento como seres humanos, pode-se verificar como é razoável a lista apresentada pelo Papa João Paulo II, e até pensar em outros direitos que lhe poderiam ser adicionados.

Nesta seção, demos ênfase à importância do respeito aos direitos humanos. Como nossa discussão do bem comum e da solidariedade nos faz lembrar, entretanto, sempre existe um equilíbrio em andamento entre as necessidades do indivíduo e o bem da comunidade. Embora na Tradição Católica Romana nós acreditemos que esses bens nunca se devem opor entre si, é sempre uma tarefa delicada e que requer prudência, discernir entre os direitos e os deveres dos indivíduos de uma comunidade.

Tendo essas quatro áreas como contexto, passemos a um exame das três que recebem a dose mais intensa de atenção do ensinamento social da Igreja: as dimensões pública/política, econômica e social da vida.

253

6. Dimensão pública/política da vida

O ensinamento social católico presume que os seres humanos vivem em sociedade ou comunidade e que precisam dela. A sociedade é necessária ao desenvolvimento dos seres humanos. Ela é parte e componente essencial da natureza humana (CIC, § 1879).

O *Catecismo da Igreja Católica* aponta que as sociedades da família e do Estado correspondem profundamente à natureza da pessoa humana (CIC, § 1882). Falemos brevemente dessas duas sociedades. Enquanto isso, devemos ter em mente os quatro vetores da tendência ao bem social, mencionados anteriormente, salientando a necessidade contínua de manter um equilíbrio entre o bem da pessoa e o bem da comunidade.

Família: A CÉLULA ORIGINAL DA VIDA SOCIAL (CIC, §§ 2201-2213; § 1882)

De acordo com o *Catecismo da Igreja Católica*, a família é a unidade básica da sociedade, precisamente porque é o meio pelo qual os membros que a integram são admitidos na vida social e orientados em relação a ela (CIC, § 2207). Não é incomum presumir que uma vida familiar desajustada explique, em parte, a razão de algumas pessoas terem problemas em seu encaixe na sociedade ou em obedecer às leis. No mesmo sentido, costumamos supor que as pessoas bem-ajustadas são produto de um bom ambiente familiar. Esses pressupostos às vezes são verdadeiros, mas esse nem sempre é o caso. A máxima "a fruta não cai longe do pé" ainda é válida, porque reconhecemos a influência dos pais sobre os filhos. Citando esse elo entre a vida familiar e a vida social, o *Catecismo* afirma que "autoridade, estabilidade e uma vida de relacionamentos dentro da família constituem os alicerces da liberdade, segurança e fraternidade, no seio da sociedade" (CIC, § 2207). A família é o primeiro lugar em que ocorre a socialização.

Assim que compreendemos a visão que a Igreja tem do casamento e da vida familiar, podemos também compreender mais plenamente a preocupação que a Igreja tem em salvaguardar tanto essa *célula original da sociedade* como também as condições sociais que a promovem. O capítulo sobre ética sexual aborda mais completamente essas áreas, mas um breve resumo nos permitirá, nesse ponto, visualizar melhor o papel da família na sociedade.

ÉTICA SOCIAL

Casamento e família no ensinamento da Igreja: a Igreja ensina que o casamento é um sacramento marcado pela mútua entrega dos cônjuges um ao outro. A partilha recíproca da vida e do amor entre os cônjuges é agora ampliada, para incluir os filhos e a família (ver especialmente Paulo VI, *Humanae Vitae*, e João Paulo II, *Familiaris Consortio*).

Vamos imaginar uma pedra atirada em um lago tranqüilo. Pouco a pouco, círculos concêntricos começam a fluir do ponto em que a pedra caiu. À visão da Igreja, o amor de um casal casado dá origem ao amor no seio da família, que dá origem à partilha do amor com o círculo mais largo dos parentes e amigos (a comunidade paroquial, por exemplo) e, finalmente, a sociedade como um todo. É claro que, se o dar e receber amor não for obstruído em sua trajetória, haverá ramificações positivas para a vida em sociedade. Bloquear o fluxo do amor no seio da família e em relação aos círculos mais extensos do amor é como um câncer que ataca a célula da sociedade e a própria estrutura social como um todo.

Estamos cientes de que poucas famílias exemplificam totalmente essa imagem dos círculos expansivos do amor. As fraquezas e os pecados humanos colocam muitos obstáculos à harmonia e aos relacionamentos familiares. Os membros da família, os pais em particular, têm a obrigação de trabalhar em prol do bem comum em nível local, dando atenção às mesmas três áreas citadas antes: respeito pelo indivíduo, preocupação com o bem da família como um todo e a construção de um ambiente de paz.

O ensinamento social da Igreja, entretanto, pede que as autoridades civis garantam a manutenção das estruturas sociais que também apóiam o bem da família (CIC, § 2210). Especificamente, a Igreja convoca a "comunidade política" para que assegure aos cidadãos a liberdade de começar uma família, ter filhos e criá-los de acordo com suas próprias crenças religiosas (CIC, § 2211). Esse ensinamento também reitera alguns dos direitos mencionados antes, a respeito da propriedade privada, do atendimento à saúde e congêneres. É justamente porque a família é tão crucial à sociedade que a Igreja pede que seja protegida e sustentada (CIC, § 2210).

O ESTADO: MANTENEDOR DO BEM COMUM

A segunda sociedade, que é muito importante para a humanidade e se assenta na primeira, é o Estado, a sociedade política. É interessante constatar que o ensinamento da Igreja não endossa determinada forma de governo em detrimento de outras. No entanto, um critério deve ser atendido para que o governo seja moralmente legítimo: "A diversidade dos regimes políticos é moralmente aceitável, desde que sirva ao bem legítimo da comunidade que os adotam" (CIC, § 1901). "É papel do Estado defender e promover o bem comum da sociedade civil, seus cidadãos e corpos intermediários" (CIC, § 1910), lembrando que a pessoa humana é "o começo, sujeito e objeto de toda organização social" (*Constituição Pastoral Gaudium et Spes sobre a Igreja no mundo de hoje*, § 25; CIC, § 1881).

Autoridade legítima no Estado (CIC, §§ 1897-1904; 2234-2246): embora o ensinamento social da Igreja não favoreça nenhuma configuração política em particular (CIC, § 1901), ele, não obstante, insiste na necessidade de que haja uma autoridade nas comunidades humanas. O propósito da autoridade é manter a união da comunidade e organizá-la para o bem comum de seus membros. A sociedade deve providenciar oportunidades de participação no bem comum. Sua legitimidade moral baseia-se em quão bem se desincumbe dessa tarefa. O poder do Estado, diz o *Catecismo da Igreja Católica*, só é legítimo quando promove e protege o bem comum de seus cidadãos, e apenas recorre a meios moralmente permissíveis para alcançar seu poder (CIC, § 1903).

Podemos imaginar casos em que o abuso da autoridade debilitaria o indivíduo e o bem comum. Por exemplo, vejamos a situação de uma autoridade civil que tem de resolver o problema de moradores de rua que importunam turistas visitando a cidade. No esforço de garantir a beleza e atratividade da cidade, ele ordena que as forças policiais transportem os mendigos para uma área da periferia, em que ficarão fora de vista. Embora esteja aparentemente promovendo o bem comum, essa autoridade desrespeita o bem que os sem-teto também têm de usufruir do bem comum. A melhor das intenções não pode legitimar esse abuso da autoridade. Da mesma forma, autoridades civis que indicam pessoas para postos do serviço público, baseando-se em relações de amizade ou motivadas por interesses políticos mas não com base na competência profissional, colocam o bem comum em risco, embora, aparentemente, estejam atendendo ao bem de alguns indivíduos.

Os cidadãos têm o dever de pronunciar-se quando ocorrem abusos de autoridade (CIC, § 2238). De fato, são obrigados a ouvir a voz de sua consciência, se acreditam que as diretrizes das autoridades civis contradizem o bem moral (CIC, §§ 2241-2242). Assim como as autoridades civis devem atentar cuidado-

ÉTICA SOCIAL

samente para os meios que usam, a fim de promover o bem comum, sem jamais recorrer a meios imorais, também os cidadãos devem fazer o mesmo, em sua resposta aos abusos da autoridade (CIC, § 2243).

Equilibrar o bem comum e o bem individual por meios moralmente aceitáveis caracteriza o sábio exercício da autoridade civil. Aqueles que realizam bem tal equilíbrio servem aos cidadãos com justiça.

Dois princípios para guiar o Estado (CIC, §§ 1883-1885; § 2209): nosso pressuposto é que o objetivo do bem comum e das sociedades seja proporcionar uma atmosfera em que as pessoas consigam desabrochar e manifestar a dignidade que lhes é própria. Como dissemos em nossa discussão do bem comum, um pressuposto ativo no ensinamento social da Igreja é o de que as pessoas devem ter a oportunidade de participar ativamente da sociedade. O *Catecismo da Igreja Católica* aponta que, "para promover a participação do maior número possível de indivíduos na vida de uma sociedade, a criação de associações e instituições voluntárias deve ser encorajada tanto no nível nacional como no internacional, já que estas se relacionam com objetivos econômicos e sociais, atividades culturais e de lazer, esportes, e diversas profissões e questões políticas" (CIC, § 1882; ver também Papa João XXIII, *Mater e Magistra*, § 60).

A participação na sociedade promove tanto o bem individual, já que toda pessoa é social por natureza, como o da comunidade, que só pode ser enriquecida pela generosa contribuição dos dons e habilidades de seus integrantes.

Devemos ressaltar aqui um outro ponto: não podemos desabrochar nem nos desenvolver plenamente como pessoas, por nossa própria conta. Precisamos uns dos outros para até mesmo usufruir de certos bens humanos, como a saúde e a educação. Assim, o ensinamento da Igreja presume que a capacidade de uma pessoa para dar e receber amor e se envolver na dimensão pública/política da vida é promovida, e só pode ser alcançada, mediante boas organizações nas esferas política, econômica e social. Podemos pensar no organismo político das Nações Unidas, em organizações financeiras internacionais e, em nível local ou nacional, nos sistemas de atendimento à saúde, os sistemas educacionais, organizações de serviço social e congêneres.

É, em parte, responsabilidade das autoridades civis criar essas estruturas para o bem dos cidadãos. O ensinamento social católico propõe dois princípios ou normas para guiar o exercício da autoridade no Estado, assegurando o bem comum: a socialização e os subsídios.

Socialização: a socialização trata justamente do que notamos acima. O Estado assegurará a existência de certas associações e instituições para o bem de seus cidadãos. Muitas nações sentiam a necessidade de um organismo internacional como as Nações Unidas, após a Primeira Guerra Mundial do século XX. No nível nacional, esperamos que o Estado opere um sistema de educação, instituições de atendimento à saúde, associações para pessoas portadoras de necessidades especiais e assim por diante. Como parte de sua responsabilidade para com os membros da sociedade, as autoridades civis devem garantir a presença desse tipo de associações para as pessoas a quem servem, de modo que o bem comum e o bem individual sejam respeitados.

Subsídios: a segunda norma, a existência de subsídios, foi elaborada pelo Papa Pio XI, em sua encíclica sobre o quadragésimo aniversário do documento do Papa Leão XIII, *Rerum Novarum*. O Papa Pio XI descreveu ali os subsídios como um princípio por meio do qual "uma comunidade de uma ordem superior não deve interferir na vida interna de uma comunidade de uma ordem inferior, privando esta última de sua funções, mas, antes, deve apoiá-la em caso de necessidade e ajudá-la a coordenar sua atividade com as atividades do restante da sociedade, sempre tendo em vista o bem comum" (*Quadragesimo Anno*).

Se o bem comum está sempre tentando equilibrar o bem individual e o bem comum, cuidando para não sacrificar a liberdade e a autonomia do indivíduo em nome da comunidade, o princípio do subsídio serve como método para garantir que a liberdade e a autonomia de comunidades menores não sejam negadas, nem mesmo pelos mais bem-intencionados motivos da comunidade maior.

Por exemplo, por melhor que seja um sistema estadual de educação, seria errado que o Estado insistisse que todos os cidadãos devessem estudar em instituições públicas, se outros indivíduos também se organizaram em grupo para fornecer educação privada. Além disso, deve-se esperar que as associações nacionais prestadoras de serviços educacionais respeitem a autonomia das associações locais e assim por diante. Nesse mesmo sentido, o Estado não pode exigir que todo atendimento médico seja fornecido por instituições públicas se outras, particulares, também oferecem o mesmo serviço. Embora seja prerrogativa dos pais criar seus filhos, e não se deva esperar que o Estado interfira nesta responsabilidade parental, podem-se comprovar vários casos de intervenção do

Estado, quando se trata de salvaguardar as crianças de pais violentos. O mesmo é verdade em relação às instituições educacionais e da rede de saúde.

O princípio do subsídio adverte contra a excessiva centralização da autoridade. A autonomia do nível local deve ser sempre respeitada. Todas as intervenções de uma autoridade mais alta devem ser proporcionais e pautadas à luz da incompetência do nível inferior.

Novamente, percebemos a tensão e a necessidade de equilíbrio entre o governo que respeita a liberdade e autonomia da pessoa e o estabelecimento de estruturas por meio das quais estas podem ser vividas, em prol do maior bem possível de toda a comunidade.

O ensinamento social católico afirma o papel do Estado na promoção da justiça social para os cidadãos, começando com a constatação de que somos uma só família unida em nosso papal de guardiões uns dos outros. Dentro dessa sociedade, existe a necessidade de uma autoridade legítima que promova a participação de todos os cidadãos no bem comum.

7. Dimensão econômica da vida (CIC, §§ 2426-2449)

Uma segunda área importante no ensinamento social da Igreja é a dimensão econômica da vida. Talvez uma das declarações mais contraculturais que o ensinamento social católico possa fazer, no mundo de hoje, seja que a vida é mais do que dinheiro. Qualquer teoria ou abordagem à economia "que torne o lucro a norma exclusiva e o fim último da atividade econômica é moralmente inaceitável... O sistema que 'subordina os direitos básicos dos indivíduos e de grupos à organização coletiva da produção' é contrário à dignidade humana' (CIC, § 2424). Assim como o papel do Estado é defender a dignidade humana e estabelecer estruturas que facilitem o desenvolvimento humano, também toda atividade econômica tem como fim o bem da pessoa humana. Por conseguinte, a Igreja não endossa um sistema econômico em particular, mas abomina todo aquele que coloca a pessoa humana em risco.

Naturalmente, ninguém faz dinheiro apenas olhando para ele. As pessoas compram coisas. A importância da economia no ensinamento social católico está na íntima ligação que o ensinamento estabelece entre a economia e o desenvolvimento humano. Se o foco da economia não está na pessoa humana, mas no acúmulo de bens e coisas, então a dignidade humana está em perigo. O

Manual Prático de Moral

Papa Paulo VI ressaltou que "a aquisição de bens terrenos pode levar os homens à cobiça, ao desejo insaciável de ter mais, à busca de mais poder pessoal. Os ricos e os pobres — sejam eles indivíduos, famílias ou nações — podem tornar-se vítimas da avareza e do materialismo mais desalmado" (*Populorum Progressio sobre o desenvolvimento dos povos*, § 18). Em outras palavras, pode desumanizar as pessoas em vez de humanizá-las.

Essa colocação aparentemente óbvia da vida econômica no contexto do bem da pessoa nem sempre é evidente nas práticas econômicas. Os jornais divulgam, com certa freqüência, o efeito dos negócios multinacionais sobre pessoas em países em desenvolvimento, onde o trabalho é mais barato do que no mundo desenvolvido. Já ouvimos falar de executivos de alto escalão de companhias em condição falimentar safando-se com largas somas de dinheiro, enquanto os gerentes de nível médio e os demais funcionários perdem seus empregos e benefícios sociais. Quando as práticas econômicas são marcadas mais pela autopromoção desapiedada do que pela solidariedade, quando perdem de vista o bem comum em favor dos direitos individuais, tornam-se destrutivas tanto para o indivíduo como para a comunidade. Contrária a esses abusos e ao que muitos experimentam na própria pele, a vida econômica não é um fim em si, mas a Igreja a considera muito importante.

Direitos associados com o trabalho (CIC, §§ 2427-2436)

O Papa João XXIII surpreendeu o público com sua encíclica, *Pacem in Terris*, quando foi além da exposição dos direitos políticos para falar dos direitos econômicos. Entre os direitos que arrolou, estão "o direito natural à livre iniciativa no campo econômico e o direito a trabalhar" (*Pacem in Terris*, § 18). Ele ainda citou boas condições de trabalho, o direito de trabalhar conforme a própria capacidade e competência, o direito a uma remuneração justa e o direito à propriedade privada (*Pacem in Terris*, §§ 19-22).

É fácil comprovar a grande atenção que recebe o trabalho humano na relação dos direitos e no ensinamento social da Igreja. Essa é uma atenção merecida, porque a Igreja associa o trabalho com a dignidade humana. O Papa João Paulo II aponta que, diversamente de outras criaturas, os seres humanos trabalham. Pode-se dizer que o castor constrói uma represa e o rouxinol, seu ninho, mas essas atividades não são da mesma natureza que o trabalho humano.

Ele escreve que "não há dúvida de que o trabalho humano tem um valor ético próprio, que clara e diretamente permanece ligado ao fato de quem o executa ser uma pessoa, um sujeito consciente e livre, quer dizer, um sujeito que decide as coisas a seu respeito" (*Laborem Exercen sobre o trabalho humano*, § 6.3). Por que achamos degradantes as "saunas" [locais de trabalho em condições degradantes para os operários]? Não é por causa do tipo de trabalho que as pessoas estão fazendo, mas porque sua dignidade não está sendo respeitada. Nesses casos de injustiça, o produto é mais importante que quem o produz. Nessas "saunas", as pessoas são tratadas como meios para um fim, e não estão recebendo o respeito que lhes é devido como fins em si mesmas. É precisamente por esse motivo que o Papa João XXIII enfatizou não só o direito ao trabalho, como o direito de fazê-lo em condições respeitosas, que não diminuam o trabalhador. Tanto as ocupações mais simples como os cargos mais ambicionados podem promover a dignidade da pessoa.

Uma preocupação concomitante ao direito de trabalhar é que a remuneração seja justa. Dois fatores devem ser considerados: o mérito e a necessidade. É muito interessante que o *Catecismo da Igreja Católica* diga que há referências objetivas para criar remunerações justas. Assim, o acordo entre as partes relativo a determinado nível de remuneração não garante que esta seja, de fato, moralmente justa (CIC, § 2434). Em vez disso, a remuneração deve ser suficiente "para garantir uma sobrevivência digna" para a pessoa e sua família (*Constituição Pastoral Gaudium et Spes sobre a Igreja no mundo de hoje*, § 67; CIC, § 2434).

Voltando, por um momento, aos bens comuns gerais e às preocupações particulares da ética social, podemos comprovar uma convergência de preocupações, tanto na esfera política como na econômica, a respeito de a dignidade da pessoa ser respeitada, de a interdependência dos povos ser reconhecida e de a atividade econômica e política promover o bem comum, ao mesmo tempo em que jamais se compromete o bem individual. Honrar esses bens tanto assegura um ambiente propício ao desenvolvimento humano como engendra políticas públicas e econômicas consistentes.

8. Dimensão social da vida (CIC, §§ 1886-1889)

Antes de passarmos a uma análise de questões mais específicas de ética social, daremos atenção a uma outra responsabilidade da sociedade, conforme explicitada no *Catecismo da Igreja Católica*, e que incluímos como a dimensão social da vida. O *Catecismo* afirma: "A sociedade é essencial à realização da vocação humana. Para atingir essa meta, deve ser respeitada a justa hierarquia dos valores que 'subordina as dimensões física e instintiva do íntimo do ser humano à sua dimensão espiritual'" (CIC, § 1886; ver *Centesimus Annus*, § 36).

O Papa João Paulo II escreve, em *Centesimus Annus*: "Uma determinada cultura revela seu entendimento geral da vida em suas escolhas do que produzir e consumir" (§ 36). Que significado da vida podemos depreender da nossa cultura? Para que a nossa energia está direcionada? Provavelmente, a beleza, a fama ou a fortuna. Se essas são as mensagens e imagens dominantes em uma cultura, podemos prever um "entendimento da vida" que não é "dar e receber amor".

Além da produção e do consumo, entretanto, o que a cultura dominante tem a dizer sobre a dignidade da pessoa? Os homens e as mulheres são mesmo tratados de forma igual? Há algum tipo sutil, ou não tão sutil assim, de discriminação injusta baseada em raça, credo, gênero, orientação sexual, educação, condição financeira, ou outro critério? Mais uma vez, que mensagens são dadas sobre o sentido da vida?

Muitas vezes, o ensinamento social católico ressalta a dignidade da pessoa como membro da comunidade humana. Somos guardiões uns dos outros, destinados à vida no Reino do Céu. Toda cultura que diminui a pessoa humana ou coloca obstáculos ao seu autêntico desenvolvimento necessita em si de conversão. "A caridade é o maior dos mandamentos sociais. Respeita os outros e seus direitos. Exige a prática da justiça e, por si só, torna-nos justos. A caridade inspira uma vida de doações" (CIC, § 1889).

9. Questões específicas da ética social

No capítulo final, examinaremos bem rapidamente três questões da ética social em que poderemos ver em sua forma concreta de atuação os princípios e ensinamentos elaborados antes. Daremos atenção especificamente a uma questão de cada uma das áreas acima, ou seja, política, econômica e social.

ÉTICA SOCIAL

VIDA PÚBLICA/POLÍTICA: PROTEÇÃO LEGÍTIMA CONTRA AGRESSORES PENA CAPITAL E GUERRA JUSTA (CIC, §§ 2263-2267; §§ 2307-2317)

A principal preocupação do Papa João Paulo II, em sua encíclica de 1995, *Evangelium Vitae*, é o valor da vida humana, repetidamente chamada de "sagrada" e "inviolável" ao longo de todo o documento. Entretanto, a Tradição Católica Romana permite a legítima autodefesa por parte tanto dos indivíduos como do Estado, admitindo inclusive ceifar vidas, se necessário. O Santo Padre escreve que "matar um ser humano, em quem a imagem de Deus está presente, é um pecado especialmente sério. *Somente Deus é o senhor da vida!* No entanto, desde o começo, defrontada com os muitos casos, geralmente trágicos, que ocorrem na vida das pessoas e da sociedade, a reflexão cristã tem buscado um entendimento mais pleno e profundo do que o mandamento de Deus proíbe e prescreve" (*Evangelium Vitae, § 55)*. Ele cita o *Catecismo da Igreja Católica* quando diz que "a legítima defesa não só pode ser um direito como um grave dever, quando a pessoa é responsável pela vida de outros" (CIC, § 2265).

O ponto de partida dentro da Tradição cristã, naturalmente, é um pressuposto contra a violência. Se e quando for preciso usar de violência, entretanto, ela deve ser suficiente à tarefa, e não exceder o necessário. Aceitando-se o paradoxo e a legitimidade da autodefesa, então, torna-se necessária uma palavra de cautela quanto aos meios usados para a defesa do indivíduo e do Estado. Os meios de defesa não devem, se possível, causar derramamento de sangue, porque assim melhor correspondem às "condições concretas do bem comum e estão mais de acordo com a dignidade da pessoa humana" (CIC, § 2267).

Essa dupla preocupação, pelo bem comum e pela dignidade da pessoa, é salientada tanto na pena capital como na teoria da guerra justa, sempre num estado de tensão.

Pena capital (CIC, §§ 2265-2267; § 2309): a Tradição Católica Romana tem passado por um desenvolvimento de seus ensinamentos sobre a pena capital. Trata-se da transformação de uma aceitação relativamente acrítica da pena de morte como meio legítimo de defesa, por parte do Estado, para uma postura de hesitação e de quase que absoluta exclusão dessa punição como meio moralmente aceitável de corrigir desvios. Há uma tensão no cerne do próprio ensinamento.

263

Embora reconheça que a vida humana é sagrada, a Igreja reconhece também "o direito e o dever da autoridade pública legítima de infligir uma punição proporcional à gravidade da ofensa" (ver CIC, § 2266). Em geral, a punição serve a três propósitos: "conter a desordem", "defender a ordem pública e proteger a segurança das pessoas" e "corrigir a parte culpada" (ver CIC, § 2266).

Talvez, no passado, uma ênfase maior tenha sido dada ao bem comum, capturado pelos primeiros dois propósitos da punição, quer dizer, retribuir e restaurar a ordem pública. Tanto em suas reflexões recentes, como em nossa discussão da pena capital no capítulo três, o Papa João Paulo II parece destacar a dignidade da pessoa e, por conseguinte, o terceiro propósito, quer dizer, a correção do agressor. Com isso, o ensinamento da Igreja está permitindo a possibilidade de o criminoso arrepender-se e levar uma vida mais de acordo com sua dignidade de ser humano.

Embora reconheça a tragédia e a crueldade de certos crimes que a lei civil deveria julgar dignos de pena de morte, a Igreja limita seriamente, em seus ensinamentos, as ocasiões em que a pena capital seria aceitável, indo ao ponto de dizer que só é legítima quando se torna "absolutamente necessária, em outras palavras, quando não seria possível defender a sociedade de outro modo. Hoje em dia, no entanto, em resultado da notória melhoria na organização do sistema penal, esses casos são muito raros, quando não praticamente inexistentes" (*Evangelium Vitae*, § 56).

Nesse contexto, a pessoa vê novamente a tensão entre o bem comum e o bem individual. A Igreja parece ter alcançado um ponto de equilíbrio, ao afirmar que o bem comum não pode ser ameaçado por um criminoso, e deve respeitar a dignidade da pessoa, mas lhe permite não obstante a possibilidade de uma conversão. Essa evolução no ensinamento não tem sido sempre bem recebida pela sociedade, mas parece consistente com as preocupações do ensinamento social da Igreja.

Guerra justa (CIC, § 2309): o pressuposto contra a violência, subjacente também à punição de indivíduos que cometem crimes contra a sociedade, age igualmente no plano dos conflitos nacionais e internacionais. Santo Agostinho, "fundador" da teoria da guerra justa, dificilmente foi militarista ou estava em busca de alguma forma de justificativa para a violência. Ele escreve em sua *Cidade de Deus*: "Uma guerra justa, sobretudo, é justificada somente pela injustiça de um agressor; e essa injustiça deve ser uma fonte de sofrimento a qualquer homem de bem, porque é uma injustiça humana" (Santo Agostinho, *A cidade de Deus*, 19.7; *Os pais da Igreja*, vol. 24, trad. [para o inglês] de Gerald Walsh, S.J. e Daniel Honan, Washington, DC: Catholic University of America Press, 1954). O propósito da reflexão sobre a guerra justa não é de dar às pessoas o direito de declarar guerra, mas oferecer-lhes a chance de examinar uma situação para ver se uma resposta violenta pode ser moralmente justificada.

O *Catecismo da Igreja Católica* oferece um resumo das condições necessárias que justificam a violência da guerra. A autoridade legítima deve atentar a elas com cuidado e prudência. Citamo-las aqui:

> — o dano infligido pelo agressor à nação ou comunidade de nações deve ser duradouro, grave e certo;
> — todos os outros meios de dar um fim a ele devem ter-se comprovado impraticáveis ou ineficazes;
> — deve existir uma sólida perspectiva de sucesso;
> — o uso de armas não deve produzir males e distúrbios maiores do que o mal que pretendem eliminar. O poderio dos meios modernos de destruição pesa seriamente nas ponderações sobre esta condição (CIC, § 2309).

Apesar de um pressuposto pela não-violência, então, a Tradição Católica Romana tem reconhecido que, neste período entre a expulsão do Paraíso e a plenitude do reino de Deus, depararemos com paradoxos para viver plenamente a vida do reino, agora. Embora não esteja oferecendo carta branca ao uso da violência, a Tradição permite o seu uso proporcional e restrito, tanto para a proteção interna do Estado, como em suas relações internacionais.

VIDA ECONÔMICA: PROPRIEDADE PRIVADA (CIC, §§ 2402-2414)

A primeira vez em que a Igreja ponderou sobre a questão da propriedade privada foi na encíclica do Papa Leão XIII, *Rerum Novarum sobre a condição do trabalho*, de 1891. Escrevendo essa carta numa época em que os direitos dos trabalhos pouco importavam, o Papa Leão reafirmou o direito à propriedade privada como fruto do esforço do trabalhador. Esse direito foi confirmado em documentos subseqüentes, que também destacavam o aspecto social ou comunitário da propriedade privada. O Papa Paulo VI afirmou o direito à propriedade privada, mas disse que esse não era um direito absoluto e que a pessoa não poderia justificar-se se acumulasse bens excessivos enquanto outros carecem dos meios mais básicos de atendimento a suas necessidades primárias (ver *Populorum Progressio sobre o desenvolvimento dos povos*, § 23).

O ensinamento corrente está resumido no *Catecismo da Igreja Católica*, que afirma o seguinte: "A apropriação de uma propriedade é legítima para garantir a liberdade e a dignidade das pessoas e para ajudar cada uma delas a satisfazer suas necessidades básicas, assim como as necessidades daqueles que estão sob seus cuidados" (CIC, § 2402). Portanto, o direito legítimo da pessoa à propriedade privada submete-se à dádiva básica da terra para todos. Neste sentido, os bens produzidos são ainda entendidos como bens comuns a todos (CIC, § 2403).

No tratamento da questão sobre ética social, observe-se a tentativa contínua de equilibrar a autonomia individual com o bem da comunidade. Os temas do respeito pela dignidade e pelos direitos do indivíduo, a natureza social da pessoa em solidariedade com os outros, assim como a opção preferencial pelos pobres, estão todos em ação, quando se analisa a questão da propriedade privada.

VIDA SOCIAL: RESISTÊNCIA AO ESTRANGEIRO: RACISMO/MIGRAÇÃO

Nossa discussão das divisões da teologia começou enfatizando que a teologia não é realmente compartimentalizada, pois trata da revelação de Jesus Cristo. Entretanto, é dividida simplesmente para notarmos a variedade que caracteriza seu estudo e também o caráter distintivo de algumas áreas. Quando se perde de vista essa unidade, porém, corre-se o perigo de perder também sua riqueza. Como sublinhou a nossa discussão da virtude da solidariedade, a família humana é uma só, mesmo que nos possamos repartir por cor, gênero, língua, cultura, localização geográfica ou outros critérios. A humanidade é uma só. Porque perdemos de vista a nossa humanidade comum, surgem várias questões de ética social, que podem ser resumidas na categoria "resistência ao estrangeiro".

Racismo: o racismo baseia-se na crença da "superioridade biologicamente determinada da própria raça ou grupo étnico em relação aos outros" (Conselho Pontifício Justiça e Paz, *Documento sobre Igreja, racismo e fraternidade*, § 2). Como o conhecemos, o racismo pode assumir muitas formas. Pode ser institucionalizado em grande escala por meio de práticas políticas, como, por

ÉTICA SOCIAL

exemplo, o regime do *Apartheid* na África do Sul, no final do século XX, ou, em menor escala, no clube de campo ou na organização que exclui pessoas de determinadas raças.

Além da raça, a discriminação do e a resistência ao estrangeiro pode basear-se em crenças religiosas, etnia, língua, condição financeira, realizações acadêmicas, além de muitos outros fatores. Em todos esses casos, contudo, a falha fundamental do raciocínio é a crença de que alguns seres humanos são superiores a outros. Esse viés desaparece diante do respeito que é devido a todas as pessoas graças à sua dignidade intrínseca. Mas ainda viola o bem comum, ao interferir nos direitos do indivíduo.

A *Constituição Pastoral Gaudium et Spes sobre a Igreja no mundo de hoje* nos lembra de dois alicerces: o teológico, para a igualdade dos povos, e o ético, para a rejeição do racismo e a discriminação injusta.

> Todos os homens e mulheres são dotados de uma alma racional e são criados à imagem de Deus; têm a mesma natureza e origem e, tendo sido redimidos por Cristo, partilham do mesmo chamamento e do mesmo destino divino. Há aqui uma igualdade básica entre todos que deve receber um reconhecimento ainda maior... Qualquer tipo de discriminação social ou cultural contra os direitos básicos das pessoas, com base em alegações de sexo, raça, cor, condição social, língua ou religião, deve ser contido e erradicado, pois é incompatível com os desígnios de Deus (§ 29).

Embora tenhamos incluído o racismo na categoria da vida social, suas ramificações nos âmbitos político e econômico devem ter-se tornado igualmente óbvias. O ensinamento social católico, naturalmente, condena toda depreciação da pessoa humana, seja por que motivo for. O racismo é uma manifestação particularmente evidente dessa depreciação. As respostas ao racismo devem focalizar a dignidade da pessoa e a unidade da família humana, buscando a solidariedade de um com o outro, em todas as coisas.

Migração: a interdependência dos povos do mundo e a realidade da globalização são evidentes na migração das pessoas de uma parte a outra. As pessoas migram por uma série de razões, claro, e algumas delas o fazem por vontade própria. Mas outras são levadas a isso por motivos de segurança. A estes chamamos de refugiados. Como os refugiados devem ser recebidos?

Lembremos a lista dos direitos que o Papa João Paulo II enunciou perante as Nações Unidas, em 1979. Entre eles, "o direito à liberdade de movimento, à migração interna e externa; o direito à nacionalidade e à residência". O ensinamento social católico presume hospitalidade por parte da nação que recebe imigrantes, em especial os refugiados. O ensinamento social católico presume ainda que não haja praticamente qualquer restrição aos refugiados por parte da nação que os acolhe, justamente porque estão fugindo de sua terra natal por estarem com a vida em risco. Neste caso, a atenção ao bem dos indivíduos e seus direitos tem prioridade.

Constatamos um equilíbrio entre o bem comum e o bem individual, na questão da imigração voluntária. Não deveríamos esperar um acesso ilimitado aos recursos de um país simplesmente porque as autoridades nacionais, responsáveis pelo bem comum, devem equilibrar as necessidades dos imigrantes com as necessidades legítimas de seus próprios cidadãos. A participação no bem comum acarreta uma responsabilidade para a pessoa, que deve considerar o bem de todos, ao mesmo tempo em que reivindica seus próprios direitos individuais. Mesmo assim, cuidando para que não haja dano ao bem comum de sua nação, as autoridades deveriam reconhecer o direito das pessoas a imigrar, oferecendo hospitalidade aos que desejam cruzar fronteiras.

A base para uma avaliação moral negativa do racismo e o chamado à hospitalidade para com os migrantes é, novamente, a solidariedade para com toda a humanidade, ao lado de nosso interesse pelo bem de todos os seres humanos. O Papa Paulo VI desejou um futuro livre de conflitos internacionais, que em geral são baseados em resistência aos estrangeiros entre nós, ao medo do outro. Suas palavras aludem à esperança de um futuro também para a humanidade, futuro marcado não pelo racismo ou pela resistência ao imigrante, em especial o refugiado, o estrangeiro. O Papa Paulo VI escreveu: "Muitas vezes, no passado, houve relacionamentos violentos entre as nações. Que venha o dia em que as relações internacionais passarão a ser marcadas com o selo do respeito mútuo e da amizade, da interdependência na colaboração, e do aprimoramento de todos, visto como responsabilidade de cada indivíduo" (*Populorum Progressio sobre o desenvolvimento dos povos*, § 65).

As questões que examinamos nas dimensões política, econômica e social da vida salientam os bens sociais que citamos antes: a solidariedade, o bem comum, a opção preferencial pelo pobre e o respeito pelo indivíduo e seus direitos. Como vimos, há uma tensão constante entre o bem individual e o bem de

ÉTICA SOCIAL

toda a comunidade, ao lado de uma cuidadosa atenção a ambos. Alcançar um equilíbrio adequado entre os dois é um fator crítico para a garantia da justiça social.

PARÂMETROS PARA AS QUESTÕES DA ÉTICA SOCIAL

Na seção precedente, só fomos capazes de abordar algumas questões de ética social. Muitas outras surgem em nossa vida diária como cristãos praticantes. Propomos, a seguir, uma lista de perguntas para servir de parâmetro em nossa análise moral de novos problemas, à medida que nos confrontam, e de ferramenta para a formação de nossa consciência. Lembremos, antes, os quatro bens gerais que estão sempre em ação na teologia moral: o valor da vida humana, a dignidade da pessoa humana, sua natureza social e a bondade de toda a Criação. Quanto ao bem social, destacamos a solidariedade entre todos os povos, a opção preferencial pelos pobres, o bem comum e o bem do indivíduo, garantido pelos direitos humanos.

1. Em meu exame da questão, o que estou sentindo? O que diz o meu coração? Sinto alguma solidariedade pelos irmãos e irmãs do mundo todo? De que maneira sou convidado a tornar meu o amor de Deus, neste momento específico?

2. A vida humana está correndo algum risco devido a essa questão que estou considerando?

3. Manifestar a minha aprovação a essa questão colocaria algum tipo de obstáculo ao exercício individual da liberdade ou à promoção de sua dignidade? Estará correndo algum risco a dignidade da pessoa humana, em virtude da questão que estou considerando? Os direitos do indivíduo estão sendo negados? Os seres humanos estão sendo usados como meios ou como fins?

4. O bem comum estaria exigindo algum tipo de sacrifício de indivíduos a respeito dessa questão? Um sacrifício que compromete sua dignidade? Ou o sacrifício legítimo que o bem de toda uma comunidade exige? A aprovação dessa questão priva alguém da participação no bem comum?

5. Qual o impacto dessa questão para os pobres, cuja capacidade de participar na vida comum já se encontra prejudicada de várias maneiras?

10. Conclusão

Apresentamos, neste capítulo, uma revisão do ensinamento social católico para podermos captar os valores fundamentais que seriam defendidos e gerariam princípios e critérios para julgar questões de ética social, nas esferas política, econômica e social. Começamos focalizando os quatro bens gerais da vida humana: o próprio valor da vida, a dignidade da pessoa, sua natureza social e a bondade de toda a Criação. Com esses bens fundamentais em vista, estreitamos então o foco para enxergar a maneira particular como o ensinamento social da Igreja promove e protege esses bens. Destacamos o duplo aspecto da natureza social da pessoa e sua dignidade intrínseca. O ensinamento social católico romano enfatiza esses dois fatores distintivos de sua postura, salientando a virtude e a prática da solidariedade, o bem comum, a opção preferencial pelos pobres e os direitos humanos. Quer estejamos tratando da dimensão política, econômica ou social da vida, o foco sempre deve recair no bem comum, equilibrando as necessidades da comunidade com as do indivíduo. Oferecemos uma breve análise das questões atinentes aos âmbitos político, econômico e social para mostrar como esses bens entram em ação e como o ensinamento social da Igreja tenta constantemente julgar com prudência as questões morais, honrando ao mesmo tempo tanto o bem comum como o individual. Fundamentalmente, a ética social preocupa-se com a estruturação das dimensões social, econômica e política da vida, para que a pessoa humana possa desenvolver-se na comunidade e para que a vida do reino possa ser usufruída de maneira limitada, aqui na Terra.

O escritor americano Henry David Thoreau captou a importância e a beleza de nossa resposta moral, quando escreveu em *Walden Pond*: "Uma coisa é poder pintar certo quadro ou esculpir uma estátua e com isso criar alguns lindos objetos; mas é muito mas glorioso esculpir e pintar a atmosfera e o meio através do qual olhamos, o que moralmente podemos fazer. Afetar a qualidade do dia, essa é a mais elevada das artes" (Thoreau, "Where I Lived and What I Lived For", *Walden Pond*, capítulo dois). Nossos esforços para transformar o mundo no reino de Deus afetam a "qualidade de vida" para os pobres e marginalizados, em particular, e são mais uma maneira de tornar propriamente nosso o amor de Deus.

11. Bibliografia recomendada sobre os ensinamentos da Igreja sobre ética social

Papa Leão XIII, *Rerum Novarum sobre a condição do trabalho*, 1891.

Papa Pio XI, *Quadragesimo Anno – Reconstruindo a ordem social*, 1931.

Papa João XXIII, *Mater et Magistra – Cristianismo e progresso social*, 1961.

Papa João XXIII, *Pacem in Terris (Paz na Terra)*, 1963.

Concílio Vaticano II, *Constituição Pastoral Gaudium et Spes sobre a Igreja no mundo de hoje*, 1965.

Concílio Vaticano II, *Decreto Dignitatis Humanae sobre a liberdade religiosa*, 1965.

Papa Paulo VI, *Populorum Progressio sobre o desenvolvimento dos povos*, 1967.

Papa Paulo VI, *Octogesima Adveniens – Apelo à ação*, 1971.

Sínodo dos Bispos, *Justitia in Mundo (Justiça no mundo)*, 1971.

Conferência dos Bispos Latino-Americanos, *Evangelização no presente e no futuro da América Latina: documento final*, 1979.

João Paulo II, *Discurso perante a 34ª Assembléia Geral das Nações Unidas*, 1979.

João Paulo II, *Laborem Exercens sobre o trabalho humano*, 1981.

João Paulo II, *Sollicitudo Rei Socialis sobre a preocupação social*, 1987.

Conselho Pontifício Justiça e Paz, *Documento sobre Igreja, racismo e fraternidade*, 1988.

João Paulo II, *Centesimus Annus – Cem anos de ensinamento católico social*, 1991.

João Paulo II, *Evangelium Vitae (O Evangelho da vida)*, 1995.

CAPÍTULO DOZE

UMA ABORDAGEM CATÓLICA AO MEIO AMBIENTE

(CIC, §§ 2415-2418, 2456)

1. Introdução

Caco, o sapo sensível da famosa série infantil "Os Muppets", certa vez cantou: "Não é fácil ser verde". Evidentemente, esse querido anfíbio estava referindo-se a sua própria cor. Hoje em dia, os cristãos podem ser solidários com os sentimentos de Caco. Desde a Revolução Industrial, tem sido cada vez mais difícil para os cristãos serem verdes, no sentido de terem consciência de sua responsabilidade pelos cuidados com o meio ambiente, como parte da dádiva de Deus para a Criação.

O Papa João Paulo II era tão preocupado com a falta dessa responsabilidade que enviou uma mensagem para o Dia Mundial da Paz, em 1º de janeiro de 1990, intitulada *A questão ecológica: uma responsabilidade para todos*. A partir de então, continuou oferecendo mais instruções sobre essa responsabilidade negligenciada, inclusive em um discurso datado de 17 de janeiro de 2001, proferido em sua costumeira Audiência das Quartas-Feiras. A preocupação do Santo Padre dá seguimento a uma tradição igualmente antiga e representativa para os fiéis, já expressa nos pactos ancestrais de Israel, aos quais aludiam as parábolas de Jesus, e exemplificados na vida de São Francisco de Assis. Talvez sua preocupação esteja estampada em sua escolha, em 1979, de São Francisco de Assis como patrono celestial daqueles que promovem a ecologia.

2. O que é essa crise?

Se rastrearmos nosso planeta, mesmo que rapidamente, veremos de imediato que, nos últimos séculos, os homens e as mulheres que o habitam devastaram sem hesitação planícies e vales verdejantes, poluíram as águas dos rios, lagos, mares e oceanos, tornaram o ar quase irrespirável em vários pontos do globo e desequilibraram sistemas atmosféricos inteiros, com o aumento do "efeito estufa", composto por vários gases entre dióxido de carbono, metano e clorofluorcarbonetos. Esses gases parecem ameaçar elevar a temperatura da Terra o suficiente para desencadear mudanças climáticas de alto impacto. Os gases manufaturados também estão deteriorando a camada de ozônio, aquele delicado invólucro que protege o planeta e seus habitantes dos raios ultravioletas, prejudiciais à saúde humana e causadores de câncer de pele, catarata e distúrbios do sistema imunológico. As áreas verdes do mundo tornam-se crescentemente desertificadas (João Paulo II, "Compromisso para evitar catástrofes ecológicas", Audiência de Quarta-Feira, 17 de janeiro de 2001, § 3). Temos o problema das gigantescas quantidades de lixo industrial, da queima incessante de combustíveis fósseis, de uma devastação florestal ilimitada, do uso de herbicidas letais, de substâncias químicas perniciosas para resfriamento e propulsão de motores, todos esses comprometendo o equilíbrio da nossa atmosfera e meio ambiente, numa escala às vezes irreversível (*A questão ecológica: uma responsabilidade para todos*, 1990, § 6). Algumas espécies de animais foram extintas; alguns relatos informam que, nas áreas tropicais, são destruídas mais de cem espécies biológicas por dia. Além disso, décadas de desrespeito ao meio ambiente pela indústria do armamento nuclear destruíram várias áreas do nosso planeta. Essa relação poderia seguir muito mais tempo ainda. Talvez alguns de nós só tomem consciência da escalada do problema quando enxergarem trechos de sua praia predileta forrada de garrafas plásticas, latas vazias e lixo de todo tipo. Não há dúvida de que existe uma crise ecológica e, neste capítulo, esperamos explicar como essa crise está relacionada com a nossa fé e a nossa vida moral, enquanto cristãos e católicos.

3. Qual é a causa dessa crise?

A causa fundamental dessa crise reside no fato de termos em geral esquecido a missão que o Criador nos confiou neste mundo ou de a termos distorcido em benefício de nossos pobres propósitos imediatistas. Devemos retornar ao Livro do Gênesis e ao relato da Criação para resgatar a íntegra dessa missão. Há um tema recorrente nos primeiros capítulos do Gênesis. Após Deus ter criado, "Deus viu que era bom" e, mais ainda, que "era muito bom" (Gn 1). Deus então confia essa bondade da Criação ao homem e à mulher, porque eles foram dotados de dons e habilidades que os distinguem do resto da Criação. Com esses dons e habilidades naturalmente vêm as responsabilidades. Com sabedoria e amor, eles devem exercer seu domínio sobre a Terra, com os peixes no mar, as aves no céu, e todas as coisas vivas que se movem (Gn 1,28). Mas, como o Papa João Paulo II nos recorda, esse domínio ou soberania não é absoluta, mas sim um ministério. Feitos à imagem de Deus, somos guardiões da Criação divina e, por isso, tomamos o mesmo cuidado que ele com a Criação, em sua "santidade e perfeição".

O próprio Decálogo baseia-se no relato da Criação no Gênesis, quando associa o dia do descanso, o sétimo dia, com o dia em que Deus descansou após ter completado o trabalho da Criação. Não só as pessoas devem descansar, mas também o mundo natural, os animais que ajudam com sua força e a terra que dá seus frutos (Êx 20,8-10). O povo da antiga Israel criou até uma lei para poupar a terra a cada sétimo ano, para que pudesse descansar e se recuperar do uso pelos seres humanos (Lv 25).

4. A ruptura dos relacionamentos

Com o primeiro pecado veio o egoísmo e o esquecimento da missão original, de modo que "o homem não é mais o guardião da Criação, mas um déspota autônomo" ("Compromisso para afastar a catástrofe ecológica", Audiência de Quarta-feira, 17 de janeiro de 2001, § 4). "Portanto, a terra está de luto e todos que vivem nela definham, junto com os animais selvagens e as aves do ar, e até os peixes do mar que estão perecendo" (Os 4,3). No Antigo Testamento, existe uma conexão sistemática entre o pecado dos seres humanos e o sofrimento da natureza. Quando o relacionamento ou pacto entre Deus e os humanos é rompido pelo pecado, o relacionamento não apenas entre os humanos, mas entre estes e o resto da Criação, desequilibra-se. Os profetas, especialmente Oséias, Amós e Miquéias, demonstram que existe uma ligação especial entre o sofrimento da Criação e o pecado humano.

"A terra cobre-se de luto, ela perece; o mundo definha, ele perece; a nata do povo da terra definha. A terra está profanada sob os pés dos seus habitantes; com efeito, eles transgrediram as leis, mudaram o decreto e romperam a aliança eterna (Is 24,4-5). Os antigos povos da Bíblia tinham consciência de sermos todos interligados por uma rede de relacionamentos entrelaçados, entre Deus e a Criação, a Criação e Deus, Deus e as pessoas e estas com Deus, a Criação com as pessoas e estas com a Criação. Somos todos interdependentes.

Quando recobramos o juízo e reconhecemos esse comando vindo de Deus, como na história de Noé após o dilúvio, Deus cria um novo pacto (Gn 9,1-17). Esse novo relacionamento não é somente entre Deus e a humanidade, mas também entre Deus e o mundo natural, a saber, os animais (Gn 9,10-12) e a terra como um todo (Gn 9,13). Noé, um homem justo, compreendeu a verdadeira natureza de ter domínio sobre a Criação, pois levou um macho e uma fêmea de cada animal em sua arca para salvá-los da destruição (Gn 6,19).

5. Contemplai os lírios do campo

Quantas vezes Jesus referiu-se à natureza como um instrumento de pregação e ensino? As aves do céu e os lírios do campo, em sua liberdade e beleza, devem inspirar-nos a confiar no amoroso cuidado de nosso Pai (Mt 6,25-33). A graça é como o trigo que cresce silenciosamente durante a noite, enquanto o lavrador dorme (Mc 4,26-29). Devemos nos ligar-nos a Jesus da mesma forma que os galhos estão ligados à vinha e, assim, desabrochar para a vida e, tal como a vinha, conhecer um maior crescimento e produzir mais frutos do que antes (Jn 15,1-8). Uma das metáforas mais poderosas do Evangelho é a comparação que Jesus traça entre si mesmo e o bom pastor que protege e ama suas ovelhas e sempre vai em busca da que se extraviou (Lc 15,4-7). Em nossa simplicidade, uma simplicidade que aponta para uma verdade, sempre gostamos de incluir animais em torno da manjedoura em que Jesus ficou após nascer. Por quê? Porque essa imagem nos transmite a noção de que a Criação está toda misteriosamente interligada; Jesus esteve próximo da Criação desde seus primeiros instantes de nascido e a própria Criação quis participar do nascimento do Salvador. Temos um homem e uma mulher — José e Maria —, Deus feito homem, o bebê Jesus, os anjos dos céus com sua estrela guia, e as criaturas da terra, todos unidos no deslumbramento e na adoração.

UMA ABORDAGEM CATÓLICA AO MEIO AMBIENTE

Mas nem sempre é "Ó noite sagrada, as estrelas estão brilhando no céu". Às vezes, não conseguimos mais enxergar as estrelas. Gerações e gerações continuam mostrando um profundo desrespeito pela harmonia da Criação e a ordem estabelecida por nosso Criador. Esse desrespeito hoje é alimentado pelo moderno consumismo instalado em muitas partes do mundo, consumismo que fomenta a atitude de que deveríamos ter tudo aquilo que queremos, quando queremos e quanto mais, melhor. Em outras palavras, a sociedade moderna não encontrará solução para o problema ecológico, a menos que olhe seriamente para seu estilo de vida e resgate o que o Papa João Paulo II chama de o "valor estético da criação" (*A questão ecológica*, §§ 13-14). Vamos começar com o valor estético da Criação e, secundados pela vida de São Francisco de Assis, passaremos a examinar nosso próprio estilo de vida.

6. Irmão Sol e Irmã Lua

Uma das histórias mais famosas sobre São Francisco ocorre na frente do bispo de Assis. Francisco e seu pai, após discussões intermináveis, vão ao bispo em busca de alguma espécie de solução. São Boaventura nos diz que, no calor do momento, Francisco despe todas as suas roupas e as devolve ao seu pai biológico, dizendo:

"Até agora eu o chamei de pai, aqui na Terra. Mas agora posso dizer, sem reservas, Nosso Pai, que estás no Céu, pois foi nele que depositei todos os meus tesouros e toda a minha esperança" (São Boaventura, *Legenda major*, c. 2, 4). Boaventura apressa-se em explicar o significado dessa ação radical. Francisco se dá conta de quem ele realmente é, uma criatura de Deus. Tudo o que ele é e tudo o que tem é estritamente uma dádiva de Deus. Uma dependência de Deus também é verdadeira, em relação a todas as outras coisas criadas. Temos algo em comum com o resto da Criação, a saber, Deus nos fez a todos a partir da terra e nos assegura a existência. Não só essa constatação nos infunde um sentimento de humildade, que nos deve desejar expressar nossa gratidão ao Criador, mas também nos deve levar a ordenar ou equilibrar nossa atitude para com o restante da Criação. Estamos ligados a toda a Criação, e toda a Criação é boa. Deus ama toda a Criação, pois a considera "muito boa". Não devemos nós também amar a Criação? Da mesma forma como agradecemos a Deus nos haver feito, o resto da Criação, em certo sentido, também dá graças a Deus e reflete a beleza

277

de Deus. Na realidade, a Bíblia freqüentemente refere-se à bondade e beleza da Criação como a glória de Deus (Gn 1,4; Sl 8; Sb 13,3-5; Eclo 39,16).

São Paulo lembra-nos de que, da grandeza e beleza das coisas criadas, advém uma percepção correspondente da grandeza e beleza de nosso Criador (Rm 1,20). Na realidade, "nosso contato direto com a natureza tem um profundo poder de recuperação, e a contemplação de sua magnificência proporciona paz e serenidade" (*A questão ecológica*, § 14). Santo Tomás prega que a diversidade da Criação reflete a glória de Deus e que, de fato, Deus criou toda essa diversidade e beleza no mundo para que o que faltasse numa criatura, como representação da bondade divina, pudesse ser compensado por outra. Dessa maneira, ele concluía que o universo, como um todo, participa mais perfeitamente da bondade divina e a representa melhor do que qualquer criatura individual pode fazê-lo. Com essa espiritualidade e a constatação do valor da Criação, o impulso para desconsiderar o cosmos dotado de seu próprio equilíbrio e ordem interna pode entregar-se a uma atitude de respeito e gratidão.

7. A crise ecológica e a ecologia humana: um problema moral

Somente nos últimos anos foi que redescobrimos o delicado e intrincado elo de ligação existente entre todas as facetas da Criação. Nós nos damos conta, agora, de que não podemos interferir numa dada área do ecossistema sem prestar atenção às conseqüências dessa interferência em várias outras áreas e ao impacto de qualquer interferência sobre o futuro bem-estar das futuras gerações (*A questão ecológica*, § 6). "O domínio assegurado pelo Criador sobre os recursos minerais, vegetais e animais do universo não pode ser separado do respeito pelas obrigações morais, incluindo as atinentes às futuras gerações ainda por vir" (CIC, § 2456). O desrespeito pelo meio ambiente revela um desrespeito anterior pela vida, inclusive pela vida humana. O Papa João Paulo II ressalta veementemente esse ponto, chamando nossa atenção para os interesses industriais que causam danos ambientais, salientando o desrespeito pela dignidade e a saúde dos trabalhadores e a poluição em tal escala que só podem traduzir o mais radical menosprezo pelo nosso semelhante (*A questão ecológica*, § 7). Em outras palavras, a ecologia está inseparavelmente ligada à justiça. Corretos relacionamentos com o nosso meio ambiente significam corretos relacionamentos com nossos semelhantes, e o respeito pela vida humana implica em respeito por toda a Criação. Vamos ilustrar esse ponto referindo-nos a um recurso paroquial muito útil, publicado pela Conferência dos Bispos Católicos dos Estados Unidos, em 1996, intitulado *Que a Terra abençoe o Senhor: a Criação de Deus e a nossa responsabilidade – uma abordagem católica ao meio ambiente*. Em suas primeiras palavras, afirma que "a Igreja reconhece que a teia da vida e a promoção da dignidade humana estão ligadas à proteção e ao cuidado da Criação de Deus" (*Que a Terra abençoe o Senhor*, § 1).

8. Alguns fatos esclarecedores

Em sua polêmica publicação, Kevin James Lee escreve sobre os refugiados africanos, cuja emigração decorre de catástrofes ambientais (*Refugiados ecológicos: um novo capítulo numa história familiar*). Ele afirma que perto de trinta mil mortes ocorrem por dia em decorrência da poluição das águas, causadora de 75% das doenças mundiais. Em sua pobreza, muitas pessoas, especialmente os refugiados, abatem árvores para obter lenha combustível, fabricar abrigos e proteger seus animais; esse resultado pode causar um desmatamento de efeitos drásticos. Por que são drásticos? O desmatamento causa uma extensa e profunda erosão no solo, índices ainda maiores de assoreamento dos rios e sistemas de irrigação e uma maior possibilidade de inundações. A degradação do solo, a contaminação da água e o desmatamento são sérias ameaças à vida humana em todos os pontos do planeta em que ocorrem, não só na África.

Podemos sentir-nos tentados a dar respostas simples a esse problema e a outros como ele, a saber, afirmar que as pessoas desses países deveriam parar com essas práticas perniciosas. Para quem vive em países ricos é uma coisa fácil de se dizer. Para início de conversa, em contraste com os países ricos, metade dos povos mais pobres do mundo vive em áreas ecologicamente frágeis, onde a terra é muito menos produtiva. Esses povos simplesmente lutam, todos os dias, para ficarem vivos e, envolvidos nessa luta, restam pouco tempo, energia ou recursos materiais para se preocuparem com o meio ambiente. O mundo tornou-se um lugar de contrastes terríveis. Barbara Kohen, que também contribuiu para *Deixe a Terra abençoar o Senhor*, diz-nos que a renda conjunta dos 358 bilionários do mundo é igual à renda total de metade de toda a população mundial — 2,5 bilhões de pessoas (*A prosperidade da família humana*, § 18). Os 20% mais ricos do mundo consomem 86% dos recursos mundiais. Os Estados Unidos produzem 23% das emissões de monóxido de carbono, embora o país seja habitado por apenas 4% da raça humana.

9. Então, o que se pode fazer?

Compare as cifras acima com o ensinamento da Igreja de que a terra é, em última instância, um legado comum, cujos frutos são para proveito de todos os seus habitantes. "Deus destinou a terra e tudo que ela contém para todos os povos e nações" (*Constituição Pastoral Gaudium et Spes sobre a Igreja no mundo de hoje*, § 69). Assim, as coisas criadas pertencem não a poucos, mas a toda a família humana. É uma injustiça que os privilegiados continuem acumulando um excesso de bens e dilapidando os recursos do planeta, quando isso força os miseráveis a escavar e raspar o fundo de tudo, sejam quais forem as conseqüências desse desespero para o meio ambiente e as gerações futuras. "Hoje, a dramática ameaça de um colapso ecológico está ensinando-nos o quanto a cobiça e o egoísmo — tanto individuais como coletivos — contrariam o mandato da Criação, cuja ordem é caracterizada por uma interdependência mútua" (*A questão ecológica*, § 8).

Uma nova solidariedade entre as nações

A administração dos bens da terra e a saúde do planeta transcendem os limites dos países e estados individuais. Existe a necessidade de uma abordagem coordenada internacionalmente. O relacionamento entre as nações altamente industrializadas e as em desenvolvimento torna-se crítico. Seria injusto que aquelas impusessem padrões ambientais restritivos a estas, ao mesmo tempo em que ignora os ditos padrões em seu próprio território. Os líderes mundiais são seriamente responsáveis pela área da justiça e solidariedade internacionais. "A crise ecológica revela a necessidade moral urgente de uma nova solidariedade, especialmente nas relações entre as nações em desenvolvimento e as altamente industrializadas. As nações devem, cada vez mais, partilhar de modo complementar da responsabilidade pela promoção de um ambiente natural e social que seja igualmente pacífico e sadio" (*A questão ecológica*, § 10).

OPÇÃO PELOS POBRES

Tanto o cerne do problema como a chave para sua solução estão relacionados com as formas estruturais da pobreza em nosso mundo. No Antigo Testamento, os "anawim" — os marginais, os pobres, as viúvas, os órfãos e os estrangeiros — eram especiais para Deus. Essa opção pelos pobres, ou a preocupação e os cuidados especiais para com eles, também é central no ministério e na mensagem de Jesus, conforme os Evangelhos. São os pobres que sofrem mais com os desastres e as asperezas das variações ambientais. Seria injusto realizar o esforço de melhorar o meio ambiente, fazendo ao mesmo tempo com que os pobres arquem com o pior do ônus, por exemplo, quando limpamos uma área ou distrito em particular, mas nesse processo deixamos os pobres no local sem empregos, abrigo ou alimento. "A natureza irá verdadeiramente alegrar-se com uma segunda primavera somente quando a humanidade tiver compaixão pelos mais fracos de seus membros" (Conferência dos Bispos Católicos dos Estados Unidos, *Renovando a Terra: convite a uma reflexão e à ação no meio ambiente, à luz do ensinamento social católico*, § 48).

Quais são as formas estruturais da pobreza para as quais a compaixão humana deve-se voltar? A distribuição injusta de terra, em muitos países, leva a uma agricultura de subsistência que, por sua vez, ocasiona o esgotamento da terra. Há a necessidade urgente de uma reforma agrária. Os países em desenvolvimento, afogados em dívidas, acreditam que devem destruir seus recursos naturais a fim de sobreviver. O refinanciamento das dívidas internacionais e o desenvolvimento das exportações, em muitos desses países, ocorrem ao custo de danos ambientais irreparáveis. Ao longo de sua vida, o Papa Paulo VI esperara que houvesse uma era em que "os países em desenvolvimento, portanto, não sofrerão mais o risco de serem engolfados por dívidas imensas, cujo pagamento devora a maior parte de seus ganhos" (*Populorum Progressio sobre o desenvolvimento dos povos*, § 54). O Papa João Paulo II alimentou a mesma esperança. "Os pobres, a quem a terra é confiada tanto quanto o é aos outros, devem encontrar uma saída para a pobreza. Isso vai exigir uma corajosa reforma estrutural, bem como novas maneiras de povos e nações se relacionarem" (*A questão ecológica*, § 11).

Desenvolvimento sustentável?

A expressão "desenvolvimento sustentável" realmente propõe uma questão: como, por um lado, podemos contemplar as necessidades sociais e econômicas dos povos, hoje em dia, em todo o mundo, e, por outro, ter em mente as necessidades das gerações futuras que virão depois de nós, sem causarmos danos irreparáveis ao meio ambiente? O termo "sustentável" é significativo porque não se refere a alguma solução instantânea, capaz de oferecer empregos para os pobres apenas temporariamente. Por exemplo, uma grande fábrica de produtos químicos deve ser construída numa região pobre da Ásia por uma companhia multinacional. Esse projeto trará grandes lucros para um país do Primeiro Mundo, devido à mão-de-obra barata encontrada em países do Terceiro Mundo, e também abrirá vagas para empregar operários locais. Mas sua produção polui a atmosfera, os rios e o solo com lixo tóxico, comprometendo a saúde dos trabalhadores, a longo prazo. Esse não é o quadro de um desenvolvimento sustentável.

O desenvolvimento sustentável exige um planejamento mais amplo, e mais honestidade e generosidade por parte tanto dos países desenvolvidos como das nações em desenvolvimento. As nações poderosas têm uma imensa influência sobre as forças econômicas internacionais, ao passo que os países em desenvolvimento necessitam de políticas nacionais que levem em consideração os pobres e o ambiente local. Todas as nações devem trabalhar juntas em prol de um desenvolvimento sustentável. É por isso que o Papa João Paulo II afirma que "nenhum plano ou organização será, porém, capaz de efetuar as mudanças necessárias, a menos que os líderes mundiais se tornem verdadeiramente convencidos da necessidade absoluta dessa nova espécie de solidariedade, cobrada deles pela iminência de uma crise ecológica, e que é essencial à paz" (*A questão ecológica*, § 10).

O fim da guerra

A história recente tem demonstrado que, apesar de acordos internacionais, continua em expansão a produção de armas químicas, bacteriológicas e biológicas. Temos armas capazes de alterar radicalmente o equilíbrio da natureza. Até mesmo as armas convencionais de guerra destroem a vida humana e as estruturas sociais, danificam a terra, envenenam a terra e a água, destroem florestas inteiras e a vegetação e, freqüentemente, forçam imensos contingentes de refugiados a se deslocar para áreas sem condições de sustentá-los ou provê-los em suas necessidades humanas básicas. A guerra é o flagelo do meio ambiente e dos povos. Trabalharmos juntos pela paz é, ao mesmo tempo, trabalharmos juntos para proteger um meio ambiente frágil.

MUDANÇA DE ATITUDE E ESTILO DE VIDA

Talvez muitos católicos tenham, até agora, negligenciado as questões ecológicas achando que só interessam aos "verdes". A menos que nossa opção seja uma seletividade estrita com relação aos ensinamentos da Igreja, esses dias de distanciamento acabaram. A Igreja está convocando-nos a todos para uma conversão genuína de pensamentos e comportamentos a respeito desse assunto. "Precisamos de uma mudança em nosso coração para salvarmos o planeta para nossos filhos e as futuras gerações que ainda estão por vir" (*Renovando a Terra*, § 417). Precisamos também de um senso de moderação, simplicidade e autodisciplina, conforme prega o Papa João Paulo II, e de uma rejeição das gratificações instantâneas, do consumismo e da indiferença pelos danos que causamos ao meio ambiente. Inspirados por esses sentimentos, os bispos italianos chegaram a ponto de declarar que a consciência ecológica, quando corretamente compreendida, não deixa de ser uma dimensão do ascetismo cristão. A crise ecológica é, verdadeiramente, um problema moral, pois envolve conversão, justiça e a correta ordem divina. É por isso que, neste livro, a tratamos como uma questão especial.

EDUCAÇÃO

Muitos de nós simplesmente não estão cientes do estado em que se encontra o nosso meio ambiente, ou da crise ecológica que se está desenrolando em outras partes do mundo. Uma instrução sobre os fatos e as responsabilidades ecológicas é um bom ponto de partida para a maioria dos católicos. *Que a Terra abençoe o Senhor* sugere que os párocos lancem uma iniciativa pela justiça ambiental, com o propósito de educar e promover ações. *Renovando a Terra* convida "os professores e educadores a enfatizar, em suas salas de aula e programas pedagógicos, que essas atitudes devem fazer parte do cotidiano dos alunos e de seu próprio dia-a-dia" (§ 415). O Papa João Paulo II lembra-nos de que essa

MANUAL PRÁTICO DE MORAL

instrução deve começar em casa. "O primeiro educador, entretanto, é a família, com quem a criança aprende a respeitar seu semelhante e amar a natureza" (*A questão ecológica*, § 13).

INFLUENCIANDO POLÍTICAS

Embora todas as nossas pequenas atitudes façam diferença, por exemplo, comprar e usar itens reciclados, preferir o uso, cada vez menor, de embalagens plásticas recicláveis, adquirir produtos de limpeza não-tóxicos, são as políticas nacionais e internacionais que exercem a maior influência no futuro de nosso meio ambiente. Devemos tomar conhecimento de qual é o compromisso de nosso país com a assistência humanitária e a pesquisa, e em que medida nosso governo participa dos vários protocolos internacionais destinados a proteger o planeta. Não só devemos estar cientes da postura do nosso país, como também devemos usar nossa influência para consolidar cada vez mais políticas ecologicamente equilibradas.

Insistimos para que as autoridades públicas e legisladoras focalizem mais diretamente as dimensões éticas da política ambiental e sua relação com o desenvolvimento em busca do bem comum, resistindo às pressões imediatistas de modo a corresponder a nossa responsabilidade de longo prazo perante as futuras gerações... Precisamos usar as nossas vozes e votos para moldar uma nação mais comprometida com o bem universal e a ética da solidariedade ambiental (*Renovando a Terra*, § 416).

10. Sinais promissores de renovação na Terra

Os cristãos devem abordar toda crise com a virtude da esperança e há motivos para tanto. Teólogos e estudiosos da ética e das Escrituras estão redescobrindo e enriquecendo os preceitos da Tradição Católica sobre o relacionamento entre a dignidade da pessoa humana e o cuidar da Criação de Deus. Basta entrarmos numa livraria ou biblioteca cristã para ficarmos assoberbados pelo volume de trabalhos escritos sobre esse tópico. Registramos a retomada do interesse pelo meio ambiente em nossas visitas a salas de aula e grupos de debate com jovens, nas paróquias. Cien-

284

tistas, ambientalistas e economistas continuam fazendo previsões e dando sugestões destinadas a mobilizar os líderes mundiais e os povos para que comecem a agir. Os ensinamentos da Igreja continuam propondo aos fiéis desafios e o apelo à conversão, relativos ao ambiente e à justiça. Cidadãos do mundo todo estão fazendo-se ouvir, e seus votos fazem a diferença quando é para escolher líderes que protejam seu legado ecológico e demonstrem preocupação pelos pobres e vulneráveis.

Como o Papa João Paulo II nos faz lembrar, os cristãos têm uma responsabilidade especial nessa área e deveriam tornar-se líderes. Acreditamos que Deus é o Criador, que sua Criação é boa, que somos chamados a ser guardiões, convocados a amar nossos irmãos e irmãs, e especialmente os mais necessitados. Afinal de contas, somos chamados a tornar nosso o amor de Deus. "O compromisso dos fiéis com um ambiente saudável para todos origina-se diretamente de sua crença em Deus, o Criador, ao reconhecerem os efeitos dos pecados original e pessoal, e da certeza de terem sido redimidos em Cristo" (*A questão ecológica*, § 16).

11. Que a Terra inteira louve o Senhor: diretrizes a considerar

Quando você tiver um tempinho livre, contemple de novo o azul do mar e a incrível beleza e variedade das plantas e flores do local em que vive, sinta o aroma do ar limpo e fresco do alto das montanhas e ouça o canto dos pássaros. Como reza o ditado: "Pare e aspire o perfume das flores", pois a Criação inteira — dia e noite, fogo e vento, terra e mar — revela a glória de Deus e sua proximidade em relação ao seu povo (CIC, § 1147). Quando tomamos consciência da maravilha que é a Criação de Deus, percebemos a extensão do crime de sua destruição. Não nos esqueçamos de que as criaturas humanas são o ápice da Criação e que elas sofrem quando a Terra é violentada.

As indagações a seguir podem ajudar-nos a prestar mais atenção nas questões ecológicas e adotar uma postura mais crítica quanto aos abusos contra o meio ambiente.

1. Num mundo geralmente obcecado com possuir, controlar e consumir, estarão os governos e empresários dando atenção suficiente à delicada natureza do meio ambiente, às lutas dos pobres e à responsabilidade de preservar a herança natural do mundo e os recursos naturais para as futuras gerações?

MANUAL PRÁTICO DE MORAL

2. Que prioridades e estilos de vida necessitam de mudança, a fim de se melhorar a vida das vítimas de um meio ambiente violentado? De que maneira se pode observar a advertência do *Catecismo da Igreja Católica* para que se consumam com moderação os bens e para que a melhor parte deles possa ser proporcionada aos doentes (CIC, § 2405)?

3. Será que os produtos que as pessoas usam, as companhias em que investem, os políticos em que votam, ajudam a recuperar o nosso meio ambiente ou, ao contrário, contribuem para a presente crise ecológica?

4. É possível que as pessoas sejam simplesmente desinformadas e tomem decisões por ignorância ou porque se supõem senhoras da Criação de Deus, e não suas guardiãs?

Reconhecendo a solidariedade entre todas as criaturas, que advém do fato de todos terem o mesmo Criador e todas estarem sujeitas a sua glória (CIC, § 344), podemos recitar a prece de Azarias:

Bendito és tu, Senhor, Deus dos nossos pais,
tu és digno de louvor e o teu nome é glorificado eternamente.
Anjos do Senhor, bendizei o Senhor.
Ó Céus, bendizei o Senhor.
E vós, todas as águas acima dos Céus, bendizei o Senhor.
Sol e lua, bendizei o Senhor.
Estrelas do céu, bendizei o Senhor.
Todas as chuvas e orvalhos, bendizei o Senhor.
Todos os ventos, bendizei o Senhor.
Fogo e calor, bendizei o Senhor.
Frio e ardor, bendizei o Senhor.
E vós, montanhas e colinas, bendizei o Senhor.
Tudo que germina sobre a terra, bendizei o Senhor.
Mares e rios, bendizei o Senhor.
Grandes peixes e tudo o que se move nas águas, bendizei o Senhor.
Vós todos os pássaros do céu, bendizei o Senhor.
Todos os animais, selvagens e domésticos, bendizei o Senhor.
E vós, ó filhos dos homens, bendizei o Senhor.
Vós, espíritos e almas dos justos, bendizei o Senhor.
Vós, santos e humildes de coração, bendizei o Senhor.

286

E vós, todos os que adorais o Senhor, Deus dos deuses, bendizei-o, louvai-o e dai-lhe graças, porque sua misericórdia é para sempre.

(Oração de Azarias, do Livro de Daniel)

12. Bibliografia recomendada sobre os ensinamentos da Igreja acerca do meio ambiente

Paulo VI, *Populorum Progressio sobre o desenvolvimento dos povos*, 1967.

Paulo VI, *Octogesima Adveniens* (*Apelo à ação*), 1971.

João Paulo II, "A questão ecológica: uma responsabilidade para todos", *Mensagem para a celebração do Dia Mundial da Paz,* 1º de janeiro de 1990.

Conferência dos Bispos Católicos dos Estados Unidos, *Renovando a Terra: convite à reflexão e à ação no meio ambiente à luz dos ensinamentos sociais católicos*, 1991.

Conferência dos Bispos Católicos dos Estados Unidos, *Que a Terra abençoe o Senhor: a Criação de Deus e nossa responsabilidade, uma abordagem católica ao meio ambiente*, 1996.

João Paulo II, "Compromisso para afastar a catástrofe ecológica", Audiência de Quarta-feira, 17 de janeiro de 2001.

POSFÁCIO

Santo Afonso introduziu a sua teologia moral aos leitores com as seguintes palavras:

> Minha intenção ao escrever esta *teologia moral*, que tem uma finalidade estritamente prática, não foi apresentar um denso tratado escolástico sobre os "atos humanos". Em lugar disso, na tentativa de colaborar com a salvação das almas, acreditei-me obrigado a escolher apenas aquelas questões que, nessa área, consideramos as mais necessárias e úteis para nos conduzir na vida. Se tivesse agido de outro modo em meus estudos, teria esgotado tanto a minha lamparina como meus esforços, e você, prezado leitor, teria desperdiçado seu tempo, lendo um texto tão inútil (Afonso, *Gaudé*, II, 689).

Nossas metas não foram diferentes das de Santo Afonso. Nós nos dispusemos a apresentar os elementos essenciais da teologia moral segundo a Tradição Católica Romana. Começamos com o reconhecimento de que a vida moral e a teologia moral são vividas e estudadas sob o impulso da graça de Deus. Tendo-nos criado para o amor, Deus nos agracia com a possibilidade de respondermos no amor, encontrando assim o nosso caminho de volta para casa. Nossa esperança é que o leitor possa ter-se beneficiado deste trabalho e ampliado seu entendimento da relação entre a fé e as pessoas que somos chamadas a ser, como criaturas feitas à imagem de Deus. Assim, poderemos perceber mais profundamente a plenitude da vida para a qual somos convocados.

Oramos para não ter esgotado a nossa lamparina e nem nossos esforços e para que você, prezado leitor, não tenha achado este livro um texto inútil.

GLOSSÁRIO

Aborto: Aborto é "o assassinato direto e deliberado, por quaisquer meios empregados, de um ser humano na fase inicial de sua existência, que vai da concepção ao parto" (João Paulo II, *Evangelium Vitae*, § 558).

Ação moral correta: As ações são julgadas moralmente corretas quando contribuem para o autêntico bem humano de uma pessoa. Quando isso acontece, são também dirigidas a Deus, que é o fim último da vida humana. Em Deus está nossa "plena e perfeita felicidade" (*Veritatis Splendor*, § 12).

Ação moral errada: As ações são julgadas moralmente erradas quando causam danos à pessoa humana. Diversamente das ações morais corretas, estas não são dirigidas a Deus, que é o fim último da vida humana. Em vez disso, são escolhas para a consecução de metas de curto prazo, prejudiciais à pessoa.

Ato humano: Um ato humano é aquele que requer liberdade e conhecimento por parte do agente moral. Na ausência desses fatores indispensáveis, por ignorância ou paixão, diminui a culpa do agente moral.

Ato moral, componentes: Todo ato moral tem três componentes: o objeto, a intenção e as circunstâncias. O objeto é o que é feito, a intenção aponta para a meta desejada e as circunstâncias são todos os fatores relevantes que contribuem para o dilema moral.

Beatitudes: A promessa da Igreja relativa à felicidade ou bem-aventurança, conforme proclamada no Sermão da Montanha (Mt 5,3-12; Lc 6,20-23). São consideradas qualidades básicas da santidade cristã (CIC, §§ 1716-1719).

Bem comum: O bem comum é "a soma total das condições sociais que permitem às pessoas, como indivíduos ou em grupo, atingir sua realização mais plena e facilmente" (*Constituição Pastoral Gaudium et Spes para a Igreja no mundo de hoje*, § 26).

Bioética: A bioética é um ramo da teologia moral que lida com as questões da vida, sua proteção e promoção.

Castidade: A castidade é uma virtude relacionada com a sexualidade. A pessoa casta integra em seu íntimo, de maneira bem-sucedida, a sexualidade com a unidade corpo/alma (CIC, § 2337). A castidade "consiste em autocontrole, na capacidade de dirigir o instinto sexual para servir o amor, integrando-o ao desenvolvimento da pessoa" (*Orientações Educativas sobre o Amor Humano*, § 18).

Consciência: Consciência refere-se ao santuário e cerne sagrado em que a pessoa, sozinha, encontra-se com Deus (*Constituição Pastoral Gaudium et Spes sobre a Igreja no mundo de hoje*, § 16). No exercício de sua consciência, as pessoas são capazes de perceber os princípios da moralidade, aplicando-os às circunstâncias, e de fazer um julgamento a respeito dos atos que irão executar ou que já executaram.

Consciência correta: A correta consciência julga como bom o que é realmente bom e como mau o que é realmente mau.

Consciência equivocada: A consciência equivocada julga como bom o que é mau ou como mau o que é bom. Pode ser vencivelmente equivocada ou invencivelmente equivocada.

Controle da natalidade, paternidade/maternidade responsável: Diz respeito aos pais que desejam espaçar o nascimento de seus filhos ou que, por motivos graves, decidem não tê-los. Com isso, devem empregar métodos consistentes com os ensinamentos da Igreja. Os pais também têm o dever de garantir que sua decisão de espaçar o nascimento dos filhos foi tomada de maneira responsável e altruísta (CIC, § 2368).

Conversão: A conversão consiste numa mudança íntima profunda em se afastar do pecado e voltar para o colo de Deus.

Depósito de fé: Depósito de fé é uma expressão usada para descrever a soma das revelações e tradições confiadas à Igreja e ao seu ofício pedagógico, a fim de serem salvaguardadas e transmitidas de uma geração à seguinte, no seio da comunidade cristã.

Glossário

Desejo: Deus nos criou com a capacidade de desejar o bem e ele mesmo. Desejo é a emoção que nos mobiliza a amar o que é bom. Os desejos são corretamente ordenados quando amamos e somos atraídos para o que é realmente bom. São incorretamente ordenados quando percebemos e buscamos, como se fosse bom, o que de fato é prejudicial a nós ou aos outros.

Dignidade humana: A dignidade humana refere-se à estatura que os seres humanos possuem como pessoas criadas à imagem e semelhança de Deus. A dignidade humana não é conferida às pessoas com base em sua reputação, produtividade ou auto-suficiência.

Dissensão: A dissensão refere-se basicamente à confissão pública da incapacidade de aceitar o ensinamento da Igreja, quer definitivo ou não-definitivo, definido infalivelmente ou não. Documentos oficiais da Igreja referem-se à dissensão como "polêmicas e protestos e cuidadosamente orquestrados, divulgados pelos meios de comunicação de massa" (*Veritatis Splendor*, § 113), e que se opõem à adesão à Igreja.

Dogma: O dogma refere-se aos preceitos ou credos básicos da fé. Presume-se que tenham sido revelados por uma fonte divina.

Dogma definitivo: O dogma definitivo refere-se aos ensinamentos "propostos pela Igreja — quer em julgamentos solenes ou pelo *magisterium* ordinário e universal — entendidos como revelações divinas e chamados para a fé" (Congregação para a Doutrina da Fé, *Profissão de fé*).

Doutrina: A doutrina refere-se a todos os ensinamentos da Igreja, alguns dos quais se presume serem revelações divinas, enquanto outros estão menos diretamente ligados a uma revelação divina, mas ainda assim são importantes para os fiéis.

Doutrina definitiva: As verdades da doutrina definitiva são uma "compreensão mais profunda de alguma verdade relativa à fé ou à moral" (Papa João Paulo II, *Ad Tuendam Fidem*, § 3). São "necessárias à preservação sagrada e à explicação fiel... do depósito da fé" (*Código da lei canônica*, cânone 750, § 2).

Doutrina oficial não-definitiva: A doutrina oficial não-definitiva é aquele ensinamento relativo a verdades mais fundamentais da fé, mas não de uma maneira que o ensinamento seja "necessário à preservação sagrada e à explicação fiel... do depósito da fé" (*Código da lei canônica*, cânone 750, § 2). Estes ensinamentos são a sabedoria moral oferecida pelo *magisterium* da comunidade eclesiástica, como seu melhor entendimento da verdade da questão que está sendo considerada, quer se trate de uma opinião teológica ou de um assunto moral específico.

Embrião: Trata-se do ser humano nas primeiras seis semanas de seu desenvolvimento. O embrião e toda a vida humana devem ser tratados como pessoas desde o momento da concepção (CIC, § 2274).

Ensinamento social da Igreja: A ética social diz respeito à estruturação das dimensões política, econômica e social da vida à luz do Evangelho, a fim de que a pessoa humana possa desabrochar em sua comunidade e, assim, a vida do reino de Deus possa ser desfrutada de maneira limitada aqui, na terra.

Ética ambiental: A ética ambiental é uma área relativamente nova de reflexões, na teologia moral. Começa com o reconhecimento de que os seres humanos são guardiões da Criação de Deus, mesmo sendo o estágio mais alto da Criação. A ética ambiental tenta dirigir o desenvolvimento sustentável de uma maneira que respeite as necessidades da humanidade, assim como a bondade da Criação, reconhecendo que nosso ambiente é um legado a ser transmitido às gerações futuras.

Ética sexual: Ética sexual é o ramo da teologia moral que lida principalmente com a natureza das relações da pessoa humana. Aceitando a sexualidade e a energia sexual como dádivas de Deus, a ética sexual oferece orientações para a correta canalização da energia sexual da pessoa, em particular praticando a virtude da castidade.

Eutanásia: A eutanásia é um "ato ou omissão que, em si e de modo intencional, causa morte com o propósito de eliminar o sofrimento. Os termos de referência de uma eutanásia, portanto, podem ser encontrados na intenção da vontade e nos métodos empregados" (*Evangelium Vitae*, § 65; ver também *Declaração sobre a eutanásia*).

GLOSSÁRIO

Hábito: O hábito é uma disposição, facilitada pela repetição, para algum pensamento ou ato.

Infalibilidade: A infalibilidade significa que algo não contém erro. Na Igreja, a infalibilidade se refere ao carisma possuído pelo papa, como chefe do colégio episcopal, e aos próprios bispos em união com o papa. Refere-se à autoridade com que um ensinamento é proclamado e afirma que o ofício pedagógico da Igreja não pode errar quando ensina infalivelmente em questões de fé e moral.

Inseminação artificial: Neste processo, espermatozóides do homem são inseridos na mulher para causar a concepção.

Lei natural: Por intermédio da lei natural, os seres humanos tentam captar a mente de Deus e sua vontade para a humanidade e o mundo. A lei natural presume que o Criador organizou o mundo para o bem de todas as criaturas e colocou, no coração dos seres humanos, a capacidade de compreender, em certa medida, essa ordem e exercitar sua liberdade de maneira consistente com ela. A Tradição sempre sugeriu que a lei natural se baseia primariamente na razão humana.

Liberdade humana: A liberdade humana é uma dádiva do Criador, exclusiva para a humanidade. Feitos à imagem e semelhança de Deus, os seres humanos não são predeterminados, mas convidados a responder ao amor de Deus, moldando-se como pessoas do amor. A liberdade é caracterizada menos por uma ausência de limites e mais pela escolha da excelência.

Magisterium: O *magisterium* é composto pelos bispos da Igreja e é o intérprete autêntico das Escrituras e da Tradição, para a comunidade católica. Há várias expressões desse ofício pedagógico. O *magisterium* extraordinário refere-se ao papa falando em conjunto com o colégio episcopal ou sozinho, como chefe desse colégio. O *magisterium* ordinário assume formas diferentes: uma conferência episcopal nacional, uma região de bispos ou o ensinamento de um único bispo (incluindo o papa).

Matar e deixar morrer: A Igreja aceita a distinção entre matar e deixar morrer com relação à vida humana inocente. Matar significa tomar uma atitude deliberada que causa a morte, enquanto que, por outro lado, pode-se deixar alguém morrer por falta de ação. Toda morte de uma vida humana inocente é errada. Nem todas as ocasiões em que se deixa uma morte ocorrer são erradas, e esse julgamento depende das circunstâncias e da intenção do agente moral.

Normas: A norma é uma ação diretiva que descreve a conduta a ser evitada como moralmente errada (proscrita) ou a ser executada, como moralmente correta (prescrita). As normas formais relacionam-se com o nosso caráter ("seja caridoso"); as normas materiais são particulares, comportamentais, específicas e concretas ("não roube").

Planejamento familiar natural: Por intermédio do planejamento familiar, os casais exercitam a paternidade/maternidade responsável, ao restringir suas manifestações de amor no ato conjugal aos períodos inférteis da mulher. Esse método de contracepção é consistente com os ensinamentos da Igreja (CIC, § 2370).

Pecado: O pecado é uma ruptura com Deus, resultante de uma livre escolha do mal por parte da pessoa. O pecado também rompe relacionamentos com os outros, conosco mesmos e com toda a Criação.

Pecado mortal: O pecado mortal destrói o amor em nosso coração, chamado de graça santificadora no *Catecismo* (CIC, § 1861). O pecado nos afasta de Deus, que é nosso fim último na vida, e com isso também nos afasta da felicidade eterna (CIC, § 1855). Para que ocorra um distúrbio tão radical devem estar presentes três condições: o objeto ou alvo de nossa ação deve ser grave; devemos escolher o que estamos fazendo com total conhecimento de causa, e fazê-lo com premeditação (CIC, §§ 1873-1874).

Pecado original: O pecado original ocorreu nos primórdios da raça humana. O pecado pessoal de Adão, conforme o descreve Gênesis, em 2,8-3,24, passou para todas as pessoas (com a exceção de Jesus Cristo e a Abençoada Virgem Maria) como uma privação da graça. O pecado original não é um pecado pessoal cometido por cada indivíduo, mas sim nas palavras do Papa Paulo VI, "é a natureza humana caída, destituída da graça que a revestia, comprometida em seus talentos naturais e sujeita ao domínio da morte, transmitida a todos os

GLOSSÁRIO

seres humanos, e é nesse sentido que todo homem e toda mulher nascem em pecado" (*Credo do povo de Deus*).

Pecado social: Todo pecado é social na medida em que afeta nosso relacionamento com Deus e os outros. O pecado social, expressão cunhada no final dos anos 1960, refere-se a estruturas pecaminosas que são sistemicamente desumanizantes e encorajam o pecado pessoal.

Pecado venial: O pecado venial é uma escolha menos séria pelo mal. Não constitui um afastamento completo do amor de Deus.

Razão: A razão é um sinal distintivo da humanidade. É o poder do intelecto para discernir a verdade. A razão costuma ser colocada em oposição à emoção e à paixão, mas a razão humana madura saberá valer-se das emoções a fim de discernir a verdade. Assim, a pessoa verdadeiramente razoável é caracterizada por um correto sentir, pensar, desejar e agir.

Saúde: A saúde refere-se ao bem-estar físico, psicológico e espiritual. A pessoa sofre de má saúde quando há algum desequilíbrio em qualquer uma dessas esferas.

Sensus Fidei: O *sensus fidei* refere-se a uma espécie de intuição que os fiéis vivenciam a respeito do que pertence à fé e do que não. O Concílio Vaticano II diz que, devido a esse *sensus fidei*, o fiel reconhece a profundidade de sua fé e a aplica em sua vida (*Constituição Dogmática Dei Verbum sobre a Revelação Divina*, § 12).

Sensus Fidelium: O *sensus fidelium* refere-se ao pensamento do fiel a respeito de uma questão específica. Fundado no *sensus fidei*, o *sensus fidelium* indaga no que a comunidade de fé acredita acerca de uma dada questão, à luz de sua fé.

Sexualidade: A sexualidade é "uma dimensão do inquieto coração humano, que anseia incessantemente por uma comunhão interpessoal, vislumbrada e experimentada em graus variáveis nesta vida e, em última instância, encontrando plena realização apenas em Deus, aqui e no além... [Um] componente fundamental da personalidade com o qual, por meio do qual, homens e mulheres conhecem sua relação consigo mesmos, os outros, o mundo e até mesmo Deus" (*Sexualidade humana: uma perspectiva católica para e educação e o aprendizado permanentes*, § 9).

Manual Prático de Moral

Tradição: A tradição é uma estrutura fundamental da vida humana e social, baseada na longa história das várias culturas de todo o mundo. A tradição diz respeito à transmissão do significado da vida. É um guia para o viver, um mapa para cruzar o difícil território da existência, da sobrevivência e até do desenvolvimento, com significado e propósito.

Tradição Católica Romana: A Tradição Católica Romana, juntamente com as Sagradas Escrituras, mas sempre a serviço destas, é uma das fontes de revelação da Igreja Católica. "A Tradição e as Escrituras constituem um único depósito sagrado da palavra de Deus, confiado à Igreja" (*Constituição Dogmática Dei Verbum sobre a Revelação Divina*, § 10).

Teologia moral: A teologia moral é aquele ramo da teologia que estuda as implicações da nossa fé para o tipo de pessoas que nos tornamos e o tipo de atitudes que tomamos. Essa é uma apresentação sistemática do desenvolvimento da Tradição Católica nessa área da teologia.

Vida moral: A vida moral é a resposta à iniciativa do amor que Deus cultivou em nosso benefício (*Veritatis Splendor*, § 10). Chamados à plenitude da vida, nossa resposta em liberdade é evidente em vidas e atitudes moralmente virtuosas ou em abusos da liberdade como os vícios e pecados.

Virtude: A virtude é uma tendência habitual e determinada ao bem, que dispõe a pessoa a fazer a coisa certa (CIC, § 1803). Veja Virtudes humanas e Virtudes teológicas.

Virtudes humanas (morais): Prudência, justiça, força de ânimo e temperança são chamadas virtudes humanas ou morais. São frutos da graça de Deus e da liberdade humana, moldando as pessoas à imagem de Deus. Essas virtudes também são cardinais (do latim *cardo*, que significa "eixo"), porque todas as outras estão relacionadas a essas (CIC, §§ 1805-1809).

Virtudes teológicas: As virtudes teológicas são a fé, a esperança e a caridade. São dadas à humanidade para que esta encontre com mais facilidade seu caminho de volta para casa, que é Deus. Essas virtudes são divinas precisamente, porque vêm de Deus e nos encaminham para ele.

ÍNDICE REMISSIVO

Aborto – 211

Abuso sexual – 239

Afonso de Liguório, Santo – 123, 133

Agostinho, Santo – 100

Amor – 132

Amor, desejo, alegria – 49

Atitudes e pensamentos
pecaminosos – 106

Ato humano – 40

Ato moral – 65

Beatitudes – 134

Bem comum – 248

Bioética – 191, 193

Caridade – 64

Circunstâncias – 66

Clonagem – 208

Coabitação e sexo pré-marital – 238

Conhecimento emocional – 42

Conhecimento humano – 41

Conhecimento mental – 42

Consciência – 69

Consciência correta – 89

Consciência equivocada – 89

Consciência invencivelmente
equivocada – 89

Consciência, "momentos" da – 71

Consciência vencivelmente
equivocada – 90

Conversão – 109

Cooperação formal – 204

Cooperação material – 204

Cooperação no mal, formal
e material – 205

Cooperação, princípio da – 204

Coração e da mente humana,
quatro inclinações do – 157

Coragem, virtude humana – 136

Correto pensamento – 52

Correto querer/escolher – 54

Correto sentir – 49

Criação, o bem da – 189

Crise ecológica e a ecologia
humana – 278

Cupidez – 146

Desenvolvimento sustentável – 282

Deus como Juiz – 35

Deus como Legislador – 33

Dez Mandamentos – 139

Dia do *sabbath* – 141

Dignidade humana – 196

Direitos humanos – 252

Discernimento, conseqüências
do – 83

MANUAL PRÁTICO DE MORAL

Discernimento, meios para – 80
Discernimento, tarefas
do processo de – 78
Dogma – 176
Dogma definitivo – 178
Dogma ensinado definitivamente
pelo *magisterium* ordinário e
universal – 177
Dogma ensinado definitivamente
por um julgamento solene – 176
Dorotheos de Gaza – 31, 32
Doutrina – 175
Doutrina definitiva – 179
Doutrina oficial
não-definitiva – 180
Duplo efeito, o princípio do – 202

Emoções ou sentimentos
desordenados – 50
Escrituras – 129
Esperança – 63
Espiritualidade e moralidade – 31
Estado, autoridade
legítima no – 256
Estruturas pecaminosas – 107
Ética social – 245
Eutanásia e suicídio medicamente
assistido – 214

Falso testemunho – 145
Fé – 62
Fertilização *in vitro* e inseminação
artificial – 207
Filho Pródigo – 15, 26, 28, 29, 37,
39, 99
Fisicalismo – 161

Fortaleza de ânimo – 58
Fundamentalismo – 150

Inclinações – 154
Intenção – 66
Intervenções genéticas – 209

Justiça – 57
Justiça comutativa – 246
Justiça distributiva – 247
Justiça legal – 246

Lei natural – 153
Lei natural
(princípios primários) – 162
Lei natural
(princípios secundários) – 162
Lei natural, princípio primário da – 155
Liberdade da autodeterminação – 45
Liberdade humana – 43

Magisterium – 86, 169
Magisterium extraordinário – 171
Magisterium ordinário – 172
Mandamento – 131
Matar e deixar morrer – 215
Métodos artificiais
de contracepção – 235
Motivações – 147
Mulheres, a igualdade das – 227

Norma – 148
Normas formais – 148
Normas materiais – 148
Nova Lei – 152
Nutrição e hidratação – 214

ÍNDICE REMISSIVO

Objeto de uma ação – 65
Obrigações morais, extraordinárias/
desproporcionais – 212
Orientação homossexual – 240

Papéis sexuais – 228
Pecado – 95
Pecado, a origem do – 101
Pecado de Adão e Eva – 98
Pecado mortal – 102
Pecado original – 100
Pecado social – 106
Pecado venial – 102
Pecados de comissão
 e omissão – 105
Pecados formais e materiais – 104
Pena capital – 50
Pena capital e guerra justa – 263
Pena de morte – 48
Pesquisa com células-tronco de
embrião – 208
Pessoa humana como
ser social – 189
Pessoa humana, dignidade da – 187
Pessoa virtuosa – 47
Pobres, opção pelos – 281
Pobres, opção preferencial
pelos – 250
Princípios, auxílio ao raciocínio
moral – 202
Propriedade privada – 265
Prudência – 56

Racismo/migração – 266
Redenção – 109
Relacionamentos – 164

Relações sexuais, fora do amor
conjugal – 233
Revelação – 120
Roubar – 144

Sabedoria – 126
Saúde – 198
Sensus fidei – 123
Sentimentos/pensamentos/vontade/
escolhas corretamente ordenados – 48
Sermão da Montanha – 136
Sexualidade – 143, 219
Sexualidade e sexo – 222
Socialização – 258
Sociedade – 159
Sofrimento – 199
Solidariedade – 247, 280
Splendor Veritatis – 21
Subsídios – 258

Tecnologias de reprodução – 207
Temperança – 59
Teresa de Lisieux, Santa – 38
Tomás de Aquino, Santo – 33, 89,
156
Tomás, Santo – 56
Totalidade, o princípio da – 205
Tradição – 119
Tradição moral católica – 121
Tradição, a "grande"
e as "pequenas" – 120
Tradicionalismo – 125
Tratamento médico, não administrar
ou cessar a administração de – 212
Trindade – 22-25

Unidade conjugal – 230
Unidade de corpo e alma – 198

Verdade – 159
Vida humana – 143, 186
Vida humana,
quando começa – 193
Vida humana,
quando termina – 194

Vida humana, respeito pela – 193
Vida virtuosa – 47
Virtude – 47
Virtudes – 54
Virtudes humanas (morais) – 55
Virtudes humanas (morais)
e teológicas – 54
Virtudes teológicas – 54, 61
Vitalismo – 211